톰 라이트는 그동안 써 온 두터운 책들을 통해 치밀하게 증명하려 했던 긴 이야기를 하나로 모아 그것을 화롯가의 언어로 다시 들려준다. 복음이라는 말이 가진 애초의 울림을 되새기고, 복음서를 열어 왕으로 오신 예수님의 모습을 부각시키며, 그 이야기가 완성하는 창조와 언약의 오래되고 거대한 흐름을 그려 보인다. 이를 통해 이 참복음이 세상의 왜곡된 '복음들'과 어떻게 충돌하는지 드러내고, 이 복음이 어떻게 부활과 새 창조의 미래를 열어 주는지, 그리고 이 소망이 어떻게 현재를 새롭게 하는지 들려준다. 예수님의 비유처럼, 이 책 역시 성경의 복음 이야기와 우리의 일상 이야기가 서로 넘나든다. 쉽게 읽히지만 가볍지 않은 책, 읽고 나면 복음에 대한 우리의 생각이 아주 달라질 수도 있는 그런 책이다.

권연경 숭실대학교 기독교학과 교수

톰 라이트가 쓴 수많은 책들 중 단 한 권을 읽어야 한다면 바로 이 책이다. 기독교 메시지의 핵심인 복음이 한국 교회에서 사라지고 있다는 통탄이 곳곳에서 들려오는 상황에서, 이 책은 기독교의 복음이 무엇인지를 정확하고도 입체적으로, 통시적이고도 현재적으로 풀어 탁월하게 설명한다. 이 책을 통해 우리가 되찾아야 할 복음이 무엇인지 가슴 벅차게 깨닫게 될 것이다.

김종호 한국기독학생회(IVF) 대표

톰 라이트는 재치 있는 표현과 간결한 필체로 복음의 실체를 더 분명하고 구체적으로 드러낸다. 내가 어릴 때 번뜩이는 지혜로 세상의 모든 것을 알고 계시듯 이야기를 들려주시던 할아버지의 노련함이 곳곳에 배어 있다. 톰 라이트의 풍성한 복음 이야기가 한국 교회의 부흥을 위한 건강한 기초를 놓게 되길 기대하며 일독을 권한다.

송태근 삼일교회 담임목사

바울 신학을 이해하는 새로운 지평을 연 톰 라이트의 논의를 통해 복음에 대해 살펴보는 것은 상당히 매력적이다. 바울은 우리에게 복음이 하나님의 능력, 곧 눈에 보이는 세상의 모든 가치와 기준을 뛰어넘는 능력이라고 소개한다. 하나님이 그리스도를 통해 세상의 모든 권세를 꺾으시고 마침내 하늘에서와 같이 땅에서도 공의와 평화로 다스리는 통치를 시작하신다는 좋은 소식이 복음에 담겨 있기 때문이다. 이 책을 통해 그 좋은 소식의 실체를 맛보길 기도한다. 세상의 온갖 우상과 권세를 거뜬히 이기고도 남을 복음의 능력을 선명하게 깨닫고 그 능력을 토대로 현재를 살아가도록 커다란 도전을 줄 것이다.

이찬수 분당우리교회 담임목사

톰 라이트의 저서들을 아직 읽어 보지 않은 독자들에게 이 책은 아주 유용한 톰 라이트 입문서로 자리매김할 것이다. 또한 그동안 톰 라이트가 써 온 탁월한 저작들의 핵심을 한데 요약해 주는 특별한 책이 될 것이다.

「크리스채너티 투데이」(Christianity Today)

기독교 신앙의 중심에 있는 복음을 세밀하게 짚어 보면서 기독교 신앙의 방향과 초점을 재정립한다. 예수님의 말씀에 대한 톰 라이트의 통찰력 넘치는 해석은 친절하고 이해하기 쉬워, 우리가 복음의 사람들로 살아가게 해 줄 건실한 성경적 지혜를 제공한다.

「파테오스」(Patheos)

이것이 복음이다

IVP(InterVarsity Press)는
캠퍼스와 세상 속의 하나님 나라 운동을 지향하는
IVF(InterVarsity Christian Fellowship)의 출판부로
생각하는 그리스도인을 위한 문서 운동을 실천합니다.

SIMPLY GOOD NEWS
© 2015 N. T. Wright
Published by arrangement with HarperOne, an imprint of HarperCollins Publishers.
All right reserved.

Korean translation copyright © 2017 by Korea InterVarsity Press
Korean translation rights arranged with HarperOne,
through EYA(Eric Yang Agency)

이 책의 한국어판 저작권은 EYA(Eric Yang Agency)를 통하여
HarperOne과 독점 계약한 IVP에 있습니다.
저작권법에 의하여 한국 내에서 보호를 받는 저작물이므로
무단 전재 및 복제를 금합니다.

SIMPLY GOOD NEWS

이것이
복음이다

톰 라이트
백지운 옮김

Ivp

일러두기
성경 본문은 새번역을 사용했고, 톰 라이트의 사역을 반영한 부분은 [ ]로 표기했다.

차례

1 좋은 소식?   9
2 어리석거나 거리끼거나 좋거나   29
3 예수 왕에 놀라다   59
4 왜곡되고 상충하는 복음들   91
5 천국을 다시 생각하다   135
6 잘못된 미래, 잘못된 현재   157
7 하나님에 놀라다   187
8 좋은 소식을 기도하다   223

감사의 글   251
성경 찾아보기   253
주제 찾아보기   255

좋은 소식?

조용한 카페에 친구들과 앉아 있는데 갑자기 문이 열리더니 낯선 남자가 상기된 얼굴로 뛰어 들어와 소리친다. "좋은 소식이에요! 아무도 상상하지 못한 엄청난 소식입니다!"

도대체 이 남자는 무슨 말을 하려는 걸까? 그가 말하는 **좋은 소식**이란 무엇이며, 왜 카페에 불쑥 들어와 낯선 이들에게 그것에 대해 외치는 걸 당연하게 여길까?

시나리오 1: 그는 방금 의사로부터 병에 걸려 죽어 가던 딸을 치료할 수 있다는 말을 들었을지도 모른다. 정말 기쁜 소식이다. 적어도 그의 가족과 친구들에게는 말이다. 하지만 왜 낯선 사람들에게 그 소식을 전해야 하는지는 설명이 안 된다.

시나리오 2: 그는 그 지역 축구팀이 늘 경쟁 관계였던 상대 팀을 크게 이겼다는 소식을 들었을지도 모른다. 우리나라의 일부 지역에서는 진짜 축하할 만한 좋은 소식일 것이다. 하지만 대부분의 축구팬들은 선술집에서 그 남자와 함께 경기를 지켜보지 않았을까? 굳이 카페까지 와서 축구에 별 관심도 없는 사람들에게 소식을 전할 필요가 있었을까?

시나리오 3: 높은 실업률과 가난에 시달리는 지역에 사는 그가 방금 그곳에 엄청난 양의 석탄이나 석유 혹은 천연가스가 발견되었다는 소식을 들었을지도 모른다. 갑자기 새로운 일자리가 엄청나게 생길 것이고, 모두가 새로운 출발을 할 수 있다. 이런 상황이라면 평소 과묵하던 사람이라도 카페로 뛰어 들어와 모두에게 큰 소리로 이 소식을 전할 것이 분명하다. 이 정도 소식이라면 그런 격정적인 외침도 충분히 이해할 만하다.

이런 시나리오로 시작하는 이유는, 우리가 기독교 신앙의 가장 기본적인 요소를 잃어버렸기 때문이다. 기독교 신앙이 제시된 최초의 형태는 **좋은 소식**(good news)이었다. 이는 옛 영어 단어 **가스펠**(gospel, 복음)의 원래 의미다. 나는 지금 기독교 신앙이 **새로운 소식**(news)임을, 그 자체로 **좋은**(good) 소식임을 아는 것 자체가 역설적으로 이 시대 많은 사람들에게 새로운 소식이 되어 버렸다고 말하는 것이다. 게다가 바로 그것이 **복음**의 의미임을 이론상으로 아는 사람들조차 그 사실의 중요성에 대해서는 종종 인식하지 못한다. 나는 우리가 다시금 새롭게 질문해야 한다고 생각한다. 예수님 자신이 전하셨고, 그분을 따르던 이들에게도 전하라고 하셨던 좋은 소식이란 과연 무엇인가?

수많은 그리스도인을 포함해 대부분의 사람들이 한 번도 이 질문을 제대로 하지 않는다. 복음이 너무도 친근하고 확실해 보이기에 우리는 그것을 이해했다고 믿어 버린 것이다. 그래서 우리는 왜 기독교가 지상 최고의 좋은 소식이라는 옷을 입고 우리에게 전해졌는지 그 중요성을 가볍게 지나쳐 버린다. 이제 **복음**이라는 단어는 다른 의미로 쓰인다. 우리는 뭔가 **믿을 만하다**는 것을 강조하고 싶을 때 관용적으로 '복음 진리'(gospel truth)라는 말을 사용한다. 어떤 교회에서는 '복음 설교'라는 말이 그리스도인이 되는 방법, 즉 무사히 천국에 이르는 길을 보장해 주는 공식을 설명하는 것을 의미한다. 다른 어떤 이들에게 '가스펠'은 단순히 특정 음악 장르를 지칭하기도 한다. 물론 가스펠 노래가 종종 뭔가 흥분되는 일이 '일어나고' 있다는 인상을 주는 것은 사실이다.

그러나 예수님과 초기 그리스도인들이 좋은 소식에 대해 말할 때(그들은 그 일에 아주 열심이었다), 그들이 의미했던 것은 이 모든 것을 훨씬 뛰어넘었다. 그들은 그것이 정말 새로운 소식이라고 생각했고, 또 가능한 한 널리 전할 가치가 있을 만큼 좋은 소식이라고 믿었다. 많은 교회, 그리고 많은 기독교 설교자와 교사들은 이 점을 간과해 왔다. 일반적으로 기독교 신앙 외부에 있는 사람들은 기독교가 원래 이러한 소식에 관한 것이라는 사실을 잘 알지 못한다.

카페에 뛰어 들어온 낯선 남자로 돌아가 보자. 내가 제시한 시나리오들은 각각 독특한 방식으로 **좋은 소식**이 의미하는 바를 보다 깊이 이해할 수 있게 도와준다.

첫째, 그 소식들은 모두 난데없이 불쑥 일어난 일이 아니다. 내가 언급한 그 소식들 하나하나는 **훨씬 긴 이야기** 안에서 **기대하지 않던 새로운 진전**이 이루어진 것을 말하며, 보다 큰 문맥을 상정한다. 첫 번째 경우의 소식은 병에 걸려 죽어 가던 한 아이의 이야기에서 시작된다. 두 번째 소식의 배경은 이미 잘 알려져 있던 양 팀의 경쟁 관계일 것이다. 세 번째 경우, 그 소식의 배경은 서서히 빈곤 지역으로 쇠락해 가던 그 지역의 사회적 문맥에서 나온다. 해당 소식들은 **더 긴 이야기 안에** 놓일 때 비로소 설명이 된다. 오직 배경 이야기를 알 때에야 우리는 새로 전해진 이야기가 왜 좋은 소식인지 이해할 수 있다.

둘째, 이 소식들은 실제로 **일어난** 일에 관한 것, 그로 인해 **이제 모든 것이 달라질 어떤 일에 관한 것이다.** 이 소식들은 중요하며, 파급력이 있다. 즉 삶을 바꾸어 놓는 결과를 가져온다. 우리가 좋은 소식을 더 긴 이야기 안에 배치할 때, "그래, 그거 좋은 일이네. 그런데 이제 모든 것이 제자리로 돌아갈 시간이야"라는 식의 일은 일어나지 않는다. (축구 경기 승리 소식의 경우, 몇 주 후에는 그렇게 느껴질 수도 있겠지만, 보통 축구는 그 시점에서 이야기가 완전히 다시 시작하는 것으로 간주되므로 예외적이라 할 수 있다.) 아이는 낫게 될 것이다! 지역 전체가 회복될 것이다! 삶이 변화되었다!

셋째, 이 소식들은 **기다림의 중간 단계**가 있음을 알려준다. 아이는 여전히 병원에 있다. 그러나 이제 우리는 아이가 다 나아서 집으로 돌아올 것을 알기에 불안과 슬픔으로 기다리는 대신, 흥분과 기쁨으로 기다린다. 노동 인력의 절반이 아직도 실업 상태이지만, 이제 그들은 기대감에 들떠서 왕성한 노동활동과 그것이 가져올 번영을 고대할 것이다.

이렇듯 좋은 소식은 언제나 그 새로운 사건을 그것보다 오래된 이야기 안에 배치시킬 뿐 아니라, 아직 오지 않은 멋진 미래를 가리켜 보여 줌으로써 사람들이 절망의 삶을 사는 대신 이제 무엇이 오고 있는지를 아는 흥분에 차서 기다리는 새로운 시간을 살게 해 준다.

기독교의 좋은 소식은 바로 이런 것이어야 한다. 예수 그리스도의 복음은 더 큰 이야기 안에 들어 있는 소식이다. 그것은 놀랍고 새로운 미래로 우리의 시선을 돌리게 한다. 그리하여 우리의 기대를 변화시키는 새로운 기다림의 시간이 시작된다. 내가 이 책을 쓰는 이유는, 교회 바깥뿐만 아니라 교회 안에 있는 많은 이들 역시 이런 방식으로 복음을 듣지 못했기 때문이다. 그 결과 참으로 많은 온갖 것들이 뒤틀어졌다.

좋은 충고, 잘못된 소식

많은 교회에서 좋은 **소식**은 좋은 **충고**로 교묘하게 바뀌었다. 그들은 말한다. "여기에 어떻게 살아야 하는지, 어떻게 기도해야 하는지에 대한 안내가 있습니다. 더 나은 그리스도인, 더 나은 인간, 더 나은 아내 혹은 남편이 되는 것을 도와줄 기술이 여기 있습니다. 그리고 특별히 죽음 이후에 일어날 일을 위해 당신을 바른 길로 가게 해 줄 방법이 여기 있습니다. 이 충고를 받아들이십시오. 이 기도를 따라하고 구원을 받으세요. 지옥이 아닌 천국에 가게 될 것입니다. 여기에서 그 방법을 알려줍니다."

이것은 **충고**이지 **소식**이 아니다.

모든 충고의 초점은 바라는 결과를 얻게 해 줄 무언가를 하도록 만드는 데 있다. 물론 좋은 충고가 나쁠 것은 없다. 우리 모두는 좋은 충고가 필요하다. 그러나 소식은 충고와 다르다. 소식은 뭔가 중요한 일이 일어났음을 알리는 것이다. 그리고 예수님과 그분의 첫 추종자들에게는 이 좋은 소식이 전부였다.

이쯤 되면 누군가 이의를 제기할 것이다. "우리 교회는 좋은 소식을 잊지 않았습니다! 우리는 예수님이 우리 죄를 위해 죽으셨다는 것을 압니다. 그분이 우리 죄를 감당하심으로써 우리는 천국에 갈 수 있게 되었지요! 이게 바로 좋은 소식 아닙니까? 지옥에 갈 수밖에 없다고 생각했는데 갑자기 누군가 하나님이 그 문제를 해결해 주셨다고 말한다면, 바로 그게 좋은 소식 아니고 무엇이겠습니까?"

그렇다. 그럴 것이다. 그러나 (이 부분은 많은 사람들에게 당혹스럽고 받아들이기 힘든 것일 텐데) **그것은 정확하게 예수님과 초대교회가 전했던 좋은 소식이 아니다.**

다른 말로 하면 이렇다. 일부 기독교 교사들이 좋은 소식을 좋은 충고로 바꾸어 놓은 반면, 또 다른 이들은 복음을 소식으로 지켜 내긴 했지만, 신약성경 저자들이 말하는 **좋은 소식**과는 다른 의미의 이야기를 하고 있다.

물론, 좋은 소식은 정말로 예수님에 관한, 구체적으로는 그분의 죽음과 부활에 관한 것이다. 분명, 이 좋은 소식은 정말로 죽음을 넘어서는 궁극적 미래에 대한 비전을 열어 주며, 그럼으로써 그때까지 우리가 소망과 기쁨 안에서 살게 해 준다. 그러나 흔히 사용되는 이러한 '천국-지옥' 구도는, 아무리 익숙한 방식이라 하더라도, 성경의 좋은 소식을 왜곡한다. 수 세기에 걸쳐 서구 교회는 이 이야기를 잘못 이해했다. 그들은 배경 이야기(좋은 소식에 의미와 문맥을 부여하는 더 큰 이야기)

가 무엇인지 잊어버렸다. 그 결과 이야기의 전체 맥락을 바탕으로 전해진 소식은 아주 다른 의미가 되었고, 이 소식이 열어 놓은 미래에 대한 원대한 전망 역시 완전히 다른 의미가 되었다.

이것은 모든 것에 영향을 끼쳤다. 하나님과 우리의 관계, 우리의 미래, 교회와 제자로서 우리가 맡아야 할 책임 외에도 많은 것들을 이해하는 방식에 영향을 주었다.

따라서 내가 말하려는 핵심은 기독교 메시지가 좋은 충고가 아니라 좋은 소식에 관한 것이라는 사실이다. 그리고 우리가 이 문제를 다루어야 하는 이유 중 하나는, 많은 사람들이 좋은 소식에 관한 왜곡된 이해를 갖고 살기 때문이다.

나는 두 가지 기억을 통해 이런 논점을 보다 구체화하려고 한다. 하나는 아주 최근의 기억이고, 다른 하나는 수년 전의 기억이다.

며칠 전 나는 한 번도 만나 본 적 없는 한 남성에게 이메일을 받았다(종종 있는 일이다). 그는 이미 내 책 중 한 권을 적어도 부분적으로는 읽었다. 그는 많은 사람을 괴롭힐 것으로 보이는 문제로 내게 이의를 제기할 만했다. "먼저 기독교 신앙은 새로운 '소식'이 아닙니다. 그것은 이미 2천 년이나 묵은 이야기입니다. 그리고 우리는 이후로 아주 많은 것을 알게 됐습니다. 또한 당신네들이 기독교 신앙에 관해 말할 때 그것이 내게는 전혀 '좋은' 소식으로 들리지 않습니다. 그것은 결국 우리와 멀리 떨어져 있는 어떤 신이 지옥불과 저주로 우리를 위협하다가, 운이 좋은 몇몇 사람들에게는 거기서 슬쩍 빠져나올 수 있는 뒷길을 허락해 주겠다는 것 아닙니까. 그런 것을 '좋은 소식'이라고 하는 건 좋게 말해도 사기로밖에 생각되지 않습니다."

좋은 문제 제기다. 어떻게 2천 년 전에 일어났던 일을 아직도 새로운 소식이라고 부를 수 있으며, 왜 우리는 그 소식에 **좋은**이라는 형용사를 붙이는 것이 마땅하다고 확신한단 말인가? 앞서 말했듯, 좋은 소식은 보다 큰 이야기 혹은 이전 이야기의 문맥 안에서만 제대로 이해할 수 있다. 만약 새로운 길이 열리지 않으면 우리는 모두 지옥에 가리라는 것이 복음의 배경 이야기라면, 종종 그 메시지는 소식(일어난 사건을 알리는 것)이 아닌 충고(우리가 무엇을 해야 하는지에 대한 안내)로 이해될 수밖에 없을 것이다. 좋은 충고는 사람들에게 이런 식의 말로 들린다. "천국이 있고 지옥이 있습니다. 내가 당신이라면 바른 선택을 할 수 있는 이 기회를 잡겠습니다." 만약 거기에 어떤 소식, 아마도 예수님이 그 선택을 성공적인 것으로 만들어 줄 어떤 길을 제공하셨다는 이야기 정도가 끼어 있다고 해도 결국 그 남자의 말이 옳을 것이다. 그것은 아주 오래된 소식이며, 또 그 충고를 중요하게 받아들일 몇몇 운 좋은 사람들에게만 해당되는 좋은 소식일 것이기 때문이다.

복음을 이런 식으로 설명하는 것의 문제점은, 정작 예수님 자신은 천국에 대해 우리가 일반적으로 사용하는 의미로 말씀하신 적이 별로 없다는 점이다. 예수님이 하늘나라를 말씀하실 때, 그것은 사람들이 죽은 뒤에 가게 될 혹은 가지 못할 천국이라 불리는 어떤 장소를 지칭한 것이 아니었다. 그분은 "하늘에서 이루어진 것 같이 땅에서도 이루어[질]" 실재에 관해 말씀하셨다(마 6:10). 따라서 예수님의 좋은 소식은 땅에서 탈출해 하늘로 갈 수 있다는 것이 아니라, 땅에 임할 하늘에 관한 것이었다. 그리고 이런 소식을 들어 보지 못한 사람은 교회 안팎에 많다. 뭔가 완전히 오해하고 있는 사람은 무신론자들만이 아니다.

또 다른 기억은 좋은 소식과 관련된 문제를 묘사하는 일종의 비유다. 예수님과 초기 그리스도인들은 이런 문제를 대면했고, 우리 역시 마찬가지다.

2003년 11월 22일, 나는 새벽같이 일어나 곧바로 딸에게 전화를 걸었다. 딸은 영국의 우리 집에 있었고, 나는 성서학회(Society of Biblical Literature) 연례모임에 참석하기 위해 미국 애틀랜타에 와 있었다. 그런데 정작 내가 딸에게 전화를 건 이유는 호주에서 일어나고 있는 일 때문이었다. 바로 호주에서 잉글랜드 럭비유니언 팀이 가장 큰 럭비 대회인 럭비월드컵 최종 결승전을 벌이고 있었던 것이다. 결승전의 상대 팀은 주최국인 호주 팀이었다. 스포츠에는 언제나 열광적인, 특별히 잉글랜드와의 대결일 때는 더욱 열광적인 그 나라는 기대감에 부풀어 그들의 팀에게 무조건적인 승리를 부추겼다. 나는 모든 예선전을 지켜보았다. 잉글랜드 팀이 한 게임 한 게임 이겨 예선전을 모두 통과해 마침내 결승전에 이르면서 나의 기대감도 점차 높아졌다. 잉글랜드가 과연 우승할 수 있을까? 정말 그것이 가능할까? 나는 잉글랜드 팀의 우승 소식을 듣게 되기를 정말로 바랐다. 사실 **바랐다**는 표현은 너무 약하다. 나는 그 소식이 들려오기를 열망했다. 그 소식에 굶주려 있었다.

내가 영국에 있는 딸에게 전화를 했던 이유는 애틀랜타 호텔 방의 텔레비전에서 수백 개의 채널이 나왔지만 정작 그 럭비 결승전을 중계하는 채널은 한 군데도 없었기 때문이다. 아마도 럭비 경기는 미국 전파망의 관심을 끄는 데 실패한 것 같았다. 그러나 나는 딸이 텔레비전 앞에 딱 붙어 있으리란 걸 알았다. 딸은 떨리는 목소리로 내게 경기 소식을 전해 주었다. 17점 동점으로 정규 게임이 끝났다고 했다. 이제 곧 30분의 연장전이 시작될 것이고, 이미 모든 힘을 소진한 양팀 선수들은 마지막 정신력과 힘을 끌어내야 했다. 불꽃이 튀길 만큼 분위기는 팽팽했다. 극도의 긴장감이 맴돌았다. 스포츠 대회 사상 최고의 접전이었던 것이다.

침대로 다시 돌아가는 것은 생각할 수 없었다. 나는 곧장 옷을 갈아입고 조용한 호텔 로비로 내려왔다. 새벽 다섯 시경이었다. 30분 후 나는 다시 전화를 걸었다. 딸은 기뻐서 소리를 질렀다. 잉글랜드 럭비팀의 대표 선수 조니 윌킨슨(Jonny Wilkinson)이 마지막 30초를 남겨두고 드롭골을 성공시켜 경기를 우승으로 이끈 것이다. 호주는 비탄에 빠졌고 잉글랜드는 열광했다. 나 역시 열광했다. 그것은 실로 아주 오랜만에 잉글랜드가 거둔 최고의 스포츠 소식이었다. 만약 **좋은 소식**의 정의 중 하나가 '길거리에서 큰 소리로 외치고 싶게 만드는 무언가'라면, 그 소식이야말로 딱 들어맞았다. 미국인들은 대개 어떤 상황이든 긍정적으로 생각하자며 서로를 격려한다. 그러나 그날 아침 내게는 어떤 격려도 필요 없었다. 모든 것을 바꾸어 놓은 일이 **일어났기** 때문이다.

문제는 누구에게 이 우승 소식을 말할 것인가였다. 누가 이 좋은 소식을 듣고 싶어 할까? 애틀랜타는 아직 이른 새벽이었다. 나는 들뜬 기분에 리셉션 데스크로 가서 직원들에게 전하고 싶었다. "잉글랜드가 막 럭비월드컵에서 승리했어요!" 호텔 안내인을 껴안으며 이렇게 소리치고 싶었다. "그 소식 들으셨어요?" 이제 막 아침 조깅에 나선 아직 잠이 덜 깬 사람들을 향해 큰 소리로 전하고 싶었다. 플래카드에 '잉글랜드 월드컵 우승!'이라고 써서 모든 사람들이 볼 수 있도록 들고 다니고 싶었다. 근처를 어슬렁거리던 도어맨들에게 말해 볼까 하는 생각도 했다.

그러나 나는 곧 이 모든 것이 소용없음을 깨달았다. 호텔 근무자들 중 이 소식에 조금이라도 관심을 보일 사람은 아무도 없었다. 그들은 조니 윌킨슨이 누군지도 몰랐다. 최근 들어 잉글랜드에서 미국 풋볼이 큰 관심을 받고 있기는 하지만, 풋볼의 사촌격인 대서양 건너 잉글랜드 럭비는 아직 미국에서 큰 뉴스거리가 되지 못했다. 나와 내 나라 전체에게는 좋은 소식이었던 것이 새벽 다섯 시 미국의 호텔 로비에서는 인식조차 되지 못하고 있었다. 그것은 스코틀랜드 마을의 거리로 뛰어나가 세계탁구대회에서 중국이 독일을 꺾었다고 외치는 것과 같았다. 돌아오는 건 어깨를 으쓱이며 하품을 하면서 "그래서요?"라고 되묻는 반응뿐일 것이다.

그다음에 벌어진 일은 웃지 못할 아이러니였다. 날이 밝고 사람들이 일어나기 시작했을 때, 나는 아침식사를 위해 줄을 섰다. 나는 나의 좋은 소식을 나눌 수 있는 누군가를, 아니 그저 이 중요한 스포츠 대회가 열렸다는 사실만이라도 아는 누군가를 찾고 싶었다. 드디어 그 경기에 대해 아는 첫 번째 사람을 만났는데, 그는 바로 호주 사람이었다. 당연히 그는 의기소침해 있었다. 내겐 좋은 소식이었던 것이 그에겐 나쁜 소식이었다. 월드컵 소식이 미국인에게는 어리석은 것이요, 호주인에게는 거리끼는 것이었던 것이다. 그래도 이 소식은 나를 한 주 내내 즐겁게 해 주었다. 그리고 소식이 하는 핵심 역할이 있는데, 한 이야기를 폭발적인 절정에 이르게 하고 또 다른 이야기가 시작되게 하는 것이다. 바로 잉글랜드 럭비의 새로운 전성기가 열린 것이다. 갑자기 수많은 소년들의 장래희망이 조니 윌킨슨 같은 선수가 되는 것으로 바뀌었다.

스포츠는 위험한 비유다. 스포츠 대회는 말 그대로 경쟁을 하는 **대회**일 뿐이다. 승자와 패자를 가르는 경기인 것이다. 사람들은 자기 팀이 이기면 좋아하지만 지면 싫어한다. 많은 이들이 예수님에 관한 좋은 소식에 대해서도 이와 똑같은 인상을 받기는 하지만, 그것은 이런 스포츠 소식과는 다르다. 우리는 앞으로 이에 대해 더 자세히 알아볼 것이다. 그러나 2003년의 어느 한 잉글랜드 럭비 팬에게 그날의 소식은 분명 최고로 좋은 소식이었다.

로마의 좋은 소식

이제 다른 예화로 넘어가 보자. 이 예화는 예수님 자신이 그분의 좋은 소식을 들고 등장하신, 그리고 사도 바울이 복음을 들고 활동한 그 시간과 장소, 바로 초기 로마제국의 세계가 배경이다. 나와 함께 1세기로 돌아가서, 최초로 로마제국의 진정한 황제로 등극한 한 남자의 성공과 즉위 장면을 살펴보자. 그는 나사렛의 예수가 태어나셨을 때 로마를 통치한 황제였다.

율리우스 카이사르(Julius Caesar), 아마도 로마제국을 통틀어 가장 잘 알려진 인물일 그는 공식적으로 황제였던 적이 없다. 기원전 44년 3월 율리우스 카이사르가 암살당한 이유는 바로 그의 적들이 누구도 절대 통치자가 되는 것을 막고자 했기 때문이었다. 그러나 종종 그렇듯 정치적 폭력은 그들의 세상에 혼란과 내전을 가져왔다. 무자비하고 가차 없는 정복 전쟁으로 위대한 제국을 이룬 로마는 이제 자신들의 그 전문 기술을 제국의 내부를 향해 사용하게 되었다.

내전 초기에는 율리우스 카이사르를 죽인 자들과 그의 죽음에 대해 복수하고자 했던 이들 간의 대결에 초점이 맞추어졌다. 복수를 위해 카이사르의 양자이며 상속자였던 젊은 옥타비아누스(Octavian)는 카이사르의 친구 마르쿠스 안토니우스(Mark Antony)와 연합했다. 율리우스 카이사르와 안토니우스, 클레오파트라(Cleopatra)에 관한 셰익스피어(Shakespeare)의 희곡은 고대사를 공부하지 않은 사람들도 이 모든 이야기에 대해 상상의 나래를 펼칠 수 있게 해 준다.

그러나 연합은 오래가지 않았다. 카이사르 암살범이었던 브루투스(Brutus)와 카시우스(Cassius)를 물리친 뒤, 안토니우스와 옥타비아누스는 절대권력을 놓고 서로의 경쟁자가 되었다. 안토니우스는 오늘날 중동이라 불리는 지역을 돌아다니며 거대한 지지 세력을 결집했다. 경험은 훨씬 부족했지만 옥타비아누스 역시 쉽게 물러서지 않았다. 기원전 31년 9월 2일 그리스 서부 악티움 근해에서 결정적인 전투가 벌어졌고, 옥타비아누스의 해군이 승리를 거두었다. 안토니우스는 그의 유명한 왕비 클레오파트라를 따라 이집트로 도망친 뒤 거기서 둘 다 자살로 생을 마감했다.

이제 이 기간, 곧 내전이 벌어진 13년 동안 당신이 로마에 거주하고 있었다고 가정해 보라. 참으로 끔찍한 시간이다. 전투는 비록 멀리서 일어나고 있지만, 도시 안에는 온갖 루머와 당파, 자리다툼이 가득할 것이다. 모두가 전방에서 소식이 오기만을 애타게 기다린다. 당신이 카이사르 집안의 친구, 즉 율리우스나 그의 후계자 옥타비아누스의 친구라고 가정해 보라. 만약 옥타비아누스가 승리한다면, 그것은 당신에게 좋은 소식일 것이다. 반대로 안토니우스가 승리한다면, 그것은 당신에게 아주 나쁜 소식일 것이다(아마도 짐을 꾸려 빨리 도시를 떠나는 편이 좋을지 모른다).

그리고 마침내 로마에 소식이 들려온다. "좋은 소식입니다! 옥타비아누스 카이사르가 대승을 거두었습니다! 이제 그가 로마의 새 주인입니다!" 이것은 **이제 막 일어난 어떤 일**에 관한 좋은 소식이다. 내전의 배경 이야기는 이제 막을 내렸다. 평화가 눈앞에 있다. **좋은 소식**이라는 단어는 아우구스투스(Augustus, 오늘날 우리에게는 이 칭호로 더 잘 알려져 있다)로 곧 칭송을 받게 될 옥타비아누스가 세상에 평화와 정의와 번영을 가져왔음을 공표하는 일반적인 슬로건이 되었다.

그러나 또한 그것은 당신에게 이제 **곧 일어날 어떤 일**에 관한 좋은 소식을 암시하기도 한다. 승리를 거둔 옥타비아누스가 로마로 돌아올 것이다. 물론 그는 로마로 돌아오기에 앞서 자신의 승리를 공고히 다질 필요가 있으며, 특히 이집트를 제국의 중요한 일부분으로 통합해야 한다. 승리의 결과가 제대로 이행되도록 하기 위한 마무리 군사 작전이 수행될 것이다. 마침내 옥타비아누스가 수도로 돌아와 자신이 전 세계에 평화를 가져왔다고 선포하기까지는 2년여의 시간이 걸릴 것이었다. 그 2년 동안 도시는 이제 막 **일어난** 일(그의 결정적인 승리)에 대한 소식과 곧 **일어날** 일(그의 의기양양한 귀환)에 대한 기대 사이에서 살아갈 것이다. 이것이 바로 소식이 하는 일이다. 그것은 일정 기간의 새로운 기다림의 시간을 만들어 낸다.

그 시간 동안 로마에 있는 사람들은 무엇이 다가오고 있는지를 안다. 당연히 옥타비아누스는 그의 친구들과 그를 지지한 사람들에게 후한 상을 내릴 것이다. 같은 맥락에서 먼저 율리우스 카이사르의 암살에 가담한 이들은 말할 것도 없고 안토니우스를 지지한 사람들에게는 처벌이 내려질 것이다. 그러나 당장은 **이제 막 일어난 일과 이제 곧 일어날 일 사이에서** 도시는 살아간다. 따라서 만약 당신이 아우구스투스의 지지자였다면, 최근의 사건에 관한 좋은 소식과 이제 곧 일어날 일에 관한 좋은 소식은 지금 현재의 당신 인생에 관한 좋은 소식으로 번역된다. 모든 것이 다르게 보인다. 당신과 당신 가족은 축하 준비를 한다. 당신은 완전히 새로운 인생을 계획한다. 세상은 완전히 바뀔 것이다. 정말 어떤 면에서 최근의 승리로 인해 세상은 이미 완전히 다른 곳이 되었다고도 말할 수 있다. 그리고 그 결과 바로 지금 당신의 삶이 달라졌다. 어떤 일이 **일어났다**. 따라서 어떤 일이 **일어날** 것이다. 그리고 그 **결과 지금 당장 모든 것의 존재 방식이 달라진다.**

이것은 예수님과 바울의 시대에 이런 종류의 좋은 소식이 작동하는 방식을 보여 주는 완벽한 역사적 사례다. 그리고 오늘날에도 소식이 작동하는 방식은 동일하다. 실제 세계에서 실제 사건이 일어나는 방식을 생각해 보면 이는 아주 명백해진다.

이제 당신이 반대편에 서 있었다고 가정해 보자. 당신은 율리우스 카이사르의 암살을 비밀리에 도왔다. 또는 마지막 결전에서 안토니우스가 이기기를 바랐다. 그런 경우라면, 조금 전 나는 이 소식이 바로 당신이 급하게 도시를 떠나야 한다는 의미일 것이라고 말했다. 그러나 다른 방법도 있다. 유대 지방의 강력한 군사 세력이었던 헤롯 대왕은 로마의 지도부가 선택한 유대인의 왕이었다. 중동 대부분의 지역이 그랬던 것처럼 헤롯 역시 안토니우스를 지지했다. 줄을 잘못 선 것이다. 그러나 헤롯은 대담하고 영리했다. 그는 곧바로 옥타비아누스를 찾아갔다. 그리고 자신이 **누구의** 친구였는지를 생각하지 말고 **얼마나 충성된** 친구였는지를 생각하라고 말했다. 이제 자신은 옥타비아누스를 위해 그런 존재가 될 것이라고도 말했다. 현실 정치를 모르지 않았던 옥타비아누스는 유대인의 왕으로 헤롯의 지위를 재확인해 주었다. **일어난** 일에 관한 소식과 이제 곧 **일어날** 일과 관련해 그것이 갖는 의미는 헤롯에게 난제를 던졌다. 그는 이제 왕이 될 한 사람의 자비에 자신의 운명을 맡김으로써 이 난제에 반응했고, 이것은 먹혀들었다. 이렇듯 좋은 소식은 새로운 상황을 만들고 새로운 결정을 요구한다.

물론 나는 고대 로마 세계의 이 이야기를 임의로 선택하지 않았다. 고대사의 재미있는 이야기 한 토막 안에 동일한 세 가지 패턴—일어난 일, 일어날 일, 그 결과 나타나는 바로 지금 상태의 급격한 변화—이 우연히 담겨 있는 것이 아니라는 얘기다. 옥타비아누스에서 시작하는 로마의 황제들은 일반적으로 **좋은 소식**이라는 단어를 그들이 이미 성취한 일, 그리고 그것이 가져올 삶을 바꾸어 놓을 결과 두 **가지 모두**를 묘사하기 위해 사용했다. 초기 그리스도인들 역시 이 단어를 그와 비슷한 방식으로 사용했다. 모든 것을 달라지게 할 어떤 일이 **일어났다**.

또 이 최초의 승리를 완성해 줄 어떤 일이 **일어날** 것이다(옥타비아누스가 로마로 돌아와 황제로 등극하는 것과 같은). 그 결과 **현재의 상황 역시 새로워지고 달라졌다.** 이 좋은 소식은 사람들의 삶을 변화시켰다. 그럴 수밖에 없었다.

옥타비아누스, 안토니우스, 그리고 헤롯의 이야기는 우리에게 다른 무언가를 상기시켜 준다. 예수님이 태어나셨을 때 아우구스투스는 세상의 대부분을 다스렸고 헤롯은 중동 지역을 관할했다. 그리고 예수님은 아우구스투스의 후계자인 티베리우스(Tiberius)가 집권하고 헤롯의 아들 중 하나인 안티파스(Antipas)가 중동 지역 통치자일 때 죽으셨다. 아마도 어떤 이들을 위해 다음과 같은 사실을 보다 강조할 필요가 있을지 모르겠다. **나사렛의 예수는 실제 시공간의 역사 속에서 격변의 세월을 살다가 죽은 진짜 인간이었다.** 그분의 메시지, 그리고 초기 그리스도인들이 좋은 소식이라 불렀던 그분에 관한 메시지는 어떻게 하면 이 세상을 탈출할 수 있을지에 관한 것이 아니었다. 그것은 유일하고 참되신 하나님이 어떻게 이 세상을 근본적이고 영원히 바꾸고 계신지에 관한 것이었다.

이제 나와 함께 1세기 로마 세계로 돌아가 그곳에서 기독교의 좋은 소식이 처음 선포되었을 때 그것이 무엇을 의미했는지 제대로 이해해 보자. 우리의 여행은 1세기 중반 그리스 북부의 한 항구에서 시작할 것이다. 그 즈음의 세계는 아우구스투스와 그의 후계자들의 통치 아래 널리 퍼져 있던 로마제국의 좋은 소식에 꽤 친숙해 있었다. 바로 거기, 이 항구에서 우리는 조금 이상하고 허름해 보이지만 아주 열정적인 한 작은 남자가 좋은 소식을 선포하며 그 소식이 사람들의 삶을 변화시키는 것을 지켜보던 장면과 마주친다. 이 남자는 누구이며, 자신이 무슨 일을 하고 있다고 생각했을까?

어리석거나
거리끼거나
좋거나

그 남자는 유대인이었고, 오늘날의 터키 남동부에서 태어나고 자랐다. 그는 사울이라 불렸다. 유대인 문화권에서 이 히브리 이름은 고대의 왕을 연상시켰다. 그러나 헬라어에서(오늘날 많은 지역에서 영어를 쓰는 것처럼 당시 헬라어는 지중해 지역의 공용어였다) 사울이라는 이름은 불쾌한 어감을 풍겼다. 오늘날 미국에 온 비영어권 출신의 사람이 윔프(Wimp, 겁쟁이)나 슬럽(Slob, 게으름뱅이)이라는 이름을 가졌다면, 사람들의 비웃음을 사지 않을 만한 다른 이름으로 개명하려고 할 것이다. 사울은 자신의 이름을 바울로 바꾸었다.

이런 이야기를 먼저 하는 이유는, 일찍부터 바울은 자신이 전하도록 부름받은 좋은 소식이 많은 사람에게 비웃음을 살 수 있음을 잘 알고 있었을 것이기 때문이다. 그 좋은 소식이 비웃음을 당하는 일은 언제나 있었고, 이는 오늘날도 마찬가지다. 좋은 소식이 정말 말이 안 되고 무의미하며 바보 같은 소리라는 뜻이 아니다. 누군가에게는 그렇게 들릴 수 있다고, 우리가 그 점을 인정해야 한다는 말이다.

바울은 자신이 왕으로부터 이 새로운 좋은 소식을 세상에 전하라는 임무를 부여받았다고 믿었다. 이 임무를 위해 그가 사용한 **사도**(apostle)라는 단어는 오늘날 죽은 은유가 되어 버렸지만, 바울에게는 특별한 의미가 있었다. 이는 책임자(commissioner)라는 의미였다. 책임을 맡은 사람. 왕을 위해 임무를 수행할 책임이 있는 사람.

그 왕은 물론 예수님이다.

수많은 모험 끝에 바울은 부유하고 번영한 항구 도시 데살로니가[오늘날의 살로니카(Salonika) 혹은 테살로니키(Thessaloniki)]에 이르렀다. 그곳은 지역의 수도였다. 바울의 메시지와 그에 대한 몇몇 사람들의 반응은 곧 나쁜 평판을 그에게 불러일으켰고, 그로 인해 바울은 그곳에 오래 머물 수 없었다.

몇 주 후 바울은 이런 경험을 담은 한 통의 편지를 썼는데, 그것은 데살로니가에서 그가 전한 좋은 소식을 듣고 삶이 변화된 소수의 무리에게 쓴 편지였다. 여기서 바울은 자신이 데살로니가에서 처음으로 메시지를 전했을 때 그것을 들은 대부분의 사람들이 분명 이상해하거나 불쾌하게 받아들였을 두 가지를 핵심으로 다룬다. 첫째, 그는 '다른 신'에 대해 말한다. 둘째, 그는 예수라는 사람에 대해 말한다. 좋은 소식에 관한 우리의 논의를 이 편지에서 시작하는 이유는 바울이 데살로니가 교인들에게 쓴 이 첫 번째 편지가 아마도 좋은 소식을 글로 기록한 최초의 문서일 것이기 때문이다.

이 편지에서 바울은 '다른 신', 즉 하나님에 대해 말하고 있지만 그렇다고 새로운 종교 제도에 대해 말하는 것은 아니다. 또 새로운 종류의 도덕적 가르침을 따르라고 권면하는 것도 아니었다. 세상이 어떻게 작동하며, 우리가 어떻게 사물을 인식하고 행동해야 하는지에 관한 이론, 즉 새로운 철학을 소개하는 것도 아니었다. 당시 다른 선생들은 이런 것들에 대해 말했지만, 바울의 접근은 달랐다. 맞다. 그의 메시지도 궁극적으로는 이런 영역에 영향을 끼칠 것이다. 그러나 오늘날 많은 사람들은 기독교가 이런 것들 중 하나이거나 그 이상, 곧 종교, 도덕 체계, 철학에 관한 것이라고 생각한다. 다시 말해 충고에 관한 것이라고 추정한다.

그러나 과거에도 현재에도 이것은 사실이 아니다.

기독교는 단지 **좋은 소식**(simply, good news)이다. **어떤 일이 일어났으며, 그로 인해 세상이 전혀 다른 곳이 되었다**는 소식이다. 그것이 사도 바울, 왕의 임무를 수행하는 책임자 바울이 선포한 내용이다.

그때나 지금이나 많은 사람들이 이것을 말이 안 되거나 불쾌한 것 혹은 두 가지 모두로 여긴다. 일반적으로 종교나 도덕 체계, 철학에 대해 말할 때는 그것의 이로운 점에 대해 논하지만, 중대 사건(news event)을 다루는 방식은 다르다. 즉 그 사건이 정말로 일어났는지, 정말 일어났다면 사람들이 그 사건의 의미라고 말하는 것이 정말 그러한지 등이 다루어질 것이다. 따라서 우리는 바울의 도전이 얼마나 엄청난지를 보게 된다. 그는 세상을 바꾸어 놓은 어떤 사건이 일어났다고 선포한다. 그리고 바울의 선포를 듣는 청중은 정말 그런 일이 일어났다면 자신들이 그것을 듣지 못했을 리 없다고 생각하는 이들이었다. 그러나 사실 그들은 듣지 못했다.

바울 자신도 다른 편지에서 그의 메시지가 "유대 사람에게는 거리 낌이고, 이방 사람에게는 어리석은 일"이라고 말한다(고전 1:23). 앞서 말한 럭비 대회 결과가 미국인에게는 바보 같은 것이고 호주인에게는 수치심을 유발하던 것과 비슷하다. 바울은 도대체 마음속으로 어떤 종류의 사건을 생각했던 것일까? 이미 우리는 로마 세계의 사람들이 대대적인 군사적 승리가 모든 것을 바꾸어 놓을 수 있음을 인식했다는 점을 살펴보았다. 아우구스투스의 승리와 그가 제국을 움직이던 방식은 오늘날까지도 세계를 형성하는 강력한 힘으로 작용한다.

그런데 기독교는 세상이 다른 곳이 되었고 다른 방식으로 존재하게 된 이유가 놀랍게도 아우구스투스가 아닌 예수님께 있다고 주장한다. 1세기 로마 세계의 핵심부에서 일어난 국정 중대사가 아니라, 같은 시기 로마제국 동쪽의 한 변두리 지방에서 일어난 사건 때문이라는 것이다. 예수님이 선포한 좋은 소식, 그리고 그의 첫 번째 추종자들이 그분에 **대해** 선포한 좋은 소식은 충고가 아니었다(좋은 충고이든 아니든). 그것은 어떤 일이 **일어났고**, 그 결과 어떤 일이 **일어날** 것이라는 것, 그리고 그 두 가지 일 사이에 끼어 있는 새로운 시간에 관한 것이었다. 사람들은 이 사실을 깨달았든 깨닫지 못했든 실제로 그 시간을 살고 있었다.

언제나 강조점은 무슨 일이 **일어났다**는 데 있다. 다른 모든 것은 그것에 뒤따라온다. 모든 것을 바꾸어 놓는 어떤 일이 일어났고, 바울은 이에 대한 메시지를 전함으로써 그것이 사람들의 마음과 정신과 상상력을 사로잡아 그들의 삶이 변하도록 했다.

이 책을 시작하면서 우리는 카페에 뛰어 들어와 좋은 소식을 외친 한 남자에 대해 말했다. 바울이 바로 그런 사람이었다. 그는 자신을 경계하는 낯선 사람들에게조차 충분히 전할 가치가 있는 어떤 사실을 자신이 알고 있다고 믿었다. "좋은 소식이에요! 아무도 모르고 누구도 상상 못했을 엄청난 소식입니다!"

왕의 전령관

그렇다면 1세기 중반 데살로니가와 다른 몇몇 도시에서 바울은 무슨 말을 전하고 다녔을까? 어떤 의미에서 그가 가져온 소식이 좋은 소식이라는 말일까? 도대체 어떤 일이 일어났기에 그것이 세상에 중요한 변화를 가져왔다고 그는 생각했던 것일까?

바울에게는 자신의 메시지를 축약해서 들려주는 여러 가지 방법이 있었다. 그런데 그가 처음 데살로니가를 방문한 직후 그 교회에 쓴 앞서 언급한 그 편지에서는 이런 식으로 기술한다. 그는 자신이 처음 그들에게 좋은 소식을 전했을 때 일어난 일에 대해 다른 공동체들로부터 전해들은 것을 인용해 설명한다.

⁹…어떻게 해서 여러분이, 우상을 버리고 하나님께로 돌아와서 살아 계시고 참되신 하나님을 섬기며, ¹⁰또 하나님께서 죽은 사람들 가운데서 살리신 그 아들 곧 장차 내릴 진노에서 우리를 건져 주실 예수께서 하늘로부터 오시기를 기다리는지를, 그들은 말합니다. (살전 1:9-10)

이 구절은 바울이 전한 메시지의 초점을 보여 준다. 그것은 예수님에 대한 메시지였고, 따라서 그것은 당시 고대 사회의 문화를 가득 채우고 있던 다른 수많은 신들과는 다른 참 하나님에 관한 메시지이기도 했다. 어떤 일이 예수님께 일어났다. 즉 그분은 죽은 사람들 가운데서 살아나셨다. 이 사건은 전에 아무도 상상하지 못했던 실재를 드러냈는데, 바로 다른 모든 신들이 가짜고 단순한 **우상**에 불과하며, 하나님이라는 이름에 정말 합당한 유일하신 하나님이 계시다는 것이다. 그분은 살아 계시며 역사하신다. 바울은 이에 대해 여러 가지 방법으로 말했으나, 어쨌든 그의 메시지에서 핵심은 바로 이것이다. 예수님을 둘러싸고 일어난 사건, 그리고 유일하고 참되신 하나님에 대한 계시. 이 두 가지 사실은 세상을 완전히 다른 곳으로 만든다. 그리고 이 두 가지 사실은 사람들로 하여금 (옥타비아누스의 승리로 인해 헤롯이 직면해야 했던 것과 비슷한) 도전에 직면하게 한다. 만약 이것이 새로운 실재라면, 당신은 어느 편에 서겠는가?

좋은 소식의 이 두 가지 요소에 대해서는 곧 더 자세히 살펴볼 것이다. 여기서 중요하게 강조할 점은 바울이 전한 내용과 오늘날 대다수의 사람들이 그것에 관해 상상하는 내용이 서로 다르다는 사실이다. 오늘날 당신이 기독교 복음에 대해 말할 때, 대다수의 사람들은 **그것을 마음이 끌린다면 따를 수도 있는 어떤 선택사항**쯤으로 받아들인다. 말하자면 그것을 충고로 받아들이는 것이다. 누군가에게는 새로운 종류의 영성을 의미할 수도 있다. "여기 이런 것을 원했던 사람들을 위한, 예수님께 초점을 맞춘 내면의 삶이 있습니다." 다른 누군가에게는 새로운 삶의 방식을 의미할 것이다. "여기 당신과 당신의 공동체가 따르고 싶어 할 예수님을 기초로 삼은 윤리적인 가르침이 있습니다." 또 다른 누군가에게 그것은 미래를 위한 선택사항이다. 이것은 일종의 노후 계획과 같은데, 여기서 말하는 노후란 죽기 전이 아니라 그 이후에 찾아오는 시간이다. 지금의 이 선택은, 나머지 세상은 어쩔 수 없다 할지라도 당신의 안전과 안락만큼은 보장해 줄 것이다. 앞으로 살펴보겠지만 어떤 사람들은 이 마지막 요소를 절대적으로 강조하면서 좋은 소식 혹은 복음에 대해 말할 때 거의 배타적으로 이 측면에만 초점을 맞춘다. 동일하게 어떤 사람들은 죄로 인해 끊어져 버린 하나님과의 관계를 지금 회복하는 것에만 초점을 맞추기도 한다.

이런 생각들이 그 자체로 완전히 틀린 것은 아니다. 예수님의 메시지와 예수님에 **대한** 메시지는 영성과 윤리, 궁극적 미래, 또 물론 우리와 하나님의 관계에 대한 무언가를 포함한다. 그러나 이 모든 것은 핵심을 빠뜨리고 있다. 바울이 가져온 좋은 소식(그리고 이제 곧 살펴볼, 바울에 앞서 예수님이 가져오신 좋은 소식)은 마음이 끌리면 선택할 수도 있는 어떤 선택사항이 아니었다. 그것은 당신이 따르고 싶어 하거나 따르고 싶지 않은 어떤 **충고**도 아니다. **그것은 소식이었다**. 나아가 그들은 그것이 **좋은 소식**이라고 주장했다.

사람들에게 자신의 좋은 소식을 전하면서 바울이 의도한 반응은 이런 것이 아니었다. "흥미롭네요. 말씀해 주신 것이 제게도 잘 맞을지 한번 생각해 볼게요." 그는 사람들에게 다르게 살고 다르게 사고할 수 있는 새로운 방법을 한번 시도해 보라고 권한 것이 아니다. 그는 세상을 바꾸어 놓은 어떤 일이 일어났으며, 이제 세상은 다른 곳이 되었으며, 자신은 지금 사람들에게 그 새롭고 다른 실재의 일부가 되라고 부르는 것이라고 말했다. 바울은 어떤 사건에 대해 말했고, 그것을 들은 사람들은 그 사건이 초래한 일체의 새로운 존재 방식에 따라 그들의 삶 전체를 조정하게 될 것이다.

이 소식이 어떤 식으로 작동하는지 아는 것은 그다지 어렵지 않다. 로마의 전령관이 데살로니가 같은 도시에 와서 새 황제의 즉위 소식을 알릴 때, 그들이 말한 것은 이런 의미가 아니었다. "여기 새로운 종류의 황제를 경험할 수 있는 기회가 있습니다. 이 경험이 당신에게 잘 맞을지 한번 생각해 보시겠어요?" 대신 그들은 이렇게 말했다. "티베리우스(혹은 클라우디우스 혹은 네로 혹은 다른 누구라도)가 세상의 주인이 되었습니다. 운이 좋은 당신은 이 소식을 전해 받았습니다. 이제 황제께 당신의 충성과 헌신을 바쳐야 할 것입니다. 물론 세금도요." 이것이 로마의 좋은 소식이 작동한 방식이었다. 물론 전령관은 이런 말도 할 것이다. "내 충고를 받아들인다면, 들은 것을 행동으로 옮겨야 할 것입니다." 그러나 이 **충고**는 세상이 원하거나 원치 않거나 상관없이 세상을 다스리는 새로운 황제가 즉위했다는 사실, 바로 그 **소식**으로 인해 의미가 성립한다.

세부 내용을 바꾸어 보면, 우리는 이것이 또한 바울의 좋은 소식이 작동한 방식임을 쉽게 알아차릴 수 있다. 바울은 **전령관**(herald, 선포자)이라는 단어를 예수님에 관한 좋은 소식을 알리는 자신의 소명을 표현하기 위해 사용했다(딤전 2:7). 그는 어두운 곳에서도 잘 볼 수 있게 해 주는 새로운 횃불을 가져다주는 사람이 아니었다. 그는 이미 태양이 떠올랐으며, 따라서 이제 커튼을 열기만 하면 더 이상 횃불이 필요 없다고 외치는 사람이었다.

배경 이야기

구체적으로 바울은 그들에게 더 이상 옛 신들이 필요 없다고 말했다. 이런 점에서 그가 전한 것은 본질적으로 유대인의 메시지였다. 수 세기에 걸쳐 유대의 선지자, 서기관, 현자들은 이방의 신은 인간의 가공물, 사람들이 꾸며 낸 가짜, 나무나 돌이나 값비싼 금속으로 된 우상일 뿐이라고 주장했고, 유대인들은 그런 기록을 담은 그들의 고대 성경을 아주 소중히 여겼다. 그런 우상들은 생명도 없고 힘도 없다. 반대로 이스라엘의 하나님(그들은 이렇게 주장했다)은 살아 계시고 역사하는 분이었다. 그러나 그분은 단지 이스라엘의 하나님, 즉 한 지역의 사사로운 신은 아니었다. 그분은 창조주시며, 온 세상의 하나님이셨다.

고대 사회의 독실한 유대인이라면 누구나 언제라도 이런 것에 대해 말할 수 있었다. 그러나 비유대인에게 이런 이야기는 당연히 싸움을 거는 말로밖에 들리지 않았을 것이다. 당시 모든 도시와 지역에는 각각 고유의 신들이 있었고, 인간의 모든 활동에도 그것을 주관하는 신이나 여신이 있었다. 인생의 모든 것이 잘 돌아가게 하려면 이 신들을 지속적으로 만족시켜야 했다. 그 신들은 생명이 없는 허상이기에 그 신들을 저버리겠다고 하는 것, 즉 더 이상 그 신들을 숭배하지 않겠다고 선언하는 것은 사회적 통합의 끈을 끊어 버리겠다는 위협과도 같았다. 사람들은 전통적 종교 형식, 특별히 제사나 절기를 더 이상 지키지 않으면, 그들이 사는 도시, 공동체, 가족, 그들 자신에게 나쁜 일이 일어난다고 믿었다. 따라서 전통적 의식에 참여하기를 거부하는 것은 불미스럽고 전복적이며 반란을 일으키는 행동으로 여겨졌다. 공동체에 **새로운** 신을 들여오는 것은 더 위험한 행동이었다(가끔 그런 일이 있었지만, 아주 신중해야 했다). 그리고 만약 최근 그들의 신이 가짜임을 **입증하는** 어떤 일이 일어났다고 누군가가 말한다면, 폭동이 일어날 수도 있었다. 바울은 이런 일을 직접 겪어 봐서 잘 알았다.

따라서 유대인의 하나님을 전하는 것은 원칙적으로 불쾌하고 환영받지 못하는 일이었다. 그것은 말하자면 내 호주 친구에게 잉글랜드 팀이 우승했다고 말하는 것과 같다. 짐작컨대 유대인들이 그저 그들의 공동체 안에 안주하며 비유대인들에게 그들의 전통을 버리고 유일하신 이스라엘의 하나님을 함께 섬기자고 설득하지 않은 것은 바로 이런 이유 때문이었을 것이다. 불쾌감의 대상이 되지 않기 위한 대안은 무관심의 대상이 되는 것이다. 비유대인 공동체는 '신들'을 섬기지 않는 어떤 이상한 사람들이 그 도시 어디엔가 살고 있다는 것을 알았지만, 그것은 그들에게 아무 관심거리도 되지 못했다. 이것은 잉글랜드 팀의 그 대단했던 우승 소식이 미국인들에게는 아무 의미도 없었던 것과 같다. 바울에게는 그토록 중대하고 강력한 의미로 다가왔던 좋은 소식이 무관심이라는 도전에 직면한 것이다. 초기 기독교가 마주한 이런 도전은 오늘날에도 여전히 동일하게 남아 있으며, 이에 대해서는 이후 다양한 각도에서 살펴볼 것이다. 이 소식은 사람들에게 불쾌감을 주거나 따분한 것으로 여겨진다. 거리끼거나 단순히 말이 안 되거나 둘 중 하나다.

유대인의 핵심적인 믿음, 곧 모든 다른 신들은 인간이 만들어 낸 것이지만 참되고 살아 계시며 유일하신 하나님이 정말로 계시다는 이 믿음은 어쩌면 좋은 소식으로 보일 수도 있었을 것이다. 나는 열정적인 유대인 변론가가 따분해하는 이방인에게 이런 믿음을 제시하는 장면을 상상할 수 있다. 그들이 정말 그렇게 했다는("좋은 소식이에요! 정말 살아 계신 하나님이 계십니다!"라고 전했다는) 증거는 어디에도 없지만 말이다. 과거 이스라엘의 초석이 된 위대한 사건들, 특히 1,500년 전의 출애굽 같은 사건을 제외하고는 유대인의 하나님이 다스리시기 때문에 이제 세상은 다른 곳이 되었다는 생각이 들게 하는 그 어떤 일도 **일어나지** 않았다.

그런데 바울은 이제 어떤 일이 **일어났으며**, 그 결과 고대 이스라엘의 믿음, 즉 이스라엘의 하나님이 온 세상의 창조주이시며 살아 계시고 역사하신다는 믿음이 극적으로 재확증되었다고 믿었다. 바로 이것이 사람들에게 바울이 단순히 새로운 종교에 관한 충고를 하는 것이 아닌 이유였다. 그는 다른 신에 관한 좋은 소식을 전하고 있었다. 바로 살아 계신 하나님, 나사렛의 예수를 통해 그리고 그 예수 안에서 스스로를 드러내신 하나님에 관한 소식이었다.

바울의 메시지와 그 메시지가 작동한 방식을 이렇게 설명하는 것은 현대 서구 세계의 많은 이들에게 충격으로 다가올 것이다. 거기에는 두 가지 이유가 있다. 첫째, 사람들은 종종 **신**(god)이라는 단어가 항상 똑같은 것을 의미한다는 듯이 그 단어를 사용한다. 그러나 사실은 그렇지 않다는 것이 핵심이다. 둘째, 사람들은 종종 기독교의 주된 목적을 천국에 갈 수 있게 해 주는 것, 그리고 그 과정에서 어떤 것을 해야 하는지를 가르쳐 주는 것—혹은 천국에 이르기 위해 꼭 해야 할 것들을 할 수 있게 도와주는 것—이라고 생각한다. 이것은 지독한 왜곡이다.

바울이 방문한 그리스의 다른 도시들 중 하나는 고린도였다. 사실 그는 고린도에서 다른 어떤 곳보다 오래 머물렀다. 또 그곳을 떠나 있을 때에는 다양한 주제로 편지를 보냈다. 고린도 교회에 보낸 여러 편지 중 첫 번째 편지에서 그는 많은 질문과 문제를 다뤘다. 그 편지의 마지막(그리고 이 편지의 다른 많은 내용의 결정적 단서이기도 한) 주제는 바로 부활이었다.

부활이라는 주제를 다루면서 바울은 초기 기독교에서 표준으로 사용된 것으로 보이는 좋은 소식의 요약 문구를 사용한다. 이 구절은 조심스럽게 살펴볼 가치가 있다. 우리가 앞서 말했던 것을 기억하자. 어떤 것이 소식이 되려면 (1) 이미 일어난 사건이어야 하고, (2) 여기에 의미를 부여해 줄 배경 이야기, 더 큰 문맥이 있어야 하며, (3) 앞으로 전개될 새로운 미래가 갑작스럽게 드러나야 하고, (4) **일어난** 사건과 그로 인해 **일어날** 사건 사이에 놓인 현재의 순간 역시 변화되어야 한다. 이것이 소식이 작동하는 방식이다. 초기 기독교의 좋은 소식은 분명 이런 방식으로 작동했다.

³나도 전해 받은 중요한 것을 여러분에게 전해 드렸습니다. 그것은 곧, 그리스도께서 성경대로 우리 죄를 위하여 죽으셨다는 것과, ⁴무덤에 묻히셨다는 것과, 성경대로 사흘날에 살아나셨다는 것과, ⁵게바에게 나타나시고 다음에 열두 제자에게 나타나셨다고 하는 것입니다. ⁶그 후에 그리스도께서는 한 번에 오백 명이 넘는 형제자매들에게 나타나셨는데, 그 가운데 더러는 세상을 떠났지만, 대다수는 지금도 살아 있습니다.

(고전 15:3-6)

계속해서 바울은 부활하신 예수님이 나타나셨던 일에 대해 말하고 있지만, 인용한 여기까지가 그의 좋은 소식을 이해하는 데 결정적인 부분이다. 모든 것은 실제로 일어난 복합적 사건을 축으로 돌아가고 있다. 메시아가 죽으셨고, 무덤에 묻히셨으며, 살아나셨고, 나타나셨다. 이것을 제거하면 기독교는 무너지고 만다. 이것을 제자리에 놓으면 온 세상이 달라진다. 이것이 바로 그 소식이다. (예수님의 부활이 정확하게 무엇을 의미하는지, 그리고 부활을 비웃는 회의론자들에게 어떻게 답할 수 있는지에 대해서는 이후에 더 살펴볼 것이다.)

카페에 뛰어 들어왔던 그 낯선 남자처럼, 혹은 미국의 한 호텔에서 졸린 눈을 하고 잉글랜드가 호주를 이겼다고 말하고 싶어 안달하던 한 영국인처럼, 많은 것이 배경 이야기에 달렸다. 앞서 무슨 일이 있었는지 모르면, 이제 막 일어난 사건의 중요성도 제대로 볼 수 없다. 바울도 마찬가지였다. 바로 그것이 바울이 짧게 요약한 이 좋은 소식에서 '성경대로'라는 말을 두 번이나 사용한 이유다. 그렇다면 '성경대로'라는 말에는 어떤 의미가 담겼을까?

바울의 성경은 당시 유대인의 성경, 오늘날 그리스도인의 구약성경이다. 당시 다른 많은 유대인처럼 바울 역시 이 성경을 하나의 위대한 이야기로(다만 아직 결말이 나지 않은 이야기로) 읽었다. 그것은 세상을 창조하신 하나님이 어떻게 한 민족을 자신의 백성으로 부르셨는지에 대한 이야기였다(사실 그 부르심은 그 민족만을 위한 것이 아니었다). 하나님은 그들을 불러 특별하게 만드셨는데, 이것은 그들을 통해 온 세상—인류 및 온 창조세계—을 끔찍하리만치 엉망이 된 상태에서 구출하기 위함이었다.

문제는 하나님의 이 구출 작전을 수행해야 할 사람들이 먼저 구출될 필요가 있었다는 점이다. 그들 역시 나머지 인류와 똑같이 하나님께 반역했고 부패했으며 악을 행함으로써 세상을 엉망으로 만드는 데 일조했다. 그러나 그들의 성경은 여전히 하나님이 새 일을 행하고 계시며, 구출 임무를 수행할 그들을 먼저 구출해 내시고, 원래의 계획 전체를 온전히 제자리에 돌려놓고 계신다고 말했다. 몇몇 유명한 성경 구절은 군주가 기름부음을 받아 왕이 되는 것처럼 하나님의 강력한 성령으로 '기름부음받은' 장차 올 한 왕을 통해 그 일이 이루어질 것이라고 말했다. 물론 바울 시대의 모든 유대인들이 이 성령의 기름부음을 받은 왕이 정말로 오리라고 믿은 것은 아니다. 그러나 그것을 믿었던 사람들에게 이 왕에 대한 소식은 최고의 소식이 될 것임에 틀림없었다. 그는 이스라엘을, 그리고 이스라엘과 함께 모든 인류를, 모든 인류와 함께 온 창조세계를 구할 것이기 때문이다.

바로 이것이 배경 이야기다. 이것이 '성경대로'가 의미한 바였다. '기름부음받은'이라는 의미의 단어가 곧 **메시아**다. 따라서 바울이 전한 소식, 곧 '메시아께서 성경대로 우리 죄를 위해 죽으셨다'는 메시지는 이런 고대 유대의 성경적 배경 이야기 안에서만 제대로 이해될 수 있었다. 유일하고 참되신 하나님이, 바울과 다른 이들이 세상을 바로잡기 위해서 꼭 이루어져야 한다고 믿었던 그 일을 마침내 이루신 것이다.

[여기서 우리는 잠깐 멈추어야 한다. 그리스도인을 포함해 많은 사람들이 매우 다른 배경 이야기를 상정하기 때문이다. 어떤 이들의 배경 이야기는 이렇다. 우리에게 필요한 것은 내세의 삶이지만, 우리는

그것이 진짜인지 아닌지 확신할 수 없었다. 이제 예수님이 부활하심으로써 우리는 죽음 이후의 삶이 정말로 있음을 알게 되었다. 다른 이들의 배경 이야기는 다음과 같다. 우리는 하나님이 정말 계신지 안 계신지, 혹은 예수님이 하나님인지 아닌지 확신할 수 없었다. 그런데 예수님이 죽은 사람들 가운데서 살아나셨기 때문에 정말 하나님이 계시며 예수님이 하나님의 아들임이 증명되었다. 또 다른 이들의 배경 이야기에는 좀 더 어두운 논조가 깔렸다. 나는 천국과 지옥이 있음을 믿지만, 내가 어느 쪽을 향해 가고 있는지 어떻게 알 수 있단 말인가? 답: 예수님이 살아나셨고, 따라서 그분의 모든 백성은 천국에 가게 될 것이다. 이밖에도 다양한 변주가 존재한다. 이런 생각들이 완전히 틀린 것은 아니지만, 이들은 단지 캐리커처에 불과하기에 사람들이 그것을 진짜 그대로 믿을 때 그들은 아주 잘못된 방향으로 가게 된다. 그들이 무엇을 빠뜨리고 있는지에 주목해 보자. 무엇보다 그들은 **메시아**(그리스도)라는 단어를 고유명사로 사용한다. 바울에게 그 단어는 말 그대로 '메시아'를 의미했다. 그리고 이것은 좋은 소식의 참된 배경 이야기, 곧 메시아께서 '성경대로' 죽으셨고 살아나셨다는 것과 밀접하게 연결된다. 앞에서 말한 캐리커처에서 '성경대로'라는 말은 단순히 '우리는 성경에서 부활을 예언한 증거 구절을 찾을 수 있습니다'를 의미한다. 그러나 바울의 머릿속에서 이것은 '이스라엘을 부르심으로써 온 세상을 구출하려던 하나님의 계획, 그리고 그 계획을 성취하기 위해 먼저 이스라엘을 구출하려던 하나님의 계획이 마침내 이루어졌습니다'를 의미했다. 좋은 소식은 사람들이 때로 진짜인 것처럼 받아들이는 다양한 종류의 수준 낮은 캐리커처 안에서가 아니라 그것의 **진짜**

배경 이야기 안에서만 그 진정한 의미로 이해될 수 있다.]

그렇다면 이 모든 일은 어떻게 이루어지는가? 상당히 긴 고린도전서 15장의 나머지 부분, 특별히 20-28절이 그것을 명확하게 말해 준다. 여기서 바울은, 옥타비아누스 혹은 아우구스투스가 안토니우스를 상대로 결정적인 승리를 거둔 직후처럼, 메시아 예수께서 이미 세상의 주인이 되셨지만 지금 당장은 모든 반역 세력을 포함한 만물을 그분의 권위 아래 굴복시키는 일을 완전히 마치신 것은 아니라고 설명한다.

²⁵하나님께서 모든 원수를 [메시아]의 발 아래에 두실 때까지, [메시아]께서 다스리셔야 합니다.…²⁸그러나 모든 것이 하나님께 굴복당할 그 때에는, 아들까지도 모든 것을 자기에게 굴복시키신 분에게 굴복하실 것입니다. 그래서 하나님은 만유의 주님이 되실 것입니다. (고전 15:25, 28)

그리고 15장의 나머지 부분에서 바울은 부활절에 하나님이 예수님을 위해 행하신 일, 즉 예수님을 죽은 사람들 가운데서 일으키신 일은 하나님이 마지막 때 그분의 모든 백성을 위해 하실 일임을 분명히 한다. 1세기에도 21세기에도 부활은 우리의 상상력을 넘어서는 주제이지만, 바울은 독자들의 상상력을 훈련시킨다. **이미 일어난 일에 대한 좋은 소식은 아직 일어나지 않은 일에 대한 좋은 소식으로 눈을 돌리게 만든다.** 그리고 이 이중의 좋은 소식에 마음이 사로잡힌 이들은 그 두 사건 사이에 끼어 있는 자신의 현재 삶 역시 완전히 변화되었음을 깨닫는다.

편지의 나머지 대부분은 정확하게 그것에 관한 내용이다. 바울이 다루는 문제, 즉 교회 내 개인 숭배의 문제, 성적인 방종 문제, 보다 넓은 이방 세계에서 어떻게 살아야 하는지의 문제, 공적 예배를 어떻게 구성해야 하는지에 대한 문제 등 대부분의 문제는 정도의 차이는 있지만 모두 좋은 소식과 직접적으로 연관이 있다. 사람들이 메시아의 죽음과 부활 사건이 모든 것을 변화시켰으며 그리하여 이제 자신들이 그 최초의 폭발적인 사건과 하나님이 세상을 바로잡으실 최후 순간(하나님이 '만유의 주'가 되시는 그때) 사이에서 살고 있음을 깨닫게 되면, 모든 것이 달라진다. 믿음, 행동, 태도, 소망, 그리고 특히 이 모든 것을 공유하는 사람들 사이에 솟아나는 새로운 사랑, 진정한 소속감. 바울의 글은 대부분 바로 이런 것들에 관한 것이었다. 복음을 바로 이해하면, 그 밖의 모든 것이 바로잡힌다.

어리석은 일, 거리낌, 능력

그러나 바울은 복음을 바로 이해하는 것이 쉽지 않음을 잘 알고 있었다. 앞서 살짝 엿보았던 것처럼, 복음을 이해하는 것에는 두 방향에서 오는 거대한 압력이 존재했다. 어떤 이들은 복음이 완전히 미친 것이라고 생각했다. 다른 어떤 이들은 합당한 이유로 복음에 대해 거리낌을 느꼈다. 잉글랜드가 럭비 대회에서 우승한 것에 대해 미국인들은 전혀 관심이 없었고, 내가 만났던 호주인은 수치스럽게 느꼈던 것을 기억해 보라. 바울의 경우도 똑같았다. 그는 자신의 좋은 소식이 그의 세계에서 가장 중요한 두 민족에게 모욕적인 취급을 받는다는 사실을 잘 알고 있었다.

> [21]이 세상은 그 지혜로 하나님을 알지 못하였습니다. 하나님의 지혜가 그렇게 되도록 한 것입니다. 하나님께서는 어리석게 들리는 설교를 통하여 믿는 사람들을 구원하시기를 기뻐하신 것입니다. [22]유대 사람은 기적을 요구하고, 그리스 사람은 지혜를 찾으나, [23]우리는 십자가에 달리신 [메시아]를 전합니다. [메시아]가 십자가에 달리셨다는 것은 **유대 사람에게는 거리낌이고, 이방 사람에게는 어리석은 일입니다.** [24]그러나 부르심을 받은 사람에게는, 유대 사람에게나 그리스 사람에게나, 이 [메시아]는 하나님의 능력이요, 하나님의 지혜입니다. [25]하나님의 어리석음이 사람의 지혜보다 더 지혜롭고, 하나님의 약함이 사람의 강함보다 더 강합니다.
>
> (고전 1:21-25, 저자 강조)

이 놀라운 본문은 바울이 반복적으로 마주쳤던 일을 반영한다. 이런 장면을 상상해 보자. 바울이 친구 한두 명과 함께 어떤 도시에 도착했다. 그곳에 아는 사람이라고는 아무도 없다. 바울은 자신이 유대인이고 자신의 좋은 소식이 성경에 부합하다고 믿었기에, 가장 좋은 출발점은 유대인들이 모이는 장소라고 생각했다. 그런데 그곳에서도 그의 메시지는 충격적으로 받아들여지거나 푸대접을 받기 일쑤였다. **십자가에 달린** 메시아라고? 그것은 한마디로 미친 이야기였다. 메시아는 이스라엘의 적에게 죽임을 당하는 것이 아니라, 그들을 물리쳐 줄 사람이어야 했다. 십자가 처형은 수치였다. 그것은 그에게 임한 하나님의 저주를 의미했다. 그런 사람을 두고 하나님의 선택받은 자, 하나님의 기름부음받은 자라고 말하는 것은 일종의 신성모독이나 다름없었다. 바울은 그런 반응을 만나고 또 만났을 것이다. 어떻게 이런 일들이 사실은 성경이 이전부터 말해 온 내용과 일맥상통하는지 그가 자세히 설명하려고 하면 사람들은 손사래를 칠 것이다. 특히 그가 하는 말에 이 메시아가 유대인만큼이나 비유대인(이교도 혹은 헬라인)도 환영할 것이라는 의미까지 담겼음을 알고 나면, 그들의 거부는 더욱 강해질 것이다.

이렇듯 바울은 자신의 유대인 동족에게 아주 부정적인 반응을 받았다. 그러나 길 건너편에서는 더 끔찍한 반응이 그를 기다리고 있었다. 바울의 좋은 소식, 예수님이 왕이라는 선포는 모든 면에서 말이 안 되는 얘기였다. 비유대인들에게는 그 소식이 어떻게 들렸을지 잠시 생각해 보자.

데살로니가, 빌립보, 고린도 같은 바울 사역의 중심 도시들은 황제의 전령이 어떤 것인지 잘 알고 있었다. "좋은 소식입니다! 우리에게 황제가 생겼습니다! 그가 세상을 구했습니다! 그가 우리 모두에게 평화와 정의를 가져왔습니다! 그는 우리의 주인입니다! 그는 하나님의 아들입니다!" 이제 바울이 이렇게 외친다. "좋은 소식입니다! 세상에 새로운 주가 나타났습니다! 그가 진정한 하나님의 아들입니다!" 벌써부터 이상하게 들린다. 마치 자신이 새로운 황제에 대한 소식을 전하는 전령관이라도 되는 것처럼 떠들고 다니는 이 작고 이상한 남자는 누구란 말인가? 그건 그렇고, 그렇다면 이 새로운 황제는 도대체 누구인가?

그는 유대인이다! 그리고 그는 십자가에 못 박혀 죽었다! 그의 이름은 예수라고 한다!

이쯤 되면 사람들은 어이가 없어 입을 벌리고 서 있을 것이다. 그들은 바울을 빤히 쳐다볼 것이다. 이 바울이란 사람이 누구든 간에, 그는 오늘 뭔가 잘못 먹은 게 틀림없다. 아니면 뙤약볕에 너무 오래 앉아 있었는지도 모른다. 십자가형은 당시에 가장 수치스러운 형벌이었다. 그리고 무엇보다 그것은 그 사람이 이미 죽었음을 의미했다. 어떻게 십자가에 달린 사람이 주가 될 수 있으며, 하나님의 아들일 수 있단 말인가?

"그렇지 않습니다!" 바울은 대답한다. "그분은 살아 계십니다! **하나님이 그를 죽은 사람들 가운데서 일으키셨습니다!**"

이제 사람들은 그가 미친 것이 틀림없다고 확신한다. 우리 모두는 죽은 사람이 다시 살아나지 않는다는 것을 잘 안다. 특히 사람을 죽이는 일에 뛰어난 전문가였던 로마 군병들에 의해 십자가에 못 박혀 죽은 사람이라면 더 할 말이 없다.

그러나 바로 그것이 바울의 좋은 소식의 핵심이다. 메시아가 성경대로 우리 죄를 위해 죽으셨다는 것과 성경대로 사흘째 되는 날에 살아나셨다는 것. 성경을 이해할 수 있다면 모든 것이 설명될 것이다. 그러나 비유대인인 그들은 당연히 성경을 잘 모르거나 이해하지 못했다. 나아가 그동안 회당에서 바울이 하는 말을 들었던 유대인들 역시 여전히 그를 경계했다. 그가 하는 말은 유대인의 훌륭한 전통과 삶의 모든 방식을 완전히 뜯어 고쳐야 한다는 뜻인가?

이것은 또 다른 질문이다. 그러나 일단 바울이 그의 메시지를 전했을 때 무슨 일이 일어났는지에 집중해 보자. 그는 자신의 메시지가 그들에게 전혀 말이 안 되는 소리로 들린다는 것을 알았다. 그는 어떤 유대인이라도 그것을 충분히 거리끼는 것이나 심지어 신성모독으로 생각할 수 있음을 알았다. 그러나 그는 끈질기게 전했다. 유일하고 참되신 하나님, 이스라엘의 하나님이 계신다. 그분은 온 세상을 만드셨고, 그 세상을 위한 놀랍고도 멋진 구출 작전을 계획하셨다. 이것이 배경 이야기이며, 좋은 소식은 이 구출 작전이 마침내 실행되었다는 것이다! 죽으셨다가 살아나신 예수님은 이스라엘의 메시아시다. 그리고 이스라엘의 성경에 따르면, 이 메시아는 장차 오셔서 온 세상의 주인이 되실 것이다. 이것이 바로 이 이야기가 단지 유대인만이 아닌 모든 사람을 위한 메시지였던 이유다.

그렇다면 바울이 이런 메시지를 전할 때 어떤 일이 일어났는가? 이 지점에서 우리는 정말 이상한 일이 일어나는 것을 본다. 우리는 바로 앞서 바울이 복음이 유대인에게는 거리끼는 일이고 이방인(비유대인)에게는 어리석은 것이지만, "부르심을 받은 사람"에게는 "하나님의 능력이요 하나님의 지혜"라고 말하는 것을 살펴보았다. "부르심을 받은"이라는 것은 무엇을 의미하는가? 그리고 어떤 의미에서 '능력'이고 '지혜'라는 말인가?

바울은 다른 곳에서도 비슷하게 말한다. 어떤 구절에서 그는 좋은 소식이 "구원하는 하나님의 능력"이라고 선언한다(롬 1:16). 다른 곳에서는 복음을 "말로만 전한 것이 아니라 능력과 성령과 큰 확신으로 전하였"다고 말한다(살전 1:5). 이 모든 것이 의미하는 것은 무엇인가?

바울은 바로 **이 좋은 소식이 선포될 때 일어나는 일**에 대해 말하고 있었던 것이다. 그는 그 일이 일어나는 것을 보고 또 보았다. 이 좋은 소식이 유대인에게는 거리끼는 것이고, 비유대인에게는 터무니없고 바보 같은 소리라 할지라도, 혹은 바른 정신을 가진 사람이라면 믿을 사람이 아무도 없을지라도, 그것을 들은 사람에게는 정말로 어떤 일이 일어났다. 왕을 선포하는 그 메시지는 추운 날 마시는 핫초코처럼 그들 안으로 빨려 들어가는 것처럼 보였다(그리스에 대해 말하는 것이니 더운 날 마시는 시원한 물이라고 하는 것이 더 적절할지도 모르겠다). 그것은 그들에게 새로운 기운을 불어넣었다. 힘을 북돋워 주었다. 때로 육체의 질병을 낫게 해 주기도 했다. 그들은 그들 안에서 깜짝 놀랄 만한 어떤 느낌이 차오르는 것을 발견했다. 바로 사랑받는다는 느낌이었다. 그것은 마치 태어날 때부터 완전히 귀머거리였던 사람이 성공적인 수술을 받은 후 생애 처음으로 모차르트 심포니의 도입부를 들었을 때 일어나는 일과 비슷했다. 상상하지도 못했던 완전히 새로운 세상이 열린 것이다. 아니면 당신이 세상에서 가장 사랑하는 사람이 끔찍한 사고를 당해 죽은 줄로만 알았는데, 사실은 그가 다른 차를 타고 있었고 지금 안전하게 집으로 오고 있다는 사실을 알게 되었을 때와 비슷할 것이다.

이와 동시에 사람들은 좋은 소식이 사실은 논리적으로도 설명이 가능하다는 것을 깨닫기 시작했다. 바울은 이런 일이 일어나는 것 역시 계속해서 봐 왔다. 사람들의 얼굴에 빛이 비칠 때, 당혹감과 충격이 갑자기 어떤 깨달음으로 바뀔 때 어떤 일이 일어나는지를 봐 온 것이다. 바울은 사람들이 가지고 있던 기존의 세계관에 기이하고 믿기 힘든 두세 가지 요소를 어떻게든 더 끼워 넣으라고 말한 것이 아니다.

바울이 전한 소식은 그들이 이전에는 생각도 못했을 가장 기이하고 믿기 힘든 일이었고, 바울은 이 소식이 그 자체의 새로운 세계를 창조해 낸다는 것을 분명히 알았다. 그러나 그것은 우리가 종종 상상하는 것처럼 멀리 떨어진 세계, 일종의 사적인 신비한 환상의 나라를 말하는 것이 아니다. 그것은 농사짓기와 고기잡이, 정치와 철학, 사랑과 웃음, 역사와 소망 등 우리가 살고 있는 현실 세계의 모든 측면에서 설명이 가능한 세계다(물론 이 설명은 기존의 세계에 도전을 던지고 삶을 바꾸어 놓는 것이겠지만, 그렇다고 이해할 수 없는 것이라는 의미는 아니다). 논리적으로 설명이 안 되는 일을 믿으면 잠시 동안은 신날 수 있지만 당신은 점차 고립될 것이다. 바울과 그가 전한 좋은 소식을 통해 삶이 변화된 사람들은 그들이 믿은 것, 즉 메시아께서 성경대로 그들의 죄를 위해 죽으시고 무덤에 묻히셨으며 다시 살아나셨다는 사실이 그들을 더욱 살아 있게 만들고, 모든 것을 더 잘 이해하게 해 주며, 모든 창조세계와 더욱 조화롭게 만들어 준다는 것을 알게 되었다. 물론 믿음이란 어떤 것이 참이라는 것을 믿는 것이다. 그러나 그 믿음이 세상과 분리된 이상한 교리에 관한 것이라는 의미는 아니다(여기에 우리가 단호히 버려야 할 또 다른 캐리커처가 있다). 그것은 오히려 우리로 하여금 마침내 모든 것을 바르게 보게 해 준다. 언젠가 C. S. 루이스(Lewis)는 이렇게 말했다(이것은 웨스트민스터 사원에 있는 그의 묘비에 적힌 문구이기도 하다). "나는 태양이 떠오른 것을 믿듯 기독교를 믿는다. 그것을 볼 수 있기 때문만이 아니라 그것을 통해 다른 모든 것을 볼 수 있기 때문이다."

이 모든 것과 그 이상이 바울이 말한, 그리고 좋은 소식의 선포를 통해 실제로 드러난 '지혜'와 '능력'이 의미한 바였다. 다시 한 번 말하지만 그 메시지를 세상에 대한 기존의 관점에 끼워 맞추려고 하면, 그것은 미쳤거나 부끄러운 것으로 보인다. 그러나 일단 그 메시지가 당신 안에 들어오게 하면, 더 올바르게 표현하자면 **당신이 그 메시지 안**으로 들어가 거기에서 세상을 내다본다면, 갑자기 모든 것이 새로운 방식으로 보이기 시작할 것이다. 모든 것이 설명될 것이며, 그 모든 것에 담긴 깜짝 놀랄 만한 충격적인 의미가 갑작스러울 뿐 아니라 두려울 만큼 명확하게 다가올 것이다. 바로 이런 것이 바울이 좋은 소식의 '능력'을 말할 때 의미한 바였다. 그것은 사람들에게 어떤 일이 일어나게 만든다. 그것은 그들을 변화시킨다.

더 나아가 사람들은 이 예수, 이 메시아의 **임재가 그들에게 실재가 되었음**을 발견한다(아마도 이것은 이제까지 말한 것 중 가장 이상하게 들릴 것이다. 그러나 이전에도 지금도 이것은 가장 중요한 핵심이다). 그들은 단순히 그분에 **대해** 듣기만 한 것이 아니다. 그들은 마치 그분이 바로 옆에 서 계시는 것처럼 느꼈다. 이것이 왕에 대한 선포, 좋은 소식을 들은 사람들 가운데 (적어도) 일부에게 나타나는 효과다. 그리고 살아 계신 예수님이 완전히 새로운 방식으로 그들과 지금 함께하신다는 그 느낌은 갑자기 다른 모든 것을 명확하게 보게 해 준다. 도시 곳곳에 흩어져 있는 신전과 그곳에 있는 사람이 만든 우상들, 그리고 온갖 추악한 일들이 일어나는 장소들을. 갑자기 이 사람들은 그런 것이 참된 인간으로 사는 길이 아님을 깨닫는다. 그들은 그런 삶의 방식에서 완전히 돌아서기를 원한다. 새로운 삶의 방식을 찾고 싶어 한다.

이런 일이 일어날 때, 그들은 새로운 가족의 일원으로 환영받는다. (이것은 아주 다행스러운 일인데, 오늘날 일부 지역에서 여전히 그런 것처럼 바울의 시대에 그들은 원래의 가족에게 버림받을 수도 있었기 때문이다.) 그 새로운 가족 안에서 그들은 어떻게 복음을 실제의 삶에서 살아 낼 수 있는지를 빠르게 배운다. **일어난** 일, 즉 고대 성경의 약속과 하나님의 목적을 성취한 예수님의 죽음과 부활에 대한 선포는 미래에 **일어날** 일에 대한 확신과 어우러진다. 그때 하나님은 온 창조세계를 회복시키실 것이며, 그분의 백성을 새롭고 변화된 육체의 생명으로 일으키실 것이고, "만유의 주"가 되실 것이다. 그 두 시간 사이에서 그들은 현재의 삶 역시 그것이 맺고 있는 과거와 미래와의 연관성에 따라 변화되어야 함을 깨닫는다. 예수님이 죽으시고 살아나셨기 때문에 그분에게 속한 사람들도 죽었다가 살아났다. 따라서 이제 그들은 그런 사실에 부합하는 삶을 살아야 한다. 하나님이 온 세상을 재창조하시고 그분의 백성을 죽은 사람들 가운데서 일으키실 것이기 때문에, 그들은 이런 약속된 궁극적 운명에 어울리는 현재를 살아가야 하는 것이다. 모든 것이 달라진다.

이 모든 것 중에서 우리가 아직 직접적으로 언급하지 않은 한 가지가 남아 있다. 이 역시 아주 중요하다.

유일하신 하나님이 돌아오신다

나는 앞서 바울이 살았던 로마 세계에서 **복음**이란 단어가 일반적으로 황제의 즉위나 생일 등 황제의 소식을 알리는 전언을 의미했음을 지적했다. 그것이 당시의 모든 사람이 알던 복음의 의미였다. 그런데 바울이 로마 황제만을 위해 사용했던 단어, 특히 동전이나 기념비에도 새겨 있던 **주**(Lord)나 **하나님의 아들**(Son of God)과 같은 표현을 예수님에게 사용한 것은 의도적으로 그분이 카이사르와 비슷하다고 말하려는 것이었음을 쉽게 추측할 수 있다. 그러나 여기에는 훨씬 심오하고 오래된 풍성한 의미가 숨어 있다.

좋은 소식의 참된 의미가 성립될 수 있게 해 주는 배경 이야기인 성경에서 좋은 소식에 대한 개념이 직접적으로 나오는 곳은 이사야 40장과 52장이다. 여기에서 좋은 소식은 단순히 장차 오실 메시아에 관한 것이 아니다. 그것은 **이스라엘의 하나님 자신**에 관한 것, 그들이 야웨로 알았던 하나님, 아브라함과 이삭과 야곱의 하나님, 온 세상의 창조주에 관한 것이었다.

그런데 이 하나님에 관한 좋은 소식이란 무엇인가? 무엇보다 **하나님**에 관한 소식이란 것이 어떻게 있을 수 있는가? 하나님은 언제나 하나님이실 뿐이다(말하자면 그렇다). 소식이란 뭔가 새로운 일이 일어났음을 함축한다. 그런데 어떻게 하나님께 새로운 일이 일어날 수 있단 말인가?

성경은 이 모든 것을 상당히 다르게 본다. 고대 이스라엘 사람들이 믿은 하나님은 살아 계시며 역사하시는 분이었고, 이것은 그들에게 축복일 뿐만 아니라 위험하고 극적인 일을 의미했다. 오늘날 일반적으로 상상하는 신과 전혀 다른 이 하나님은 이스라엘 민족과 함께 일하시며 그들 가운데 거하시기로 약속하셨다. 여기에는 이스라엘이 그들의 몫을 이행해야 한다는 조건이 따랐다. 그러나 그들은 그렇게 하지 않았고, 그래서 불행이 찾아왔다. 그들은 자신들의 땅에서 멀리 떨어진 곳에 포로로 잡혀갔다. 그들은 하나님이 예루살렘의 성전을 버리셨고, 방치하셨다고 믿었다. 일어날 수 있는 최악의 상황이었다. 바로 이것이 이사야의 좋은 소식 뒤에 있었던 배경 이야기다.

이사야의 좋은 소식은 이와 같다. 유일하고 참되신 하나님이 다시 일하기 시작하셨다! 그분이 세상의 모든 권세를, 진정한 인간의 삶을 예속하고 부패시키며 파괴하는 어둠의 세력을 꺾으셨다. 그분의 백성이 그들의 땅과 하나님의 백성으로서의 지위를 회복하는 것을 가로막고 있던 모든 장애물을 제거하셨다. 이것은 이제 어떤 것도 새 창조를 위한 그분의 오랜 계획을 가로막을 수 없음을 의미했다. 마침내 고대의 약속이 모두 실현될 것이다. 그리고 그 모든 것의 중심, 그 좋은 소식의 핵심에는 바로 이 약속이 있다. **이 하나님이 친히 다시 오실 것이며, 모든 민족이 그분의 영광을 볼 것이다.** 이 좋은 소식은 단순히 인간 황제에 관한 것이 아니다. 그것은 진정한 왕, 곧 모든 창조세계의 하나님의 귀환에 관한 것이다.

따라서 우리는 지금 무슨 말을 하고 있는가? 바울은 하나님에 대한 성경의 언어를 가져와 그것을 예수님에 대한 메시지에 적용했는데, 동시에 그는 이것이 듣는 이들의 마음속에서 카이사르를 지칭하는 언어를 상기시킬 것임을 알았다는 것이다. 이런 것을 제대로 이해할 수 있다면, 바울이 복음을 말할 때 의미한 바를 잘 이해해 가고 있는 셈이다.

이에 대해 보다 차근차근 살펴보도록 하자. 바울은 야웨의 귀환이 예수님 안에서 일어났다고 믿었다. 또 그는 이 일이, 그가 예수님에 대해 선포할 때 계속해서 일어난다고 믿었다. 하나님이 예수님의 인격

안에서 **돌아오셨다**. 그리하여 좋은 소식이 선포되는 곳마다 성령의 임재와 능력 안에서 하나님이 온 세상으로 **오고 계신다**. 그리고 어느 날 하나님—이제 예수님 안에서 알려지신 하나님—은 모든 일을 끝마치기 위해, 만유의 주가 되시기 위해, 온 세상을 그분의 영광과 사랑으로 채우고 모든 것을 변화시키기 위해, 모든 것을 바로잡기 위해, 그분의 강력한 사랑으로 모든 것을 치유하기 위해 돌아오실 것이다.

이것이 바로 성경과 바울이 말한 좋은 소식이다. 어떤 일이 **일어났다**. 어떤 일이 **일어날** 것이다. 그리고 그 중간에, 좋은 소식에 사로잡힌 모든 이들의 삶 속에서 강력하고 신비로운 어떤 일이 **일어나고 있었다**. 초기 기독교 복음의 역동성을 다시 붙잡기 원한다면 우리는 이 세 가지 측면의 비전을 함께 붙들어야 하고, 특히 이 비전이 **하나님**이라는 단어의 의미에 대해 무엇을 말하는지 볼 수 있어야 한다. 바로 그것이 이 책이 다루려는 내용이다. 또한 바울의 시대처럼 우리의 시대에도 어떻게 좋은 소식이 어떤 이들에게는 거리끼는 것이고, 다른 어떤 이들에게는 지루하며 이치에도 맞지 않는 것으로 들리지만, 또 다른 이들에게는 여전히 하나님의 능력과 지혜를 드러내는 것인지 살펴볼 것이다.

예수 왕에 놀라다

이제 이야기의 중심인물을 보다 자세히 살펴볼 차례다. 여전히 예수님은 인간 역사상 가장 매혹적인 인물 중 하나다. 세계관, 종교, 문화와 상관없이 예수님은 쉽게 잊을 수 없는, 우리의 마음을 흔들어 놓는 매력적인 존재로 다가온다.

그러나 이것은 단지 그분을 세계 위인 목록에 올려놓고 흠모하는 정도에 불과하다. 우리는 다른 이름도 쉽게 댈 수 있다. 모세, 부처, 소크라테스, 무함마드. 보다 최근 인물로는 마하트마 간디(Mahatma Gandhi)나 넬슨 만델라(Nelson Mandela)도 있다. 고대와 현대에 걸쳐 다양한 선택이 가능하다. 이들에 대한 평가는 대부분 그들이 남긴 교훈의 가치에 따라 달라진다. 이 교훈을 따라야 할까 말아야 할까? 과연 그들은 우리 삶의 안내자로 삼기에 신뢰할 만한가?

그러나 좋은 소식의 개념은 다른 종류의 질문들을 제기한다. 예수님은 단지 위대한 인물이나 후세가 추앙하는 영웅적 인간이 아니다. 그분은 좋은 소식, 곧 세상을 바꾸어 놓는 어떤 일이 일어나고 있으며 일어났다는 소식을 선포하셨다. 그분이 옳았거나 틀렸거나 둘 중 하나일 텐데, 과연 그것은 무엇에 관한 소식이었으며, 어떤 의미에서 좋은 소식이었을까?

예수님은 다른 스승들과 비교해 볼 만한 어떤 가르침을 준 것이 아니다(물론 그분의 가르침은 그 자체로도 정말 훌륭했다). 윤리적인 모범을 제시하셨던 것도 아니다(만약 그런 것이 우리가 원하는 것이라면, 그 면에서도 그분은 아주 훌륭했다). 그분은 자신이 **세상을 치유하고 변화시키며 구출하고 새롭게 하는 일**을 하고 있다고 주장하셨다. 간단히 말해 그분은 이스라엘과 온 세상을 위한 좋은 소식을 선포하셨다.

적어도 그분이 속했던 세상은 좋은 소식을 고대하고 있었다. 예수님 당시의 유대 사회는 여러 가지 추측이 난무했다. 그들의 위대한 전통은 자식이 없는 유목민이었던 아브라함을 하나님이 부르셔서 장차 세상을 구할 한 가문을 시작하게 하셨다는 이야기를 들려주었다. 먼저 이 민족은 구출이 무엇을 의미하는지 배워야 했고, 그리하여 이집트에서 노예생활을 하던 그들은 유월절에 하나님이 그들을 구하시는 경험을 했다. 하나님은 그들이 홍해를 건너게 하셨고, 수십 년에 걸쳐 광야생활을 하는 동안 직접 인도하셨다. 그리고 마침내 그들은 약속받은 땅을 차지했다. 그 사건(출애굽)은 유대인의 삶과 생각의 중심에 늘 자리 잡고 있었고, 과거에도 현재에도 유대인이 세상을 보는 방식을 형성했다. 그것은 악한 권세를 무너뜨리고 자신의 백성을 구출하심으로써 권능 가운데 자신을 드러내신 유일하고 참되신 하나님에 대해 말해 주었다. 그것은 이후 성경에서 하나님 나라라고 부르는 것에 대해 말해 주었다. 다른 말로 하면, 그것은 하나님이 완전히 새로운 방식으로 세상의 왕이 **되고 계신다**고 말했다. 유일하고 참되신 하나님은 언제나 세상의 적법한 주인이셨지만, 악의 권세가 그분의 통치권을 찬탈한 이후 그분의 나라를 되찾으셔야 했다.

예수님 시대의 많은 사람들은 이 꿈이 현실로 드러날 때가 왔다고 믿었다. 바로 이것이 그들이 그토록 기다린 좋은 소식의 배경 이야기였다.

또한 출애굽은 예수님을 형성했다. 그분은 그 시대 사람들과 동일한 믿음—유일하신 하나님이 마침내 새로운 출애굽을 통해 그분의 백성과 온 세상을 구출하실 것이라는 믿음—을 공유했지만, 한 가지가 아주 달랐다. 그분은 실제로 그 일이 일어나게 하는 것이 자신의 임무라고 믿었다. 바로 그것이 그분의 소명, 그분이 받은 특별한 부르심이었다. 사람들이 불편해하는 점 가운데 하나는, 예수님은 하나님에 대해 말씀하셨는데 이후 그분의 추종자들은 예수님을 전했다는 것이다. 즉 초기 그리스도인들이 예수님의 의도와는 다른 일을 했다는 것이다. 이것은 말도 안 되는 소리다. 맞다. 예수님은 하나님에 대해 말씀하셨다. 물론이다. 그러나 예수님은 정확하게 **자신이 하려는** 일이 무엇인지를 설명하기 위해 그렇게 하셨다. 도전받으셨을 때 그분은 이렇게 말씀하셨다. "그러나 내가 하나님의 영을 힘입어서 귀신을 쫓아내는 것이면, 하나님의 나라는 너희에게 왔다"(마 12:28). 예수님은 실제로 **자신이 좋은 소식**이라고 주장하신 것이다.

다른 종류의 왕

그것이 바로 예수님이 공생애 기간에 하나님 나라의 좋은 소식을 전하고 다니시면서 하나님 나라의 개념을 재정의하신 이유다. 그분은 말씀하셨다. 하나님이 다스리기 위해 돌아오고 계신다. **그러나 그것은 사람들이 생각하던 것과 다르게 보인다.**

하나님이 왕이 되신다는 생각은 예수님 시대에 이미 잘 알려져 있었다. 고대의 여러 성서 본문이 이러한 방향을 지향했기 때문에 그것이 무엇을 의미하는지는 의심할 여지가 없었다. 예수님 당대의 많은 대중 운동이 동일한 슬로건을 사용했다. 하지만 예수님은 거기에 아주 다른 해석을 부여하셨다. 예수님이 사용하신 것과 동일한 성경의 약속에 근거한 그런 대중 운동은 우리가 앞서 말했던 때를 고대했다. 그것은 곧 회복의 순간, 원수로부터 이스라엘을 구출하는 새로운 출애굽의 순간이었다.

수 세기 전 일어났던 최초의 출애굽은 정치적 혁명이라고 부를 만한 것이었다. 그 옛 이야기는 수만 명의 노예를 해방으로 이끌었던 모세에 대해 말했다. 예수님 시대의 사람들은 실제 사람들, 실제 공동체, 새롭게 이루어진 실제의 해방과 맞먹는 중요한 무언가를 기다리고 있었다. 어떤 이들은 그것이 새 지도자라고 생각했다. 다른 이들은 인간이 아닌 하나님 자신이 베푸실 구원의 강력한 역사라고 생각했다. 어떤 이들은 이 두 가지를 조합하기도 했다. 즉 인간 지도자가 사람들을 준비시켜야 한다고, 그러면 하나님이 일하실 것이라고 생각했다. 혹 다른 어떤 이들은 하나님의 백성인 그들 스스로가 악한 이방인들에 맞서 폭력 혁명과 같은 극적인 행동을 취해야 한다고 생각했다. 바로 그것이 하나님이 그분의 구원 계획을 이루시고자 하는 방법이라는 것이다. 이런 모든 생각은 **많은 사람들이 하나님께서 모든 것을 바로잡으시고 그분의 백성을 구원하시기를 바라면서도 정작 그 일이 어떻게 이루어질 것인지에 대해서는 아무도 확실히 알지 못했음을** 보여 준다.

예수님은 자신이 안다고 생각하셨다. 그분에게는 소명에 대한 강력하고 명확한 인식이 있었다. 그분은 이 모든 것이 자신의 사역을 통해 일어나고 있으며, 앞으로도 계속 일어날 것이라고 믿었다. 바로 그것이 예수님 당시와 심지어 오늘날까지도 어떤 사람들은 그분이 정말로 폭력 혁명을 계획하셨다고 생각하는 이유다. 왕국을 세우려는 다른 운동은 늘 그런 식이었기 때문이다. 정말 예수님이 그런 그림에 들어맞는가? 그러나 이것은 예수님을 잘못 이해한 것이다. 좋은 소식의 기이한 점 중 하나, 오늘날까지 사람들이 그것을 잘 이해하지 못하는 이유 중 하나는 예수님이 그러한 방식을 따르지 않으셨다는 것이다. 그분이 서툴거나 고집이 세서, 혹은 그냥 다른 뭔가를 하고 싶으셨기 때문이 아니다. 그분은 하나님과 하나님의 목적, 그리고 그 목적을 이루시는 하나님의 방법에 대한 다른 비전을 갖고 계셨기 때문이다. 그것은 진정으로 좋은 소식이란 어떤 것이어야 하는지에 대한 전혀 다른 종류의 비전이었다.

여기서 예수님은 아슬아슬하게 줄타기를 하고 계신다. 사람들은 군사적·사회적 혁명을 통해 이루어질 하나님의 나라에 대해 듣고 싶어 했다. 그들은 200여 년 전에도 그런 혁명을 경험했었다. 예수님 이후에도 그런 일은 계속 이어졌다. 주후 60년 즈음부터 130년대의 마지막 반란까지 크고 작은 혁명이 일어났다. 언제 어디서든 그런 일은 계획되고 있었다. 사람들은 바로 그런 일을 원했다. 예수님의 말 한마디면 수많은 사람이 곡괭이로 칼을 만들어 따라나섰을 것이다.

예수님에 대해 우리가 아는 모든 것은, 그분이 결코 그런 길로 가지 않으셨을 뿐 아니라 그렇게 하지 말라고 경고하셨음을 분명히 해 준다. 그분은 그런 민족주의적 혁명을 오히려 문제의 일부로 보았다. 그분은 그런 일을 자신의 유대인 동족이 그들의 하나님이 **어떤** 분이며 무엇을 원하시는지에 대해 근본적으로 잘못 이해하고 있음을 알려 주는 증거로 여기셨다. 그들이 시도하려 했던 로마에 대한 반역은 하나님에 대한 그들의 반역, 이방 민족의 빛이 되어야 할 그들의 소명에 대한 반역의 증상이었다. 예수님의 유명한 산상수훈의 핵심은 이스라엘의 소명을 일깨워 주는 것이기도 했다.

그런가 하면, 예수님 시대의 어떤 사람들은 다른 식으로 반응했다. 그들은 공적인 영역에서 완전히 물러서 있기를 원했다. 사막에 숨어서 그저 기도하라. 그러면 하나님이 하시고자 하는 일을 직접 행하실 것이다. 혹은 성경을 연구하고 최선을 다해 그것을 지키되 그것을 공적인 자리로는 가져가지 말고 개인의 신앙 영역에서만 그렇게 하라. 이런 대안들은 오늘날에도 잘 알려져 있다. 예수님은 이 모든 대안에 대해 고개를 저으셨다. 그런 것은 충고이지 소식이 아니다. 그분은 하나님이 일하고 계시며, 왕이 되고 계신다고, 하나님이 새 출애굽을 이루고 계신다고, 그리고 바로 이것이 모든 것을 바꾸어 놓을 오래 기다려 온 좋은 소식이라고 말하기 위해 오셨다. 우리는 좋은 소식에 대해 침묵하고 있을 수 없다.

예수님은 침묵하지 않으셨다. 그분은 계속 이야기(비유)를 들려주셨는데, 하나님이 왕이 되시는 방식은 아주 다르다는 설명은 오직 예리하고 도전적인 짤막한 이야기를 통해서만 가능했기 때문이다. 그리고 동일하게 중요한 것은, 예수님이 하나님의 새로운 세상이 어떤 곳일지 보여 주는 일들을 계속 **행하셨다**는 사실이다. 사람들이 치유받은 것은 팔을 뻗어 실제 인간의 몸과 삶을 끌어안는 새 창조의 표지였다. 사람들이 용서받은 것은 하나님의 사랑에 대한 따뜻한 확신과 함께 새 창조의 능력이 사람들의 도덕적이고 영적인 삶 속에 도달한 것이었다. 경제적·사회적·도덕적·신체적으로 피라미드의 맨 밑에 놓였던 사람들이 갑자기 자신의 삶이 완전히 역전되었음을 발견했다. 예수님이 가시는 곳마다 잔치가 열렸다. 이유는 분명했다.

많은 이들이 반발하는 이유 역시 분명했다. 예수님이 하신 그 모든 일이 기존 질서를 어지럽히는 것이었기 때문이다. 예수님이 성전에서 돈 바꾸어 주는 사람들의 상을 뒤집어엎으신 것은 앞서 2-3년 동안 사람들이 중요하게 생각하던 것에 대해 그분이 해 오신 일들을 단 한 동작으로 정리하신 것이었다. 하나님이 왕이 되실 때 그것이 어떻게 보일지에 대한 예수님의 비전은 다른 대부분의 사람들이 갖고 있던 생각과 아주 달랐던 것이다. 심지어 가족조차 적어도 한 번 이상 예수님이 제정신이 아니라고 생각했을 정도다. 그분의 가장 가까운 친구들조차 그분이 하고 계신 일을 이해하지 못했다.

마지막에 이르러서야 그들은 이해하게 될 것이다. 예수님이 하셨던 일은 그 모든 것이 어떻게 끝날 것인지에 대한 그분의 믿음에 비추어 설명될 때만 이해될 수 있었다. 그분은 이에 대한 분명한 소명 의식,

즉 마침내 모든 것의 결말을 이끌어 내기 위해 자신이 무엇을 해야 하는지에 대한 분명한 소명 의식 역시 갖고 계셨다. 예수님은 자신이 하셔야 할 일을 위해 출애굽의 장면, 유월절 만찬을 선택하셨다. 그분은 바로 이것이 좋은 소식이 현실에서 이루어져야 할 방식이라고 믿었다. 첫 번째 출애굽은 유대인의 삶을 형성해 온 중심축이자 힘이었다. 예수님이 행하시고 말씀하신 것들은 그분이 두 번째 출애굽을 이루고자 하신다는 것을 분명하게 보여 주었다. 이 출애굽은 첫 번째와 똑같은 일을 행하되, 그러나 이번에는 모든 세상을 위해 그 일을 행하실 것이다.

그것을 이렇게 설명해 보자.

1세기 유대인들은 그들의 하나님이 직접 돌아오셔서 그들을 구해 주시기를, 그분의 영광스러운 임재를 드러내시고 그들의 원수를 무찌르시며 자신들을 그분의 백성으로 영원히 다시 세워 주시기를 기대했다.

그런데 그들에게 온 것은 예수님이었다.

그들은 새로운 출애굽을 기대하고 있었다. 그것은 곧 1,500년 전 이스라엘 백성이 이집트에서 노예생활을 하고 있을 때 (그들이 믿었던) 그들의 하나님이 그들을 구하려 오셨을 때 일어났던 그 똑같은 일이 반복되기를 기다리는 것이었다. 하나님은 이집트의 강력한 통치자를 이기셨고, 그분의 백성을 해방시키셨으며, 시내 산을 지나 약속된 땅에 이르기까지 그들을 직접 인도하셨다. 많은 선지자들이 언젠가 하나님께서 이와 비슷한 일을 다시 한 번 이루실 것이라고 말했다. 많은 사람들이 그 일이 속히 일어나길 고대했다.

그런데 그들에게 온 것은 예수님이었다.

그들은 공의와 평화의 새로운 시대를 기대했다. 고대의 성경은 늑대와 양이 함께 누우며, 산에는 달콤한 포도주가 흐르고, 물이 바다에 넘침같이 유일하고 참되신 하나님을 아는 지식과 그분의 영광이 온 땅에 가득하게 될 때가 올 것이라고 말했다.

그런데 그들에게 온 것은 예수님이었다.

그들이 당혹스러워한 것이 당연하지 않을까?

한 이야기에서는 예수님과 가까웠던 두 사람이 그분이 죽으신 뒤 3일째 되던 날에 길을 가다 낯선 사람과 대화하던 중 그들이 기대했던 것은 이스라엘을 구속해 주실 분이었다고 슬프게 말하는 장면이 나온다. 요점은, 사람들이 예수님을 십자가에 못 박아 죽였고 따라서 결국 그분은 자신들이 기대한 분이 아니었음이 드러났다는 것이었다. 자신들이 착각했다는 것이다.

예수님과 사촌지간인 요한 역시 자신에게 소명이 있다고 믿었다. 그의 임무는 다가오는 하나님의 위대한 구원 역사를 위해 사람들을 준비시키는 일이었다. 그 역시 최초의 출애굽, 하나님이 그분의 백성으로 하여금 홍해를 지나가게 하시고, 그다음 요단 강을 건너 마침내 약속된 땅에 이르게 하셨던 그때를 상기시키고 있는 듯 보인다. 그래서 요한은 사람들을 요단 강에 집어넣어 이 새로운 출애굽을 준비시키고자 했다. 그는 아마도 그것이 시작 단계라고 생각했으리라. '집어넣다'라는 의미의 헬라어 단어는 **뱁티조**(baptizo)인데, 여기서 **세례를 주다**(baptize)라는 단어가 나왔다. 그래서 요한의 별명이 세례자 요한 또는 세례 요한이 된 것이다.

그러나 요한 역시 곧 혼란에 빠졌다. 그는 자신이 착각한 것인지 의심했다. 이것이 정말 자신이 기다려 온 좋은 소식이란 말인가?

요한 자신은 좋은 소식을, 적어도 좋은 소식이 오고 있음을 선포했다. 하나님이 약속하셨던 일을 이제 곧 행하실 것이다. 이제 곧 그 위대한 날의 동이 틀 것이기 때문에, 태양이 떠오를 때 사람들이 여전히 잠들어 있지 않게 하기 위해 그들을 준비시켜야 했다. 그러나 막상 예수님이 공적 사역을 시작하고 요한이 자신의 사촌이 하고 있는 일에 대해 들었을 때, 그는 아주 실망했던 것 같다. 당시 요한은 유대 지역 통치자였던 헤롯을 비난했다는 이유로 감옥에 갇혀 있었다. 그는 하나님의 새로운 날에 대한 예수님의 메시지에는 당연히 그가 풀려나 함께 잔치를 누리게 되는 것이 포함되리라 기대했을 것이다. 그래서 그는 예수님께 메시지를 보냈다. 정말로 당신이 그분이십니까? 제가 뭔가 빠뜨린 것이 있습니까? 당신 뒤로 오실, **진짜** 그 일을 하실 분이 계신 것입니까?

예수님의 사촌도 무슨 일이 일어나고 있는지 제대로 깨닫지 못한 것이다. 예수님의 가장 가까운 동무이자 제자였던 요한도, 그의 형제 야고보도 마찬가지였다. 그 둘은 예수님께 대담하게 나와 예수님이 보좌에 오르실 때 자신들이 그 오른편과 왼편에 앉아 존귀와 권세를 함께 누릴 수 있게 해 달라고 요청했다. 이것은 예수님 주변 사람들이 기대한 것이 무엇이었는지를 잘 보여 준다.

예수님은 세례 요한에게 부드럽고 아리송한 답을 주신다. 무슨 일이 일어나고 있는지 보면서 스스로 답해 보라고. 야고보와 요한에게는 다소 무뚝뚝하게 대답하신다. 세상의 통치자들과 우리는 서로 다른 방식으로 다스릴 것이라고. 일반 통치자들은 일반적인 권세를 가지고 다스린다. 그들은 자신들에 대해 떠벌리며 위협과 협박을 통해 목적하는 바를 이룰 것이다. 예수님은 말씀하셨다. 우리는 사랑과 섬김으로 그 일을 할 것이다. 그분은 계속해서 이런 식으로 해야 하는 이유를 말씀하셨다. (자신과 성경에 입각한 자신의 소명을 가리키며) "인자는 섬김을 받으러 온 것이 아니라 섬기러 왔으며, 많은 사람을 구원하기 위하여 치를 몸값으로 자기 목숨을 내주러 [왔기]" 때문이다(막 10:45).

예수님은 좋은 소식의 핵심 구절인 이사야서 본문을 인용하셨다. 이것이 위대한 계획이 성취되어야 할 방식이었다. 예수님이 선포하신 좋은 소식은 바로 지금 그 계획이 실제로 이루어지고 있다는 것이었다. 초기 교회가 예수님에 **대해** 선포한 좋은 소식은 그 계획이 실제로 **이루어졌다는** 메시지였다. 그 일이 이루어졌다.

이것이 예수님이 선포하신 좋은 소식의 핵심이다. 그것은 단지 하나님이 예수님과 그분이 하고 있는 일을 통해 왕이 되고 계신다는 것뿐 아니라 **하나님의 왕권은 다른 왕권들과는 완전히 다른 종류**라는 사실이다. 다른 종류의 능력이 있다. 그리고 바로 그것이 복음의 능력, 곧 복음에 의해 선포되고 드러나는 능력이다. 그것은 잔혹한 힘이나 우월한 말솜씨가 보여 주는 능력이 아닌 인간 삶의 모든 영역 안으로 훨씬 더 깊숙이 파고드는 능력이다. 초기 그리스도인들은 그것을 **아가페**(*agapē*)의 능력이라고 불렀다. 지금 우리가 사용하는 단어인 **사랑**은 그 단어의 의미에 한참 못 미치지만, 1세기에도 오늘날에도 여전히 사람들을 푹 잠기게 하는 다차원적이며 모든 것을 포괄하는 위대한 에너지를 나타내는 표지판 정도로는 삼을 수 있을 것이다.

사랑의 능력

예수님과 세상 권세와의 충돌 혹은 하나님 나라와 인간 제국 간의 충돌은 단순히 하나님이 인간보다 더 힘이 세서 그들 방식의 게임에서 그들을 이길 수 있다는 식의 이야기가 결코 아니다. 하나님이 갖고 계신 탱크와 폭탄이 다른 누구 것보다 더 세다는 얘기가 아니라는 말이다. 그런데 예수님 시대의 사람들은 바로 그런 것을 기대했다(물론 그들이 탱크와 폭탄을 사용했던 것은 아니지만, 내가 무슨 말을 하려는 건지 알 것이다). 그것은 오늘날에도 사람들이 종종 기대하고 바라는 것이기도 하다("어째서 하나님은 사람들을 죽이는 악한 독재자들에게 아무 일도 하시지 않는 거지?"). 이것이 사람들이 때때로 좋은 소식을 잘못 이해하는 이유다. 이것이 이 소식이 언제나 그랬듯 지금도 여전히 사람들을 혼란스럽고 당혹스럽게 하는 이유다. 사람들이 성경이 주장하는 큰 그림에서 한 걸음 물러나 급진적인 좋은 소식을 뭔가 좀더 믿기 쉬운 것으로 만들어 버리는 이유 또한 이것이다. 그리하여 그것은 '나 그리고 나와 하나님의 관계' 혹은 '천국에 가는 것'에 관한 이야기가 되어 버렸다. 그것은 소식이라기보다는 충고에 가깝다.

명확하게 짚고 넘어가자. 우리 각자가 하나님과 맺는 관계는 매우 중요하다. 하나님이 정말로 죽음 이후 그분의 백성들을 돌보신다는 주장 역시 아주 중요하다. 그분의 최종적인 새 창조의 때까지 말이다.

그러나 이런 것이 좋은 소식의 핵심은 아니다. 잘못된 음절에 강조를 두는 것처럼, 우리는 잘못된 지점에 초점을 맞추어 왔다. 그 말 자체는 참일지라도 그것을 말하는 방식이 그 참된 의미가 분명하게 들리는 것을 방해한다. 좋은 소식은 살아 계신 하나님이 세상의 모든 권세를 꺾으시고 마침내 **하늘에서와 같이 땅에서도** 공의와 평화로 다스리는 통치를 시작하신다는 것에 관한 이야기다. '나중에 하늘에서'가 아니다. 그리고 그 승리는 세상과 똑같은 종류의 우월한 힘이 아닌 완전히 다른 종류의 능력을 통해 성취된다.

우리는 세상의 힘이 어떤 것인지 안다. 흔히 그렇듯 급박한 순간이 오면 그것은 고통과 죽음의 위협을 사용하는 폭력적 힘으로 드러난다. 그렇다. 그것은 탱크와 폭탄의 힘이며, 총과 칼과 채찍과 감옥과 철조망과 불도저의 힘이다. 사람들의 생명을 빼앗는 무기, 집을 파괴하는 기계, 가정이나 직장에서의 잔인함, 온유와 친절과 지혜가 있어야 할 곳에 자리 잡고 있는 악의와 교묘한 통제다. 로마의 집정관이 예수님을 죽음으로 내몰기 바로 몇 분 전에 예수님이 그에게 설명하셨던 것처럼, 그분의 힘은 완전히 다른 종류의 것이었다. 이 장면은 제대로 핵심을 보여 준다. 세상의 제국은 폭력으로 다스린다. 그러나 예수님은 하나님 나라가 사랑으로 다스린다고 선포하셨다.

이것이 좋은 소식이다.

이것은 이론이 아니었다. 예전에도 지금도 그것은 일반적 진리이지만, 그것을 믿는 유일한 이유는 그것이 역사 속에서 실제로 일어났기 때문이다. 바울은 가장 초기 서신 중 하나에서 이렇게 썼다. "나를 사랑하셔서 나를 위하여 자기 몸을 내어주신 하나님의 아들"(갈 2:20).

이것이 정확하게 무엇을 의미하는지를 알기 위해서는 수천 가지를 설명해야 할 것이며, 그것을 위해서는 책을 한 권 더 써야 할 것이다. 그러나 여기서 우리가 알아야 할 것은 단순하게 말해 이것이다. 나사렛의 예수는 그분의 죽음이 좋은 소식의 궁극적 순간이 될 것임을 믿고 그 자리로 가셨다. 그것은 창조주가 이스라엘과 인간, 그리고 온 세상을 구하시려는 계획이 마침내 그 기이하고도 어두운 결말에 다다른 순간이었다. 그것은 예수님이 선포하고 구현하기 위해 오신 좋은 소식의 절정이었다. 십자가의 예수님은 사람으로 드러난 궁극적인 좋은 소식이었다.

우리는 계속 이어 갈 수 있다. 한 세기도 더 전에 알베르트 슈바이처(Albert Schweitzer)는 보다 강력한 다른 이미지를 사용했다. 그는 예수님이 역사의 바퀴가 반대 방향으로 굴러갈 것을 확신하셨다고 말했다. 예수님은 그 일이 일어나기를 기다렸지만, 그 일은 일어나지 않았다. 그래서 예수님은 자신을 그 바퀴에 내던졌고, 바퀴는 그분을 으스러뜨렸다. 그런데 정말로 바퀴가 반대 방향으로 굴러가기 시작했다.

이런 모든 이미지는 악의 권세에 대한 **새로운 왕의 이상한 승리**에 대해 말하고 있다. 이것은 메시아적 승리의 순간이다. 사복음서가 지시하듯, 그 모든 것은 하늘에서와 같이 땅에서도 하나님 나라를 이루는 개척자 예수님과, 하나님의 일·하나님의 나라·하나님의 세상(그리고 이제 하나님의 아들)을 파괴하는 일에 열심인 헐뜯는 자 혹은 사탄이라는 어두운 유사인격의 세력 사이의 싸움에 대한 마지막 분석으로 귀결된다. 사탄은 예수님에 대한 거짓 고소와 배신, 불의한 심판을 위해 전력을 다한다. 유사인격의 개념으로 표현하자면, 마침내 악이 완전히 장성한 것이다. 그것은 끔찍한 공포 안에서 진짜 모습을 드러낸다. **그리고 바로 그 순간, 하나님의 심판이 그 위에 선고된다.** 바로 악 자체 위에.

이것은 예수님이 어찌어찌해서 살아남았고 다음 날 다시 싸울 수 있게 되었다는 말이 아니다. 부활은 단지 "자, 그분이 모든 공격을 받으셨지만 상하지 않은 채 돌아왔습니다"를 의미하는 것이 아니다. 예수님이 상하지 않은 것이 **아니다**. 그분이 '살아남은' 것이 아니다. 그분은 정말로 고통당하셨다. 진짜로 피를 흘리시고 죽으셨다. 부활은 죽음이 별것 아니라거나 진짜가 아니라는 의미가 아니다. 부활이(새 창조와는 별개로 말이다. 새 창조에 대해서는 이후에 더 살펴볼 것이다) 드러낸 것은 십자가에서 **악 자체가 심판을 받았다**는 것이다. 악의 권세는 예수님을 삼켰고, 그분에게 육체적 고통뿐 아니라 윤리적이고 영적인 폭력을 가함으로써 그분의 존재 모든 줄기에 파고들었다. 그러나 예수님에게 내려진 형벌처럼 보였던 것은 사실 **악 자체 위에** 내려진 형벌(실제 사형선고)이었다. 신약성경의 몇몇 저자들은 이 사실을 여러 각도에서 서술하지만, 일반적으로 그것을 가장 날카롭게 표현한 것은 바울이다. "하나님께서는 자기의 아들을 죄된 육신[의 모습 곧 속죄제물로 보내셔서, 바로 그 육신 안에서 **죄를 심판하셨습니다**]"(롬 8:3, 저자 강조). 그렇기에 바울은 이렇게 말할 수 있었다. "[메시아] 예수 안에 있는 사람들은 정죄를 받지 않습니다"(롬 8:1). 죄가 심판을 받았다. 처벌이 이루어졌다. 따라서 이제 "메시아 안에 있는" 죄인들은 "정죄를 받지 않"는다고 확신할 수 있다. 그런데 우리는 여기서 바울이 분명 예수님의 죽음을 **형벌적**(이는 법정 선고였다)이고 **대속적**(예수님이 죽으셨으므로 우리는 죽지 않는다)인 의미로 보고 있기는 하지만, 하나님이 예수님을 벌하셨다고는 말하지 않는 것에 주목해야 한다. 그것은 지나친 단순화일 것이며, 그 자체로 왜곡을 가져온다. 우리는 큰 그림을 놓치지 말아야 한다. 십자가에서 하나님은 죽음의 선고를 악 자체에게 돌리셨다.

그렇다면 이것은 왕의 승리였다. 이것이 예수님의 공적 사역에서 시작된 하나님 나라가 그분의 죽음과 부활에서 완전히 새로운 방식으로 공식 출범하는 이유다. 그 나라를 가로막고 있던 것은 어둠의 권세, 악의 세력이었다. 십자가에서 그 세력, 그 권세가 무너진 것이다. 이제 그것이 할 수 있는 일이라고는 최후의 몸부림을 치며 소리를 지르고 발악하는 것밖에 없다. 맞다. 그 마지막 발악은 여전히 끔찍하고 파괴적일 것이다. 우리 자신의 삶에서 그리고 보다 넓은 세계에서 우리 모두 그것을 잘 안다. 그러나 초기 그리스도인들은 세상이 하루아침에 유토피아로 변하지 않는다는 것과 그렇기에 자신들이 여전히 고통과 감옥과 죽음에 직면해야 함을 알고 있었음에도 불구하고 여전히 십자가에서 일어난 일이 **메시아적 승리**였다고 굳게 믿었다. 바로 그것이 그들이 그런 방식으로 그 이야기를 들려준 이유다. 오늘날 우리가 "메시아께서 우리 죄를 위해 죽으셨습니다"라고 말할 때, 우리는 좋은 소식의 핵심에 아주 가까이 있다.

부활이 드러내는 것

그런데 만약 이것이 끝이라면, 그것은 전혀 좋은 소식이 아니었을지도 모른다. 오직 또 한 명의 실패한 메시아를 의미했을 것이다. 예수님의 죽음이 좋은 소식이 될 수 있었던 유일한 이유는 그다음에 일어난 일 때문이다.

부활절 없이는, 다시 말해 예수님이 죽은 사람들 가운데서 새로운 육체적 생명으로 살아나지 않았다면, 하나님의 구원 계획이 성취되었다고 생각할 사람은 아무도 없었다. 1세기의 어떤 유대인도, 자신을 지도자라 주장하는 한 인물의 수치스러운 사형 집행이 이스라엘을 긴 포로생활에서 해방시키고 인류를 죄와 죽음에서 구해 냄으로써 수 세기도 더 된 새 출애굽에 대한 오래된 예언을 성취했다고 말하지는 않았을 것이다. 당시 유대인은 때때로 의로운 순교자가 당한 환난이 하나님의 궁극적인 계획에 어떤 방식으로든 기여할 것이라는 식의 이야기를 하면서 수난에 대해 말하기도 했다. 그러나 한 명 더 순교자가 나왔다고 해서 그것이 하나님 나라가 이미 **왔음**을 의미할 수는 없었다. 순교자는 하나님 나라가 아직 오지 않았음을 의미했다. 이스라엘 그리고 세상은 여전히 그것이 오기를 기다리는 중일 것이다.

부활절이 없이는 사실 예수님을 둘러싸고 일어났던 운동은 좋은 소식일 수 없었다. 잘해 봐야 그것은 좋은 **충고**에 불과했다("여기 우리에게 어떻게 살아야 한다고 가르쳐 주신 내용이 있습니다"). 어떤 이들은 이 충고가 실제로 좋은 것인지조차 의심할지도 모른다. 예수 자신에게 무슨 일이 일어났는지 보라고요! 그러나 설사 그것이 좋은 충고였다고 해도, 그것은 마침내 위대한 날이 왔음을 경축하는 것이 아니라 여전히 그날이 오기를 기다린다는 의미였을 것이다.

예수님의 첫 번째 추종자들은 분명히 그분의 죽음 이후 그렇게 생각했다. "우리는 그분이야말로 이스라엘을 구원하실 분이라는 것을 알고서, 그분에게 소망을 걸고 있었던 것입니다"(눅 24:21). 엠마오로 가는 길에서 두 사람은 이렇게 말했다. 그러나 그들은 십자가의 죽음에서 그 소망이 끝났다고 생각했다.

그렇다면 우리는 초기 그리스도인들이 그다음에 일어났다고 말했던 일을 어떻게 받아들여야 할까? 우리는 특별히 중요한 두 가지를 기억해야 한다.

첫째, **부활**이라는 단어는 항상 육체를 의미한다. 고대 세계의 많은 선생들은 몸이 무덤에 묻히게 될 때에도 다른 뭔가, 아마도 영혼(이는 가장 오해하기 쉬운 단어 중 하나다)은 여전히 어딘가에 살아 있다고 말하는 여러 방식을 개발했다. 그러나 **부활**은 그런 것을 의미하는 것이 절대 아니다. 그것은 내세의 삶을 근사한 방식으로 말해 주는 단어가 아니다. 그 단어는 언제나 일정 기간 육체적 죽음의 상태 **이후**에 오는 새로운 육체적 생명을 지칭했다. 현대 세계와 마찬가지로 고대 세계에는 죽음 이후에 어떤 일이 일어나는지에 대해 아주 다양한 생각이 존재했다. **부활**이라는 단어는 그런 여러 생각 중 아주 독특한 한 가지다. 곧 새로운 육체로 존재하는 것 말이다. 그것은 인간이 죽고 사라진 뒤 일정 기간이 지나 새로운 육신을 입은 인간으로 다시 태어난다는 의미다. (예수님 이후 200-300년이 지나 몇몇 철학적인 글에서는 **부활**이라는 단어를 죽음 이후의 비육체적인 삶을 가리키는 것으로 사용하기도 했다. 이것은 분명 논쟁을 일으키려는 의도였다. 기초적인 증거가 확인해 주듯 초기 몇십 년 동안 그 단어의 의미는 언제나 같았다.)

두 번째, 고대 사회에서 유대인은 하나님이 궁극적으로 죽은 자들을 일으키실 것이라고 믿는 유일한 사람들이었다. 곧 온 창조세계를 새롭게 하시겠다는 그분의 약속의 일부로서 그들을 새로운 종류의 육체적 생명으로 되살리신다는 것이다. (이것은 환생과는 다르다. 사람들은 종종 이 점을 헷갈려 하는데, 환생은 죽은 사람이 완전히 다른 존재가 되어 돌아오는 것을 의미하는 데 반해 부활은 자신의 정체성을 유지하면서 그 정체성의 적절한 물질적 표현인 근본적으로 새로워진 육신을 갖게 되는 것을 말한다.) 부활에 대한 믿음은 유대인 특유의 것이었지만, 그렇다고 모든 유대인이 그런 믿음을 공유한 것은 아니었다. 성전을 운영하던 보수적 엘리트들은 위험한 개혁을 언제나 경계했고, 부활에 대한 생각도 거부했다. 만약 사람들이 그런 것을 믿는다면 또 다른 어떤 것을 들이댈지 누가 알겠는가? 그들은 이렇게 생각했다. 그러나 육체적 부활은 예수님 시대 대중들이 가진 주류 신앙이었다. 이것은 그 시대의 매장 관습에서도 잘 드러난다.

그러나 이런 부활은 모든 것의 가장 마지막에 **모든 사람**에게 일어날 일이어야 했다(이것은 가장 중요한 핵심 중 하나다). 그런 일이 역사의 중간에 오직 한 사람에게 일어날 것이라고는 아무도 생각하지 못했다. 그렇다. 고대 성경에는 죽은 사람들 가운데서 살아난 사람들의 이야기가 들어 있었다. 그러나 그것은 모두 예수님이 나사로나 다른 한두 명을 일으키신 것과 같이 일회적인 사건이었다. 어쨌든 그들은 다시 죽었을 것이다. 반면 부활의 모든 요점은 그것이 영원하다는 데 있다.

바로 여기서 사람들은 때로 잘못된 결론으로 건너뛴다. "글쎄요. 유대인들은 부활을 기대하고 있었으니 예수가 죽은 뒤 그들이 그런 일을 상상하는 건 자연스러운 일이었겠네요." 그들은 이렇게 말한다.

그러나 그렇지 않다. 그들이 기대했던 부활이란 하나님이 모든 것의 마지막에 그분의 모든 백성을 위해 하실 일이었다. 다른 모든 이들에 앞서 오직 한 명에게만 일어날 수 있는 일이 아니었던 것이다. 어떤 경우에도 그런 식의 결론은 이치에 맞지 않는다. 예수님 이전과 이후 200여 년 동안 수많은 유대인 지도자들이 권력자에게 죽임을 당했다. 사람들은 때로 그런 불운한 영웅들에 대해 언젠가 그들이 죽은 자들 가운데서 **살아날** 것이라고 말하곤 했다. 누구도 그들이 이미 **살아났다**고는 말하지 않았다. 처형된 지도자를 따르던 사람들은 또 다른 지도자를 찾거나 운동을 포기하거나 둘 중 하나를 선택했다. 그런데 예수님을 따르던 사람들은 두 가지 모두 하지 않았다. 대신 그들은 그분이 이스라엘의 메시아이며 온 세상의 적법한 주인이시라고 선포했다. 상상할 수 없던 일이 일어났음을, 즉 예수님이 죽은 자들 가운데서 일어나셨음을 그들이 정말로 믿었다는 것밖에는 이것을 설명할 길이 없다.

초기 그리스도인들처럼 부활에 대한 믿음은 유대인에게 다른 두 가지의 근본적인 믿음을 함께 끌어온다. 첫째, 하나님은 아름다움과 능력으로 가득 찬 세상을 만든 창조주시다. 둘째, 하나님은 세상의 혼란을 바로잡고자 하신다. 그분은 세상을 심판하실 것이다. 이는 곧 그분이 세상을 새롭게 하고 그것이 원래 가졌어야 할 영광스러운 모습으로 변화시키기 위해 그동안 세상을 타락시키고 더럽혀 왔던 모든 것을 제거하실 것이라는 의미다. 그리하여 창조와 심판이 부활에서 만난다. 그것은 창조주께서 그분의 세상을 긍정하시되, 그것을 훼손하고 왜곡하며 파괴하는 모든 것은 부정하시는 순간이다.

그렇다면 무엇이 초기 그리스도인들로 하여금 예수님이 죽은 사람들 가운데서 살아나셨다고 말하게 만들었을까?(그들 모두가 그렇게 말했다) 그리고 그 이후 또 오늘날에도 여전히 그토록 괴상하게 들리는 주장을 진지하게 받아들여야 하는 이유는 무엇인가?

초기 그리스도인들의 답은 다양한 형식이었지만, 그 모든 답의 핵심은 바로 바울의 축약된 형태의 복음이 전한 이야기, 즉 죽었고 무덤에 묻혔으며 다시 살아난 메시아에 관한 이야기였다. 물론 이것은 간략한 요약이다. 사복음서는 이 이야기의 좀더 긴 형태를 제공한다. 흥미롭게도 사복음서는 부활 이야기에 대해 서로 베껴 쓴 흔적이 없다. 물론 사복음서의 다른 부분에서는 저자들이 서로의 글을 알고 있었거나 적어도 공통의 전승을 공유했던 것처럼 보이기도 한다. 그러나 부활 이야기만큼은 각각 상당히 독립적이다. 이는 재판에서의 증언과 유사하다고 볼 수 있다. 즉 모든 증언이 피상적인 세부 사항까지 일치하지는 않지만 핵심 사항만큼은 분명하게 해 주는 것과 비슷하다. 그들이 말하는 부활 이야기 안에는 서로 긴밀하게 연결된 두 사건이 공통으로 포함되어 있다. 첫째, 무덤이 비어 있었다. 둘째, 예수님이 그분을 따르던 사람들에게 나타나서 그들과 이야기를 나누고 함께 음식을 드셨다.

이 두 가지 내용은 항상 함께 간다. 고대 세계에서 빈 무덤은 도굴당한 것을 의미했다. 그 당시 사람들은 종종 무덤에 값비싼 물건을 함께 넣었기 때문이다. 게다가 어떤 이들은 예수님이 왕족일 가능성이 있다고 보았기 때문에 그분의 무덤은 표적이 되었을 수 있다. (그런데 여기서 우리가 말하는 무덤은 땅을 파서 관을 묻는 현대식 무덤과는 다르다. 당시의 무덤은 입구를 돌로 막은 일종의 동굴로, 거기서 살이 다 썩고 나면 나중에 뼈만 모아 다른 곳에 보관하는 개념이었다.) 따라서 빈 무덤 자체만으로는 단순히 도둑이 왔다 갔음을 의미할 뿐이었다. 그것이 부활에 대한 증거는 전혀 되지 못했다.

같은 맥락에서 최근에 죽은 누군가가 나타나는 현상 자체는 유령이나 환영으로도 설명할 수 있다. 얼마 전에 죽은 사람이 친구나 가족에게 나타났다는 꽤 그럴싸한 이야기들은 고대에나 현대에나 많다. 나 역시도 20세기 말에 일어난 이런 이야기를 두 개나 알고 있으며, 심지어 그중 하나는 내 가족에게 일어난 일이었다. 핵심은 이것이다. 첫째, 고대 세계에는 그런 일들을 묘사하는 용인된 언어가 이미 있었다. 그들은 그와 같은 환영을 유령이나 환상 또는 천사라고 했을 것이다. 그런 현상에 절대로 **부활**이라는 단어를 쓰지 않았다. 둘째, 이런 현상은 죽은 사람이 다시 살아났음을 알려 주는 사건이 아니었다. 정확히 그 반대다. 그것은 그 사람이 정말로 죽었음을 보여 준다. 사도행전에는 베드로가 가까스로 죽음을 모면해 사람들이 모여 그의 석방을 위해 기도하고 있던 집에 나타나는 이야기가 나온다. 베드로의 목소리를 듣고 그들은 말한다. "그의 천사임에 틀림없어!" 다른 말로 하면, 그는 죽임을 당한 것이 틀림없으며 이것은 작별인사를 하기 위해 찾아온 그의 환영이라는 것이다. 이는 베드로가 죽은 사람들 가운데서 살아났다는 의미가 아니었다. 그가 이미 죽었다는 확실한 증거였다.

따라서 빈 무덤과 사람들에게 나타난 것 각각은 그 자체로 죽은 사람이 진짜로 죽었음을 확인해 줄 뿐이다. 그러나 이 둘을 함께 놓으면 결과는 폭발적이다. 예수님의 첫 번째 추종자들은 우리만큼이나 충격을 받았다. 우리만큼이나 그들도 자연의 법칙을 잘 알고 있었다. 고대의 모든 비유대인 저자들이 부활의 가능성에 대해 언급할 때, 그들은 하나같이 그것의 불가능함에 대해 말한다. 그런데 우리가 가진 증거는, 나사렛의 예수가 사람을 죽이는 일에 전문가였던 로마 군병들에 의해 처참히 처형당한 뒤 3일째 되는 날, 전혀 새로운 속성을 가진 완전히 새로운 종류의 육신이기는 하지만 어쨌든 육체적으로 완전히 되살아났다고 말할 때 가장 훌륭하게 설명된다.

새로운 속성을 가진 새로운 종류의 육신은 이 이야기에서도 가장 기이하게 들린다. 많은 사람들이 부활한 예수님에 대한 이런 이야기를 초기 기독교 운동을 유지하기 위해 몇십 년이 지나 짜 맞춘 종교적 허구라고 생각했다. 그런 일이 진짜로 일어났다면 그들은 예수님을 곧바로 알아봤어야 했다. 그분의 추종자들은 매일 가장 가까이에서 그분과 함께 많은 시간을 보내지 않았던가. 그런데 우리가 듣는 이야기에서 그들은 언제나 부활한 예수님을 알아보지 못한다. 그분은 동일하지만 또 다르다. 이것은 듣지도 보지도 못한 일이다. 누구든 이야기를 이런 식으로 꾸며 내지는 않을 것이다. 고대의 성경에 담긴 어떤 예언도 이런 가능성에 대해 언급한 적이 없다.

더 나아가 부활한 예수님이 음식을 잡수시고 사람들에게 그분을 만져 보게 하셨다고 말하는 이야기는, 또한 그분이 잠겨 있는 문을 통과해 나타나고 사라졌으며 마침내 하늘로 올라가셨다고 말한다. 다른 말로 하면, "보세요. 정말 그분이 물리적으로 여기 계셨어요"라고 말하는 동시에 우리로 하여금 "그렇지만 평범한 인간의 몸은 그런 일을 할 수 없잖아요"라고 말하게 만드는 사건을 함께 이야기하고 있는 것이다. 만약 사람들에게 예수님이 이전과 정확하게 동일한 생명체로 돌아오셨음을 확신시키는 것이 이 이야기의 목적이었다면, 이 이야기는 그

임무에 그다지 적합하지 않아 보인다.

그러나 이 이야기가 근거 없이 지어 낸 것이 아니라는 증거 역시 많다. 그중 하나는 사복음서에서 차지하는 여인들의 위치다. 막달라 마리아와 다른 여인들은 빈 무덤에 처음으로 갔고, 부활하신 예수님을 처음 만났으며, 다른 사람들에게 자신들이 예수님을 보았다고 처음으로 전했다. 고대 세계에서 의심하는 사람에게 확신을 주고자 할 때 어느 누구도 이런 식으로 이야기를 꾸며 내지는 않을 것이다. 당시 여인들은 신뢰할 수 있는 증인으로 취급받지 못했기 때문이다. 고린도에 보내는 바울의 첫 편지가 쓰일 즈음(50년대 초기)이 되면, 이미 공식적인 전통의 기록에서 여인들은 사라져 있다. 공식적인 목적을 위해 그들은 곤란한 존재였던 것이다. 그러나 여전히 마태, 마가, 누가, 그리고 특별히 요한의 복음서에는 그들이 나온다.

나는 앞서 예수님의 부활 없이는 좋은 소식도 없다고 말했다. 부활 없이 십자가 자체만으로 우리가 이전의 장에서 논한 것들 중 그 어느 것도 성취되었다고 말할 수 있는 것은 없다. 첫 번째 세기를 지나는 동안 수천 명의 젊은 유대인들이 로마에 의해 십자가에서 처형되었다. 그런데 어째서 이 죽음만이 특별히 다른 의미를 갖는다고 말할 수 있단 말인가? 그들의 죽음은 하나님 나라가 왔음을 의미하는 것이 아닌, 정확하게 그 반대를 의미했다. 바로 그것이 엠마오로 가는 길에서 두 제자가 그토록 침통해하던 이유다. 그들은 그분이 이스라엘을 구원하실 분이라고 소망했는데, 십자가가 그 모든 것을 끝장내 버린 것이다.

그러나 예수님의 부활(이것 없이는 간단히 말해 초기 기독교의 발흥을 설명하는 것이 불가능하다)은 특별한 관점에 비추어 보아야만 한다. 십자가와 마찬가지로 부활 역시 잘못된 서사 안에서 파편적으로 읽힐 수 있다. 부활 자체는 확고하게 믿으면서도 그 장면을 완전히 재구성해 신약성경에서 그것이 의미하는 것과 완전히 다른 의미로 읽는 것이 가능하다는 말이다. 우리에게는 보다 완전한 전체 이야기 안에서 부활을 볼 수 있게 해 주는 다른 틀이 필요하다.

진짜 좋은 소식

먼저 부적절하며 오해를 일으키는 설명부터 다루자면, 예수님의 부활은 그분이 하나님의 아들이었기 때문에 혹은 다른 어떤 이유로든 하나님께 개인적으로 특별히 받게 된 공짜 티켓 같은 것이 아니었다. 부활은 예수님에게는 허락되었지만 아쉽게도 다른 사람에게는 허락되지 않은 특별한 호의가 아니다. 그것은 특별한 기적 혹은 예수님이 하나님이심을 증명하는 초자연적 증표도 아니었다. 많은 사람들이 그런 식으로 이야기해 왔지만, 이는 마치 하나님이 내키실 때만 일회적인 기이한 방식으로 세상에 개입하실 수 있음을 함축하는 것 같다. 그렇다면 당연히 사람들은 왜 하나님은 인간의 역사에, 특히 지난 세기에 일어난 아주 끔찍한 일들을 막기 위해 개입하지 않으셨는지 궁금하게 여길 것이다. 하나님의 의로운 통치에 대한 질문은 크고 어려운 주제이지만, 그분에 대한 의혹이 부활절 이야기를 들려주는 잘못된 방식에서 기인한다면 이는 불필요할뿐더러 바람직하지도 않다.

또한 예수님의 부활은 죽음 이후의 삶이라고 부르는 어떤 것을 증명하는 것도 아니다. 대부분의 1세기 유대인들은 어떤 식으로든 하나님이 죽음 이후에 그들을 돌보실 것이라고 믿었다. 그들은 죽은 사람들, 특별히 순교를 당한 사람들이 미래에 다시 **살아나리란** 것을 믿었다. 그러나 지속되는 세상에서 모든 사람에 앞서 단 한 사람만 다시 살아나는 것에 대해 생각해 본 사람은 아무도 없었다.

어떤 경우에도 부활은 정확하게 죽음 이후의 삶을 말한다고 볼 수 없다. 성금요일 오후와 부활절 아침 사이에 예수님이 어디에 계셨는지를 말하기는 어렵다. 그분의 육신은 무덤에 있었지만, 그분은 자신의 옆에서 함께 십자가에 달렸던 강도에게 "너는 오늘 나와 함께 낙원에 있을 것이다"라고 말씀하셨다(눅 23:43). 누구도 이 **낙원**이 무엇을 의미하는지 정확하게 설명하지 못한다. 신약성경에서 이 단어는 여기서 단 한 번만 쓰였다. 그것이 무엇이었든지, 바로 **그것이** 죽음 이후의 삶이다. 부활은 그다음 단계, 알려지지 않은 전혀 다른 종류의 존재 방식을 향한 거대한 도약을 가리킨다. 그것은 죽음 이후의 삶 **이후의** 삶이며, 낙원이든 다른 어떤 곳에서든 죽음 이후의 삶을 보내는 짧은 기간 **뒤에 따라오는** 새로운 육신적인 생명이다.

그렇다면 예수님의 부활은 다른 무엇보다 하늘에 가는 것을 결코 의미하지 않는다. 마태, 마가, 누가, 요한 누구도 예수님의 부활에 대해 쓰면서 하늘에 대해 언급하지 않았다. 누가복음에 기록된 승천은 사람들이 보통 죽은 사람이 천국에 갔다고 말할 때 의미하는 것과는 전혀 다른 무언가를 의미한다. 마태복음에 나오듯, 승천은 이제 하늘과 땅의 모든 권세가 예수님에게 주어졌음을 의미한다. 그분이 오르신 하늘(성경적 우주관에서 기본적으로 **하늘**은 우리의 영역인 땅과 **교차하는** '하나님의 영역'을 의미한다)은 이제 그분이 모든 것을 움직이시는 장소, 곧 통제실과 같은 곳이다.

예수님의 부활은 단순히 자신의 죽음이나 사랑하는 사람의 죽음을 앞둔 사람들에게 위로를 주는 무언가가 아니다. 물론 부활은 죽음 앞에서 위로를 주며, 신약성경의 다양한 저자들 역시 부활을 그런 의미로 썼다. 그러나 그것이 부활의 가장 핵심적인 의미는 아니다. 다시 한번 말하자면, 좋은 소식의 한 부분을 떼어다가 그것을 다른 이야기에 집어넣으면, 원래는 그것이 의미하지 않았던 다른 무언가를 의미하게 되고, 따라서 그것이 우선적으로 의미했어야 할 어떤 것을 놓치게 된다. 부활의 핵심은 그것이 하나님의 새로운 세상이 시작되는 지점이라는 데 있다.

어떤 경우에도 중요한 것은 사람들로 하여금 억지로 믿게 하는 것이 아니다. 그들의 기존 세계관에 화성 생명체의 가능성이라든지 영구동력장치와 비슷한 부활이라는 새롭고 기이한 한 가지 가능성을 더 끼워 넣으라고 강요하는 것이 결코 아니다. 중요한 것은 바울의 시대와 마찬가지로 오늘날에도 나사렛의 예수가 십자가에서 죽으셨고 죽은 사람들 가운데서 살아나셨음을 선포할 때, 그분이 이스라엘의 메시아이시며 세상의 적법한 주인이심을 전할 때, 어떤 일들이 일어난다는 사실이다. 다시 C. S. 루이스를 인용하자면, 우리가 그것을 믿는 것은 그것을 완전히 이해했기 때문이 아니라(우리는 그럴 수 없다), 일단 그것을 바로 붙들고 나면 다른 모든 것을 제대로 이해할 수 있게 되기 때문이다. 예수님의 부활을 믿으라. 그러면 우리는 하나님을, 세상을, 우리 자신을 이해하게 된다. 오히려 이렇게 말할 수도 있을 것이다. 예수님의 부활이 제자리에 놓이면, 우리는 (말하자면) 하나님이 우리를 이해하셨음을 발견하게 된다. 우리를 말끔히 정리해 주셨다. 우리를 깨끗하게 하셨다. 우리의 먼지를 털어 내셨다. 우리를 완전히 뒤집어 놓으셨다. 우리를 진정한 인간으로 만들어 주셨다. 바로 이것이 십자가에 죽으시고 다시 살아나신 예수님에 관한 메시지가 언제나 해 온 일이다. 그 메시지는 지금도 여전히 그 일을 하고 있다.

 그렇다면 이제 우리는 좋은 소식, 예수님 자신이 선포하셨던 좋은 소식뿐만 아니라 그 이후 그분의 첫 번째 추종자들이 그분에 대해 전했던 좋은 소식을 동시에 어떻게 요약할 수 있을까? 좋은 소식은 **유일하고 참되신 하나님이 예수님 안에서 그분을 통해, 그리고 예수님의 죽음과 부활 안에서 그것을 통해 이제 세상의 주도권을 쥐고 계신다**는 것이다. 고대의 소망이 성취되었다. 그런데 그것이 성취된 방법은 누구도 상상하지 못한 것이었다. 세상을 바로잡으시려는 하나님의 계획이 마침내 시작되었다. 하나님은 언제나 약속하셨던 것처럼, 세상을 바로잡으시고 그곳에 자신의 영광과 공의를 채우시기 위해 새로운 방식으로 세상을 붙드셨다. 그런데 그분이 그것을 이루신 방법은 그 어떤 예언자의 광활한 상상력도 넘어서는 것이었다. 태곳적부터 온 세상을 병들게 한 질병과 그것에 시달리던 인간이 마침내 치유되었고, 그 자리에 새로운 생명이 자랄 수 있게 되었다. 다시 살아난 생명이 거센 강물처럼 세상 안으로 쏟아져 들어오고 있다. 그것은 새로운 능력, 곧 사랑의 능력이다. 예전이나 지금이나 좋은 소식은 이 모든 것이 예수님 안에서 그리고 예수님을 통해 **일어났으며**, 언젠가 모든 창조세계에 완전하고 순전하게 **일어날** 것이고, 또한 **우리 인간, 누구든 상관없이** 모든 인간이 지금 여기서 그 변화에 사로잡힐 수 있다는 바로 그것이다. 이것이 기독교의 복음이다. 다른 어떤 것에도 속지 마라.

왜곡되고 상충하는 복음들

그런데 이것이 **사실**일까? 지금까지 내 주장을 읽은 많은 독자들의 마음과 생각 밑바닥에서는 이런 질문이 모락모락 피어오를 것이다. 우리가 속한 문화와 매체, 세상 전체의 엄청난 압력은 우리로 하여금 예수님이 정말 훌륭한 인간이었을지는 모르지만 그 고대 본문들에 기록된 일의 절반이라도 행하거나 말했는지는 확실치 않으며, 그 모든 일이 정말로 그 본문들이 말하는 식으로 일어났는지도 분명치 않다고 말하도록 만든다. 우리에게 가능한 최선의 선택은 예수님을 아주 먼 과거의 훌륭한 스승이나 지도자 정도로 여기는 것이다. 우리가 실제로 세상을 변화시킨 어떤 **사건**에 대해 말할 필요가 있을까? 그리고 어떤 경우든 그것은 너무 우스운 생각 아닌가?

이번 장에서 나는 이런 질문을 포함해 그와 유사한 의문에 답하고자 한다. 특별히 나는 문제의 일부가 지난 몇 세대 동안 기독교의 스승들이 잘못된 부분을 강조해 온 데 있다고 말할 것이다. 물론 그들은 좋은 의도였을 것이다. 그러나 미묘한 왜곡이 이루어졌다. 사람들이 믿지 못하겠다고 말하는 것들이 정작 고전적 기독교가 말하는 바가 아닌 경우가 많다. 이를 구별해 내는 것은 인내심을 요하는 작업이지만, 나는 이번 장에서 그것을 시도할 것이다. 맞다. 바울이 말했던 것처럼 여전히 좋은 소식은 누군가에게는 거리끼는 것이고 다른 누군가에게는 어리석으며 말이 안 되는 것이지만, 적어도 우리는 그것이 왜 그런지 바로 이해해야 한다.

복음서는 신뢰할 만한가?

뚜렷한 문제점에서 출발해 보자. 우리는 복음서를 신뢰할 수 있는가? 이 질문에 적절하게 대답하기 위해서는 책 한 권이 따로 필요하며, 실제로 나는 이 주제를 다룬 두세 권의 책을 이미 썼다. 계속해서 다양한 의문이 제기됨에도 불구하고, 복음서의 자료들을 1세기의 문맥 안에서 집중적으로 연구해 온 나와 다른 많은 학자들은 그 이야기들이 기본적으로 신뢰할 만하다고 결론지었다.

이것은 복음서에 담긴 모든 것을 '증명'할 수 있다고 말하는 것과는 다르다. 물론 그런 일은 불가능하다. 역사학의 어떤 부분도 그런 식으로 이루어지지는 않는다. 증명을 요구하는 사람들은 종종 과학적 증명을 염두에 두는데, 그것은 역사를 연구하는 방식이 아니다. 과학은 보통 실험과 관찰, 실험실 테스트와 같이 반복할 수 있는 것을 연구한다. 반면 역사는 필연적으로 반복될 수 없는 것을 연구한다. 따라서 역사는 증거에서 출발해 그 증거를 존재하게 한 원인에 관해 높은 개연성을 찾으며 탐구한다. 역사가 과학과 비슷한 점은 가설과 증명을 통해 작업한다는 것이다. 다시 말해 증거를 살펴보고 그 사건을 설명할 수 있는 보다 큰 그림을 제시한 뒤 그 큰 그림을 다시 한 번 증거에 비추어 확인하고, 필요하면 수정하거나 아예 폐기하고 처음부터 다시 시작하기도 한다.

과학은 늘 이런 일을 한다. 첨단 과학을 연구하는 사람들은, 물리학이 지속적으로 큰 그림을 조정해 가며 때로는 아주 급격한 수정을 가하기도 하지만, 그렇다고 갑자기 물이 섭씨 100도가 아닌 90도에서 끓게 되는 것은 아니라고 말한다. 이와 동일하게 1세기를 연구하는 역사가들 역시 문헌과 고대 동전이나 고고학 자료 등을 연구하며 어떤 사건이 왜 일어났는지에 대해 끊임없이 새로운 설명을 제시하지만, 그렇다고 해서 어느 날 갑자기 예루살렘이 서기 70년에 로마인에 의해 완전히 파괴된 적이 없다거나 그보다 40년 전에 나사렛의 예수가 십자가에서 처참하게 처형된 일이 일어나지 않았다고 결론내릴 수 있는 것은 아니다.

사실 사랑과 아름다움과 정의같이 인생에서 정말 중요한 많은 것들이 그런 것처럼, 역사적 사건 역시 피타고라스의 이론을 증명하듯 **증명**하는 것은 불가능하다. 그럼에도 여전히 우리가 확실하게 인정할 수 있는 많은 것들이 분명 존재한다.

예수님의 생애, 하나님 나라에 대한 그분의 선포, 그 나라에 대한 그분의 급진적인 재정의, 그리고 로마의 십자가에 달려 죽으신 그분의 죽음. 우리는 이 모든 것에 대해 확실히 말할 수 있다. 자신의 배경이나 신앙과 상관없이 진지한 역사가라면 이런 것들이 역사적 사실임을 부정할 사람은 별로 없다.

예수님의 부활은 조금 다른 영역인데, 이는 부활이 역사 속에서 실제로 일어난 역사적 사건이 아니었기 때문이 아니다. 그러나 부활이 정말 **일어났다면**, 그것은 세상의 존재 방식에 대한 우리의 이해 기준 자체를 바꾸기 때문이다. 핵분열, 공간이동, 신대륙 발견 등 좀 더 작은 규모에서 세계를 변화시킨 사건은 많다. 이런 일들이 일어났을 때 모든 것이 달라 보였으며, 그 이후에 따라온 새로운 발견들은 세상의 존재 방식을 이해하는 기존의 그림에 더 이상 끼워 맞출 수 없었다. 예수님의 부활이야말로 바로 그런 일, 비교할 수 없을 만큼 더 큰 규모와 의미에서 그런 일이었다.

예수님의 가르침이나 치유 사역 등 그분의 생애에서 나머지 부분은 일반적으로 역사적 사실로 받아들여진다. 그것은 수십 년 후 사람들이 영리하게 혹은 종교적 신앙심을 위해 지어 낸 이야기가 아니다. 회의적인 학자들은 그것이 지어 낸 이야기라는 의혹을 입증하기 위해 오랫동안 노력했지만, 그러한 주장은 진지하고 인내심 있는 역사 연구를 통해 차례로 반박되었다. 여기서 그동안의 모든 논쟁을 살펴보는 것은 시간상으로나 공간상으로 불가능하다. 이에 대해 더 알기 원하는 독자들은 충분한 자료를 찾을 수 있다.

그러나 한 가지는 짚고 넘어가자. 이것은 그 자체로도 중요할 뿐만 아니라 우리가 복음서의 이야기를 명확하게 전달하려고 할 때 언제나 직면하게 되는 문제를 미리 내다보게 해 준다.

예수님에 대한 이야기들은 일관되게 그분이 그분의 가족이나 친구들조차 이해하지 못하는 것들을 말씀하셨다고 전한다. 이는 역사적으로 사실일 가능성이 아주 높다. 분명 예수님의 초기 추종자들은 그분의 이야기를 가능한 한 명확하게 전달해야 한다는 부담을 가졌을 것이다. 그런데 계속해서 그분이 하신 일을 사람들이 전혀 이해하지 못했다거나 그분이 하신 일이 사람들이 기대한 것과 늘 달랐다고 한다면, 그것은 그들의 기억 속에 예수님의 공적인 사역에 대한 사람들의 어리둥절해하던 반응이 아주 깊이 각인되었기 때문일 것이다. 그 이야기들이 기록될 즈음에는 예수님을 따르던 이들의 마음속에 예수님과 관련된 모든 일이 보다 잘 정리되어 있었을 것임에도 불구하고 여전히 그들은 그분의 생애 동안 사람들이 계속해서 "하지만 우리가 기다려 온 것은…"이라고 말한 것에 대해 이야기한다. 다른 말로 하면, **예수님이 자신이 보고 계셨던 좋은 소식을 사람들에게 말씀하셨을 때, 사람들은 그 좋은 소식이 자신이 기대했던 것과 너무 달랐기 때문에 그것을 보지 못했다.** 이상하기는 해도 여전히 이것은 역사적인 사실이다. 그리고 우리는 이 사실에 비추어 다른 모든 것을 볼 수 있어야 한다.

이 장의 마지막 편집을 하던 날, 흥미롭게도 나는 모르는 사람에게서 정확하게 이 문제를 지적하는 이메일을 받았다. 그는 모든 것이 너무 복잡해 보인다고 했다. 어째서 하나님—혹은 예수님!—은 보다 단순하게 말씀하실 수 없었나요? 이 질문에 대한 최선의 답은 이렇다. 예수님은 그 당시 사람들의 머리와 마음에 잘못된 생각이 가득 차 있음을 아셨으며(하물며 그분의 유대인 동족도 그랬으니 비유대인들은 말할 필요도 없을 것이다!), 그들이 그런 잘못된 생각의 틀 안에서 예수님의 말을 들었을 때 그것을 완전히 왜곡시킬 수도 있다는 위험을 아셨기 때문이라는 것이다. 사실 이 문제는 역사 내내 지속되어 왔다. 예수님이 그 시대 사람들에게 전한 메시지도, 그리고 교회가 그분에 **대해** 전한 메시지도 사람들의 기대에 들어맞은 적은 한 번도 없었다. 그것은 종종 교회의 기대에도 부응하지 않았다. 이에 대해서는 이후에 더 살펴볼 것이다. **좋은 소식은 사람들이 생각하는 것과 항상 다르다.** 너무 달라서 때로 사람들은 그것을 보지 못하기도 한다. 바울이 말했듯, 바로 그것이 좋은 소식이 누군가에게는 어리석은 것이고 누군가에게는 거리끼는 것인 이유다. 너무 달라서 때로 사람들은 그것을 두려워하거나 싫어하고 혹은 밟아 없애 버리고 싶어 한다.

이 문제를 인식했던 몇몇 초기 기독교 사상가들은 그런 현상이 왜 일어나는지를 연구했다. 그들에 따르면, 우리가 사물을 이해하는 것은 우리의 전인격이 행하는 기능이다. 그런데 그 전인격이 어떤 면에서 심각하게 훼손되었다면(슬프게도 이것은 우리 모두에게 해당되는 사실인 것 같다), 이는 우리의 출발점인 우리의 정신적 바탕에도 영향을 끼쳤을 것이다. 다시 말해 우리는 여러 면에서 흠이 있는 인간이기는 하지만 지성만큼은 분명하며 제대로 작동하는 상태, 즉 누군가 그 위에 참된 생각을 써 주기를 기다리는 하얀 종이와 같은 상태가 아니라는 말이다. 우리의 상상력, 감정, 육체와 풍성하고 다면적인 조합으로 긴밀히 연결된 우리의 지성은 우리의 다른 모든 부분들과 마찬가지로 새롭게 정리될 필요가 있다. 만약 우리의 정신, 감정, 상상력의 세계를 기존에 존재하던 방식 그대로 유지하기를 고집한다면, 좋은 소식은 거기에 들어맞지 않는다. 우리는 좋은 소식을 거부하거나 왜곡해 우리에게 맞지 않는 부분을 잘라 버리거나 우리가 이미 갖고 있는 생각에 일치하도록 그 일부분을 교정하려 할 것이다. 나는 이번 장과 그

다음 장들에서 최근 몇 세기 동안 이런 일이 어떤 식으로 일어났는지 설명할 것이다.

물론 이것은 단순히 변명일 수도 있다. "너는 마음과 생각이 너무 엉망이어서 내가 하려는 말을 이해하지 못해." 누구라도 실제로는 그들 자신이 말이 안 되는 것을 말하면서 이렇게 말할 수 있다. 그렇다면 우리는 이렇게 물어야 한다. 만약 좋은 소식이 그들의 정신, 상상력, 감정의 세계를 새롭게 하고 교정할 수 있게 한다면, 그 결과 그들은 이전보다 더 큰 혼란에 빠질까 아니면 보다 충만하고 온전한 인간이 될까? 예수님은 자신이 사람들로 하여금 생명을 얻고 "더 넘치게 얻게 하려고" 오셨다고 말씀하셨다(요 10:10). 만약 좋은 소식이 정말 그런 결과를 가져온다면, 특히 이전의 삶이 심각하게 엉망이었던 사람들에게 그런 변화가 일어난다면, 애초의 주장이 훨씬 강력하다고 볼 수 있다.

그렇다면 여기에는 한 가지 중요한 역설이 존재한다. 우리가 예수님에 대해 확실히 아는 것 중 하나는 사람들이 그분을 매력적이면서도 이해하기 힘든 사람으로 여겼다는 점이다. 다시 말해 예수님은 단순히 사람들의 지식 창고를 늘려 주는 스승이 아니었다. 그분은 천국에 가는 방법에 대해 잘못된 생각을 가졌던 사람들에게 천국에 갈 수 있는 새로운 공식을 알려 주신 것도 아니다. 혹은 그들이 이전부터 궁금해하던 질문에 대해 새롭거나 혹은 보다 자세한 답을 주신 것도 아니다. 예수님은 그들이 새롭고도 위험한 질문에 직면하도록, 또 하나님 나라와 같은 친숙한 개념을 새롭고 생각하지 못했던 각도에서 바라보도록 그들을 자극하는 일들을 행하시고 말씀하셨다. 그때나 지금이나 대부분의 사람들은 그것을 불편하게 느끼며 피하고 싶어 한다.

여기까지가 첫 번째 질문, 즉 예수님과 관련된 초기 이야기들을 신뢰할 수 있는가에 대해 지금으로서 답할 수 있는 전부다. 그러나 예수님 말씀의 핵심 중 하나였던 하나님 나라에 대해 생각할 때 우리는 또 다른 낯익은 질문과 대면한다. 오늘날 어떻게 **왕국**(kingdom, 나라)이라는 단어를 쓸 수 있는가?

다른 종류의 왕국

미국인들은 종종 내게 이렇게 말한다. "우리에게도 한때 왕이 있었어요. 그러나 이제 다 버렸습니다. 영국인들은 그런 것을 이해할지 모르지만, 우리는 그렇지 않아요." 이것은 오해다. 오늘날 영국의 입헌군주제는 고대 군주제와는 아주 다르다. 사실 어떤 면에서는 영국의 여느 통치 수장보다 미국의 대통령이 오히려 고대의 왕과 훨씬 유사해 보인다. 물론 요점은 그것이 아니다. 우리가 왕이라는 단어를 사용할 때, 그것이 고대든 현대든 어떤 특정한 왕권을 인정한다는 의미는 아니다. 다른 곳과 마찬가지로 여기서도 예수님은 의도적으로 사람들이 이미 알고 있다고 생각하는 것을 새롭고 불편한 각도에서 다시 보게 만드신다.

예수님 시대에 왕권의 모델들은 그다지 장려할 만하지 못했다. 로마의 카이사르도 갈릴리의 헤롯도 예수님이 왕권이나 왕국, 혹은 하나님의 왕권이나 하나님 왕국(나라)에 대해 말씀하실 때 의미하신 것을 보여 주는 좋은 예가 아니었다. 실제로 예수님은 한 번 이상 하나님의 왕권과 일반적인 인간의 왕권을 대조하셨다. 앞서 우리는 예수님이 야고보와 요한에게 이에 대해 예리하게 지적하신 것을 살펴보았다. 인간 통치자는 그들의 방식으로 다스리지만, 우리가 다스리는 방식은 그들과 다르다. 우리에게 권세란 섬김을 통해, 특별히 자기희생을 통해 온다. 잘못 이해될 수 있는 명백한 위험에도 불구하고 예수님이 '왕국'에 대해 계속 말씀하신 이유는 일반적인 세상의 왕국을 완전히 다른 종류의 왕국으로 바꾸고자 하셨기 때문이다.

예수님은 이미 존재하는 체제를 버리고 떠나 조용히 다른 곳에서 불필요한 소음을 내지 않는 괜찮은 운동을 시작하는 데 만족하지 않으셨다. 그분은 나머지 세상은 기존의 왕에 대한 생각에 머물러 있게 내버려둔 채 자신은 그런 생각과 마찰을 빚지 않을 분파주의 혹은 분리주의 운동을 시작하는 것도 원하지 않으셨다. 그런 것을 위해서라면, 인간 통치자들은 계속 왕이라는 호칭을 사용하게 내버려두고 예수님은 다른 용어를 선택하면 될 일이었다. 그러나 그분이 하시는 일은 훨씬 급진적이었다. 예수님은 하나님이 마침내 그분의 백성과 온 세상의 왕으로 돌아오실 것이라고 말하던 고대 성경의 약속에 자신의 좋은 소식을 연결시키는 데 그치지 않고, 그 좋은 소식의 핵심인 이 하나님 나라, 이 새로운 실재가 다른 종류의 권세에 근거한 다른 종류의 통치라고 주장하셨다. 그리고 세상의 왕들을 완전히 압도하는 이 새로운 왕권은 현재 세상의 권세에 도전할 것이라고 주장하셨다.

때때로 나는 예수님이 사용하신 왕권이라는 단어에 이의를 제기하는 사람들이 무슨 일이든 책임질 사람이 아무도 없는 그런 세상을 동경하는지 의아하다. C. S. 루이스의 『마지막 전투』(*The Last Battle*, 시공주니어)에 나오는 난장이족처럼, 그들은 이방의 신 타쉬가 그들을 통치하는 것을 바라지 않지만 그들의 진짜 통치자인 아슬란 역시 원하지 않는다. "난장이에게는 오직 난장이만." 이렇게 말하는 사람들에게 하나님이 왕이라는 말은 하나님이 폭군이라는 말과 같다. **그러나 예수님의 좋은 소식이 말하는 가장 중요한 핵심은 바로 유일하고 참되신 하나님이 폭군이 아니라는 것이다.** 왕이라고 모두 폭정만 행하는 것은 아니다. 고대의 성서, 특히 우리가 아는 시편 72편과 같이 왕에 대한 위대한 노래가 나오는 부분을 떠올려 보라. 거기서 왕에게 가장 중요시되는 자질, 참되고 적법한 왕으로 여겨지는 길은 그가 가난한 자의 탄식을 듣고 그것을 위해 뭔가를 행하는 것이다.

좋은 소식의 한 부분은 세상을 맡고 계신 하나님이 순전하고 자기희생적이시며, 아낌없이 주시는 자비로운 사랑의 하나님이시라는 것이다. 권력이란 항상 괴롭힘과 폭정만을 의미한다고 생각하는 것은 권력에 대한 우리의 일그러진 인식 때문이다. 그러나 참되신 하나님을 그런 식으로 생각하는 것은(비극적이게도 그런 생각에 빠진 사람들이 교회의 안과 밖 모두에 있다) 마음대로 권력을 휘두르고 자신의 목적만을 좇으면서 거기에 방해가 되면 누구의 인생이든 망쳐 버릴 준비가 된 하찮은 이방의 거짓 신들의 모델에 맞추어 그분을 재단하는 것과 같다. 하나님에 관한 참된 그림이 좋은 소식 한가운데 있다.

복음서의 신뢰성, 왕과 왕국의 개념에 대한 이런 질문들은 중요하다. 그러나 이것은 단지 문제의 표면을 건드리는 데 지나지 않는다. 우리 시대의 사람들이 좋은 소식을 (앞 장에서 제시했듯이) 바르게 이해하지 못하게 가로막는 세 가지 훨씬 큰 문제가 있다.

첫 번째는 지난 1천 년이 넘도록 교회가 이 모든 것을 제시해 온 방식과 관련이 있다. 두 번째는 현대 서구 문화가 교회에 영향을 끼친 방식, 그리고 그로 인해 사람들의 시선이 잘못된 방향을 향하게 된 것과 관련이 있다. 세 번째는 적어도 지난 두 세기 동안 서구 문화가 우리 안에 조금씩 스며들게 한 믿음과 관련이 있다. 우리가 그런 믿음을 견지하는 한(특별히 그것이 **믿음**이라는 것을 인식하지 못한 채!) 예수님을 둘러싸고 일어났던 그 사건들이 정말로 좋은 소식이며 온 세상의 모든 역사가 그것을 중심으로 돌아가고 있음을 믿는 것은 한마디로 불가능하다.

좋은 소식이 나쁜 소식이 되다

첫 번째 문제점은 기독교란 어떤 것인가에 대한 대중적 관점과 관련 있다. 내가 말하는 대중적 관점이란 교회 바깥뿐만 아니라 교회 내부에서도 대부분의 사람들이 견지하는 관점이다. 서구 사회 대부분의 사람들은 기독교를 하나의 체계로 생각한다. 종교적 체계, 혹은 구원을 위한 체계, 도덕 체계. 대부분의 사람들은 그것을 소식, 즉 실제로 일어났으며 그 결과 이제 모든 것이 달라지게 한 어떤 일에 대한 메시지로 생각하지 않는다. 앞에서도 말했듯 그들은 옛 영어에서 '좋은 소식'을 의미했던 **복음**(gospel)이라는 단어에서 '소식'의 의미는 뺀 채 사용한다. 신약성경의 사복음, 즉 마태·마가·누가·요한복음은 원래 정확하게 "이런 일이 막 일어났으며, 그 결과 모든 것은 영원히 달라졌습니다"라고 말하기 위해 쓰였다. 그러나 오늘날 사람들이 복음서에 대해 말할 때, 그것은 보통 예수님에 대한 네 개의 책을 의미한다. 사람들이 복음을 설교한다고 할 때, 그것은 일반적으로 사람들에게 어떻게 하면 그리스도인이 될 수 있는지 혹은 그리스도께서 그들의 죄를 위해 죽으셨다는 것이 무슨 의미인지를 설명하는 것, 혹은 어떻게 하면 확실히 천국에 갈 수 있는지를 알려 주는 것을 의미한다. 물론 이 모든 것은 중요하다. 그러나 이런 것들이 복음의 전부는 아니다.

특별히 교회는 복음을 전할 때 다음과 같은 방식을 고수했다. 당신은 죽어 마땅한 죄인입니다. 예수님이 당신을 대신해 죽으셨습니다. 따라서 그분을 믿으면 천국에 가게 될 것입니다. 더 짧게 요약할 수도 있다. 예수님이 내가 받아야 할 벌을 대신 받으셨습니다. 이 문장이 전제하는 것은, 첫째 나는 벌을 받아야 마땅했고, 둘째 그런데 예수님이 내 대신 벌을 받으셨기 때문에 이제 나는 그 벌을 받지 않아도 된다는 것이다. 많은 교회에서 복음을 설교한다는 것은 이 진술을 반복하거나 설명하고 묘사하는 데서 크게 벗어나지 않는다. 내가 성경이 말하는 방식으로 예수님과 그분의 죽음에 대해 설교하거나 글을 썼을 때, 나는 사람들에게 복음을 설교하지 않는다는 비난을 여러 차례 받았다.

분명히 말하는데, 이 주제(나를 대신해 죽으신 예수님)는 성경에서 정말 두드러지게 나타난다. 이런 식의 복음 소개는 오랫동안 많은 사람들의 마음을 움직였고, 그들이 가던 길에서 멈추어 서게 했으며, 좋은 소식과 함께 그들을 만나기 위해 오시는 하나님의 구원하시는 사랑과 능력을 느낄 수 있게 해 주었다. 나 역시 그리스도인으로서 가장 첫 기억은 어린 시절에 예수님이 나를 위해 죽으셨다는 사실에 완전히 압도되던 순간이다. 이것은 훌륭한 기초며, 절대 잃어서는 안 되는 무언가다.

그러나 모든 것을 이렇게 간결하고 단순한 방식으로 진술하는 것은 심각한 문제가 있다. 성경은 예수님의 죽음에 대해 단순히 그분이 우리의 죄를 위해 죽으셨다는 것보다 훨씬 더 많은 것을 말한다. 그 나머지는 서로 어떻게 연결되는가? 많은 구절이 보여 주듯, 성경은 복음에 대해서도 이보다 훨씬 더 많은 것을 말한다. 따라서 (1) 예수님의 죽음에는 그분이 우리 죄를 위해 죽으셨다는 것보다 훨씬 더 많은 내용이 들어 있으며, (2) 복음에는 예수님의 죽음보다 훨씬 더 많은 내용이 들어 있다. 성경적 사고를 하기 위해서는(내가 방금 언급한 방식으로 복음을 고수하는 사람들 역시 대부분 자신들이 성경적이라고 주장한다) "예수님이 나를 대신해 죽으셨습니다"라는 고백의 중심성을 놓치지 않으면서도 보다 넓은 시각으로 볼 수 있어야 한다. 특히 예수님의 죽음에 대해 무엇을 이야기하든 우리는 그 죽음이 확실하게 그리고 가시적으로 하나님 나라의 좋은 소식 안에 속했음을 분명히 해야 한다.

여기에는 한 가지 특정한 문제가 따라온다. 우리가 "예수님이 우리 죄를 위해 죽으셨습니다"라는 이 간략한 서술을 복음의 유일한 진정한 의미로 받아들일 때, 우리는 그것을 왜곡하기 쉽다. 이것이 무엇을 의미하는지 이런 식으로 설명해 보자.

그리스, 터키, 북아프리카, 중동의 유적지를 방문해 보면 과거에는 훨씬 더 큰 물체의 한 부분이었을 무늬가 새겨진 돌 조각들을 쉽게 볼 수 있다. 그것들은 한때 조각상이나 신전, 혹은 거대한 기념비의 일부분이었을 것이다. 북유럽에서 그런 유물들은 이제 대부분 박물관에 보관되어 있다. 그러나 남쪽이나 동쪽으로 더 멀리 떨어진 고대 유적지에는 그것을 다 보관하려면 새 박물관이 여러 개 더 필요할 만큼 수많은 조각들이 풀숲에 널렸다. 때로 고고학자들은 **정말로** 박물관에 보관하고 싶은 것을 발견하곤 한다. 예를 들면, 중요한 일을 하는 것처럼 보이는 사람 형상을 새긴 조각 같은 것이다. 한편 그들은 사람들이 이 형상을 그것이 속해 있었을 원래의 더 큰 맥락 안에서 볼 수 있기를 바랄 것이다. 그들은 고고학적 지식에 기초해 그 조각이 당시 집이나 공공 건물 혹은 성전의 벽을 장식했던 긴 패널로 된 군상의 일부분일 것이라고 추측한다. 그다음 그들은 박물관 내부에 인공적인 틀을 재구성함으로써 그 형상이 원래의 다른 형상들과 함께 있었을 때 어떤 모습이었을지 보여 주려 할 것이다. 실제로 많은 박물관들이 그런 재구성을 통해 단일 형상이 원래 더 큰 군상의 일부였을 때 어떻게 보였을지 알 수 있게 돕는다.

이제 박물관의 전시 구성 담당자들이 이 작고 아름다운 여인 형상의 돌조각을 재구성된 어떤 행렬 안에 배치했다고 가정해 보자. 제사를 지내기 위해 신전을 향해 가는 행렬을 가정해 보자. 이것은 수많은 고대 기념물에서 나타나는 흔한 주제다. 전시 디자이너는 한두 마리의 희생 동물과 이들을 죽여 제사를 지내기 위해 이 동물들을 이끌고 가는 제사장 등 다른 형상들을 함께 넣어 행렬을 하나의 완전한 그림으로 구성할 것이다. 당연히 행렬의 배경에는 신전이 있을 것이며, 어쩌면 그 뒤로 이 장면을 내려다보면서 의식이 절정에 이르기를 기다리는 신이나 여신을 배치할지도 모른다. 이와 같은 고대의 장면은 아주 흔했으므로 이 모든 것은 충분히 그럴싸해 보인다. 충분히 합리적인 추측이다. 아름다운 여인상은 이 장면 안에서 아주 자연스러워 보인다. 게다가 그녀는 이제 곧 제사가 치러질 성전이 있는 오른쪽을 쳐다보고 있다. 모든 것이 완벽하게 들어맞는다.

그런데 이 여인상이 발견된 지점 근처를 발굴하던 또 다른 고고학자가 여러 개의 커다란 돌 파편을 발견했고, 이들을 연결해 보니 서로 잘 들어맞을 뿐 아니라 이 아름다운 여인상이 들어가면 딱 맞을 것처럼 보이는 빈자리가 남았다. 그들은 아주 조심스럽게 조각을 재조립하고, 그것들이 서로 잘 들어맞는 것을 확인한다. 여인상은 그 빈 공간에 완벽하게 들어맞는다. 이제 우리는 앞서 박물관의 기념물을 재구성했던 사람들의 추측이 틀렸음을 알게 된다. 그 여인은 행렬의 일부였지만, 그것은 제사를 지내기 위해 성전을 향해 가던 행렬이 아니었다. 행렬은 아주 다른 종류의 의식을 향해 나아가고 있었다. 젊고 멋진 왕자의 대관식이 곧 치러질 것이다. 여인은 왕가의 한 명으로 보이며, 어쩌면 왕자의 누이일지도 모른다. 그리고 행렬 전체는 왼편을 향하고 있지만 그녀는 오른쪽을 바라보고 있다. 그녀는 그녀의 어린 아이가 대열에서 빠져나와 덤불 속에 숨은 새를 보는 것을 지켜보고 있었던 것이다. 성대한 왕실 행사 중에 일어난 이 인간적인 순간은 마음을 뭉클하게 한다. 이 여인상이 앞서 재구성된 장면이 아닌 바로 이곳에 속해 있다는 사실은 의심할 여지가 없어 보인다.

요점이 정확하게 전달되었길 바란다. 조각이든 회화든 혹은 악보의 한 귀퉁이든 어떤 것의 파편이 발견되었을 때, 우리는 언제나 그것이 원래 속했을 더 큰 구조를 추측할 수 있다. 때로 이런 추측은 정확하게 옳은 것으로 판명되기도 한다. 때로는 그 추측이 거의 맞았지만 완전히 옳은 것은 아니었음이 드러나기도 한다. 우리의 아름다운 조각상처럼 지적이고 흥미로운 추측이었지만 동시에 흥미로운 오류로 판명되는 경우도 있다.

메시아가 우리의 죄를 위해 죽었다는 중심적이고 결정적인 진술에 대해서도 이와 유사한 일이 일어났다는 것이 나의 생각이다. 좋은 소식의 가장 핵심이 되는 첫 순간에 대한 이 중요한 진술은 수많은 이유로 인해 문맥을 찾아야 하는 파편으로 다루어졌다. 그런데 바로 성경이 그것의 바른 문맥을 제공하고 있음에도 불구하고 많은 기독교 전통은 이를 무시한다. 대신 의도는 좋았던 고고학 박물관의 디렉터처럼 전혀 다른 문맥에 이를 엮어 놓는다. 조각상은 동일한데 행렬의 종류가 다른 것이다.

어떻게 이런 일이 일어났을까?

예수님이 우리를 대신해 죽으셨다는 진술을 복음의 핵심이라고 여기는 대부분의 사람들은 이 진리, 이 아름다운 파편을 다음과 같은 더 큰 이야기 안에 갖다 놓는다. 하나님이 계시는데, 이 하나님은 인간의 죄 때문에 그들에게 진노하신다. 이 하나님은 우리 모두를 벌할 권리와 의무와 의지를 가졌다. 모두가 알고 있는 것은 아니지만, 우리는 모두 지옥의 영원한 형벌을 향해 가고 있다. 그런데 이 진노의 하나님이 자신의 분노를 다른 누군가—마침 죄가 전혀 없었던 누군가—에게 돌리기로 결정했다. 그것은 바로 하나님 자신의 아들이었다! 그리하여 그분의 진노가 풀렸고, 더 이상 우리는 끔찍한 운명을 맞이하지 않아도 되게 되었다. 이 이야기를 믿기만 하면 우리는 안전할 것이다.

이것이 많은 교회와 설교와 책들이 채택해 재구성한 장면이다. 이것이 완전히 틀린 것은 아니다. 그러나 이대로라면 심오한 오해를 불러일으킬 수 있다. 보여 주려는 바로 그것을 왜곡시켜 버리는 것이다. 이는 예수님이 우리를 대신해 죽으셨다는 진리를 잘못된 문맥에 집어넣는다. 그 자체로 분명 일리 있는 면이 있지만, 그것을 바른 문맥에 놓았을 때의 의미와는 여전히 같지 않다. 누군가의 설명에 따르면, 이것은 초기 그리스도인들에게 좋은 소식이 의미하던 것의 핵심과 가깝다. 분명 이는 오늘날 많은 그리스도인들이 좋은 소식을 이해하는 바의 핵심과도 가깝다. 따라서 이 문제를 제대로 정리하는 것은 아주 중요하다.

뭔가 잘못되었음을 보여 주는 두 가지 분명한 표지가 있다.

첫째, 성경에서 예수님이 우리를 위해 죽으신 것에 관한 다양한 진술은 **창조**와 **언약**이라는 이중 서사 안에서 나온다. **창조**: 여기에 창조주 하나님, 곧 온 세상이 속했고 결국에는 그 세상을 바로잡기 바라시는 하나님이 등장하신다. **언약**(일종의 공적 맹세): 여기에 이스라엘을 자신의 백성으로 부르신 하나님, 곧 그들을 노예생활에서 건져 내 약속의 땅에 들어가게 하셨고 메시아를 보내기까지 시험과 어려움 가운데서도 역사 내내 그들을 인도하신 하나님이 등장하신다. 창조와 언약을 무시한 채 남은 조각들을 바르게 설명하기란 기대하기 어렵다.

둘째, 이 두 이야기 모두의 핵심은 창조와 언약을 주관하시는 하나님이 **사랑**—순전하고 자신을 내주시며 자비롭고 화해하며 치유하고 회복하는 사랑—의 하나님이시라는 것이다. 누군가를 벌하기로 결심한 성난 하나님이 화를 풀기 위해 어쩌다 골라잡은 것이 바로 자신의 아들이었다는 식의 이야기로는 이 사실을 절대로 알 수 없다. 요한복음에 나오는 유명한 구절은 "하나님이 세상을 이처럼 **사랑하셔서** 외아들을 주셨으니"라고 말한다. 제발 "하나님이 세상을 이처럼 **미워하셔서**"가 아님을 주지하기 바란다. 이 점에 대해 잘못된 인상을 준다면 우리는 전체 그림을 왜곡하게 된다.

정확히 해 둘 게 있다. 분명 나는 "이런 하나님이니 예수님이니 하는 얘기 따위는 잊어버리고 술이나 마시고 돈이나 쓰자"고 말하는 사람보다는 "와! 예수님이 내 죄를 위해 죽으셨다니!"라고 고백하는 사람이 많아지기를 원한다. 비록 잘못된 서사 안에서일지라도 사람들이 "예수님이 나를 대신해 죽으셨다"는 진리를 붙잡기를 간절히 바란다. 그러나 그것은 이후에 발생할 문제들, 즉 이후에 그들이 성경을 읽으면서 혹은 기독교 진리를 이해해 감에 따라 발생할 문제들을 쌓아 두는 것일 수도 있다. 나중이 더 걱정스럽다. 진노하셨지만 (우리가 바라듯) 그 진노가 달래졌다는 식으로 하나님을 이해하며 계속 살 때, 내면의 마음과 영혼에 쌓이게 될 문제다. 게다가 나중에 기독교 신앙에 대해 다른 사람들을 가르치라는 부르심을 받는다면 그 또한 문제다.

여기서 누군가는 이렇게 말할지 모른다. "그렇지만 잠깐만요! 바울도 그의 유명한 서신 로마서를 시작하면서 분명 하나님이 죄인들을 향해 진노하셨으며, 이어서 예수님이 우리를 대신해 죽으셨다고 설명하잖아요! 지금 그 모든 것이 틀렸다고 말하고 계신 겁니까?" 아니, 그렇지 않다. 내가 말하려는 요점은 정확하게 말해 거기 로마서의 첫 몇

장에서 바울은 또한 그 그림을 아주 다른 문맥 안에 두는 또 다른 네 가지 일을 하고 있다는 것이다.

첫째, 바울은 하나님의 진노가 그분의 선한 창조(인간의 본성을 포함한)를 왜곡시킨 인간들에 대한 결과임을 분명히 한다. 하나님의 진노는 그분의 훌륭한 창조세계와 인간이라는 놀라운 창조물에 대한 하나님의 사랑의 반대쪽 어두운 측면일 뿐이다. 위대한 예술가의 작품을 잘 관리해야 할 사람들이 그것을 오히려 훼손한다면 그 예술가는 경악을 금치 못할 것이다. 그것이 당연한 반응인 것처럼, 하나님이 악을 완강하게 거부하는 것 역시 그분의 창조적인 사랑에서 흘러나오는 자연스러운 반응이다. 악에 대한 하나님의 분노는 그 자체로 **모든 것을 바로 잡으시겠다는**, 그분이 만드신 세상과 인간을 망쳐 온 부패한 태도와 행동을 제거하시겠다는 확고한 의지다. 창조세계를 망치고 파괴하는 모든 것, 특별히 그 창조세계를 번성케 하려는 자신의 계획에서 중심 위치를 차지해야 했던 인간을 망치거나 파괴하는 모든 것에 하나님이 철저히 대적하시는 이유는 자신이 만든 영광스러운 세상을 그만큼 사랑하시고, 모든 것을 바로잡겠다는 확고한 결심이 있으시기 때문이다. 그것이 바로 바울이 동일한 서신에서 자신의 논증을 진행해 갈수록 하나님의 **분노**가 아닌 그의 강력하고 구원하시는 **사랑**을 전체 글의 핵심 뼈대로 잡아 가는 이유다(롬 5:1-11; 8:31-39).

사람들이 로마서에 나타난 복음을 설교할 때, 우리는 저주에 관한 경고 아래 흐르는 하나님의 사랑에 대한 영광스러운 진리를 보지 못하는 경우가 많다. 누군가가 길고 훌륭한 시에서 몇 페이지를 찢어 버렸거나 가장 멋진 몇 소절 위에 줄을 긋고 거기에 엉터리 시구를 휘갈

겨 써 넣는다면, 아마도 그 시를 쓴 시인은 경악을 금치 못할 것이다. 하나님 역시 그분이 만드신 세상, 특별히 인간이라는 창조물을 너무도 사랑하시기 때문에 그것을 망치거나 파괴하거나 훼손하는 모든 것을 미워하신다. 바울은 **창조**를 강조한다.

둘째, 바울은 예수님으로 말미암아 일어난 모든 일은 하나님이 아주 옛날 아브라함과 그의 가족에게 주신 약속의 성취임을 분명히 한다(롬 4장). 하나님은 아브라함과 언약을 맺으셨으며, 이제 그분이 예수님을 보내신 것은 바로 그 언약을 지키기 위함이다. 이 구절이나 바울이 쓴 다른 어떤 글에서도 아브라함은 단지 아주 먼 옛날 하나님을 잘 믿었던 모범적 인물이 결코 아니다. 대신 바울은 그의 독자들에게 하나님과 이스라엘의 이야기로 이루어진 위대한 행렬을 상기시킨다. 이는 수많은 우여곡절을 지나면서 예수님이 메시아로, 곧 이스라엘이 오래 기다리던 적법한 왕으로 오시는, 바로 예수님의 대관식을 향한 행렬이다.

사람들이 로마서에서 그들이 복음이라고 생각하는 것을 설교할 때, 우리는 예수님의 죽음이 갖는 진정한 의미가 이러한 고대의 약속 성취에서 기인한다는 사실을 보지 못하는 경우가 많다. 하나님의 약속은 대중적으로 복음을 제시할 때 일반적으로 놓치기 쉬운 전체 그림의 형태와 몸통을 제공한다. 바울의 복음에 대한 비전에서 핵심은 **언약**이다.

무엇보다 바울이 고린도전서 15장에서 복음을 요약할 때, 그는 메시아께서 '성경대로' 우리 죄를 위해 죽으셨고, '성경대로' 죽은 사람들 가운데서 살아나셨다고 말했다. 앞서 살펴본 것처럼 이는 단지 "나는 이 모든 것에 대해 성경에서 한 트럭분의 증거 구절을 찾을 수 있습니다"를 의미하지 않는다. 그 구절은 "성경 전체의 서사가 이 지점을 가리키고 있습니다"를 의미한다. 바울이 들려주는 예수님의 이야기는 어쩌면 우리를 천국에 들어가게 해 줄지도 모르는 성난 하나님에 관한 서사가 아닌, 창조세계를 새롭게 하기 위해 언약을 맺으셨고 이제 그 약속들을 이루어내신 하나님에 관한 서사 안에 들어 있다.

셋째, 로마서 8장의 절정까지 바울의 생각의 흐름을 따라가다 보면 하나님의 구원 계획의 목표, 그리고 예수님의 오심과 죽으심의 주요 목적은 **모든 창조세계의 회복과 변화**라는 것이 분명해진다. 축약형 복음은 그 최종 도착점을 천국으로 상정하는 이야기 안에 자리 잡고 있으며, 사람들은 이 천국이 현재 세상에는 철저히 무관심한, 완전히 다른 곳이라고 상상한다. 이런 식의 복음은 종종 전적으로 천국에만 초점을 맞춘 나머지 창조세계와 관련된 현재의 그 어떤 것도 세상적이며 구원의 임무를 산만하게 만드는 위험한 것이라고 여긴다. 그런데 무엇을 구원하는 것인가? 글쎄, 아마도 영혼 구원이라고 답하는 사람이 많을 것 같다. 그러나 로마서 8장에는 영혼에 관한 어떤 언급도 나오지 않는다. 천국에 관한 언급 역시 나오지 않는다. 모든 것이 육체에 관한 것이다. 부활의 육체 말이다. 왜냐하면 바로 그것이 새 창조세계, 현 세상보다 더 물질적일 그곳에서 우리에게 필요한 것이기 때문이다. (왜 더 물질적인가? 거기에는 부패도 죽음도 타락도 없을 것이기 때문이다. 모든 물질이 견고하며 부서지지 않는 그런 세상을 상상해 보라. 상상하기 어려운가? 그것은 우리가 썩고 죽는 세상에 너무 익숙해진 나머지 그런 것들을 우리가 믿을 수 있는 것과 믿을 수 없는 것을 판단하는 기준으로 삼아 버렸기 때문이다.)

4. 왜곡되고 상충하는 복음들

사람들이 로마서에서 그들이 복음이라고 생각하는 것을 설교할 때, 그들은 새 창조에 관한 이 구절을 완전히 생략하는 경우가 많다. 그 결과 그들은 로마서 전체의 메시지를 왜곡한다. 바울에게 **언약**은 **새 창조**로 이어진다.

어떻게 하면 이 더러운 옛 세상에서 탈출해 천국에 갈 수 있는지에 대한 메시지 안에서 "예수님이 우리 죄를 위해 죽으셨습니다"라고 말하는 것과, 타락과 부패와 죽음으로부터 자신의 창조세계와 그 세계의 일부인 우리 인간을 구출하시는 창조주 하나님에 관한 메시지 안에서 "예수님이 우리 죄를 위해 죽으셨습니다"라고 말하는 것은 아주 다르다.

마지막으로 넷째, 바울에게 복음 이야기는 **희생 제사보다는 대관식에 훨씬 가깝다**. 행렬은 다른 방향을 향해 가고 있다. 사실 바울은 복음을 요약할 때 '예수'라는 이름을 언급하지 않는다. 바울은 그분을 '메시아', 즉 기름부음받은 왕, 다윗의 보좌에 앉을 분으로 지칭한다. 또 로마서를 시작하는 부분에서 복음을 다시 한 번 요약할 때, 그는 예수님의 죽음을 강조하지 않는다. 대신 "좋은 소식"이란 "(하나님의) 아들을 두고 하신 말씀"이며 "이 아들은 육신으로는 다윗의 후손으로 태어나셨으며 성령으로는 죽은 사람들 가운데서 부활하심으로 나타내신 권능으로 하나님의 아들로 확정되신 분"이라고 말한다(롬 1:3-4). 편지 뒷부분에서 예수님의 죽음에 대해 말할 때에도 그것은 전적으로 이 이야기 안에 속해 있다. 바로 보좌에 오르기 위해 가고 있는 젊은 왕자의 이야기다.

사람들이 로마서로 복음을 설교할 때 많은 경우 사실상 로마서

1장 16-17절에서 시작한다. 바울이 하나님의 의와 구원에 대해 말하는 부분이다. 어떤 면에서 그것도 괜찮다. 이 역시 훌륭하며 중심적인 주제다. 그러나 로마서는 1장 16-17절이 아니라 처음부터 시작하며, 그 시작은 메시아 예수에 대한 이야기다. 자신의 보좌로 가고 있는 왕자 말이다.

맞다. 그 이야기는 물론 그분의 희생 제사에 대한 것이기도 하다. 바로 거기가, 모든 비유가 종국에는 그러하듯이, 두 행렬에 대한 내 비유가 멈추어 서는 지점이다. 그러나 바울 서신을 관통하는 더 큰 그림은 결국 자신의 통치권을 세우시는 예수님에 관한 것이다. 그분의 죽음은 그 일을 이루는 과정에서 아주 중요한 핵심이다. 우리는 예수님의 죽음을 피해 갈 수 없다. 예수님의 죽음을 대단치 않은 것으로 무시할 수도 없다. 예수님의 죽음에 대한 강조를 생략해서도 안 된다. 그러나 그 죽음은 오직 이 그림 안에서만 진정한 의미를 갖는다. 바로 하나님의 사랑, 하나님의 언약, 창조세계 전체의 폐지가 아닌 그것의 성취를 위한 하나님의 계획, 그리고 무엇보다 세상의 적법한 왕과 주인으로서 예수님이 보좌에 오르시는 대관식의 그림이다. 사람들이 복음을 설교하고 예수님이 우리를 대신해 죽으셨다고 말할 때, 우리는 이런 것들에 대해 추측조차 하지 못하는 경우가 많다. 대신 성경 증언의 한 파편에만 집착해 그 조각이 속했을 아주 다른 그림을 머릿속에 그리는 경우가 대부분이다.

도대체 무슨 일이 일어난 것일까? 설교자들과 기독교의 스승들은 왜 이런 왜곡을 방치했을까? 이 질문에 대한 답은 여기에서 다루기엔 너무 길기 때문에 이것만 말하겠다. 창조와 언약을 잊어버린 복음을 제시하는 것, 무고한 희생양의 피로만 진노가 풀리는 성난 신에 관한 복음을 제시하는 것, 창조의 회복과 완성 대신 이 세상은 내버려둔 채 일부 사람('영혼')을 다른 곳, 말하자면 구름 위 천국으로 데려갈 준비를 하는 복음을 제시하는 것은 진정한 성경적 기독교라기보다는 복잡한 형태의 이교주의에 훨씬 가깝다.

완성을 위한 창조주의 확고한 의지가 담긴 프로젝트가 아닌 우리가 탈출해야 할 감옥처럼 창조 질서를 취급하는 것은 기독교가 아닌 (특정 형태의) 이교주의다. 하나님과 이스라엘의 언약에 대한 이야기를 중요하지 않은 부차적인 사안, 혹은 단순히 우리와는 무관한 것으로 치부해 버리는 것은 성경적 기독교가 아닌 (거의 모든 형태의) 이교주의다. 나아가 고약하고 성마른 신이 자신의 노여움을 누군가에게 풀어야겠다고 결심했고, 결국 그 노여움을 살 만한 일을 전혀 하지 않은 한 희생양에게 그것을 모두 퍼부었다는 식의 생각 역시 분명 이교주의다.

많은 그리스도인은 물론 많은 비그리스도인도 앞에서 말한 성난 하나님의 모습에 강하게 반발해 왔다. 이것은 전혀 놀랍지 않다. 그런 그림은 어떤 면에서는 매력적이지만 어떤 면에서는 거부감을 일으킨다. 그것이 매력적으로 느껴지는 이유는 인간의 문제에 대한 분명한 진단과 해결책을 제공하기 때문이다. 그런 그림은 당신이 어디에 서 있는지를 명확하게 알려 주기 때문에 명쾌하다. 반면 그것이 거부감을 일으키는 이유는 우리가 알아 왔던 모든 도덕적 가치를 한쪽에 제쳐둔 채 무섭고 폭력적인 하나님의 그림을 받아들이도록 강요하는 것처럼 보이기 때문이다.

어쩌면 어떤 이들은 잘못된 이유로 그런 그림을 매력적으로 느낄지 모른다. 화를 잘 내거나 폭력적인 아버지 밑에서 자란 사람은 이런 식의 이야기가 아주 잘 이해될 것이며, 이는 정말로 하나님이 그런 분이라는 생각을 강화시킬 것이다(모든 아버지는 자녀들이 그의 모습에서 하나님을 상상할 수 있다는 부담을 가져야 한다). 온화하고 친절한 아버지를 두었을지라도 아주 어릴 때부터 복음을 이런 식으로 배워 온 사람들 역시 하나님에 대한 그런 이미지를 내재화시켰을 수 있다.

무섭고 폭력적인 하나님에 거부감을 느끼는 사람들은 기독교라는 것이 혹은 이 하나님이라는 존재가 자신들과 잘 맞지 않는다고 결론지을 것이다. 슬프게도 그들 대부분은 처음부터 이것이 온전한 성경적인 그림이 아니었음을 알 기회를 얻지 못한다. 그들은 성경 전체 혹은 기독교 신앙 전체를 자신들이 받아들일 수 없는 것으로 단정해 버린다. 이것은 마치 파티에 초대받은 사람이 실수로 옆집 벨을 눌렀다가 잔뜩 욕을 얻어먹는 것과 같다. 깜짝 놀라 뒤돌아서며 그들은 초대장이 가짜였다고 생각한다. 그 사이 파티는 원래의 장소에서 열리고 있었지만…그들은 그것을 즐길 기회를 놓쳐 버렸다.

이렇게 기형적으로 쪼그라든 버전의 복음을 가르치는 이들은 사람들의 부정적인 반응에 익숙하다. 그들에게는 준비된 답이 있다. 바로 이것이 십자가의 수치라는 것이다. 앞에서 보았듯 바울 역시 고린도전서와 갈라디아서에서 이에 대해 말했다. 그러나 이것은 그들의 착각이다. 그렇다. 십자가의 메시지는 정말로 누군가에게는 수치스럽고 거리끼는 것이며, 사람들을 깜짝 놀라 뒤로 물러서게 만든다. 바울의 언어에서 **수치**(scandal, 거리낌, 추문)란 "사람들의 발이 걸려 넘어지게 만드는 것"을 의미한다. 예수님의 십자가와 그분의 죽음에 관한 메시지는 사람들로 하여금 걸려 넘어지게 만든다. 그러나 사람들을 걸려 넘어지게 하는 것 자체가 진정한 복음의 충분조건이라는 의미는 아니다.

내가 10대였을 때 누군가 내게 내가 좋은 그리스도인이라는 이유로 사람들이 나를 싫어할 수는 있지만, 사람들이 나를 싫어한다고 해서 반드시 내가 좋은 그리스도인인 것은 아니라고 말했던 기억이 난다. 어쩌면 내가 그냥 꼴불견일 수 있다. 동일하게 예수님의 죽음을 전하는 어떤 특정한 방식에 대해 사람들이 반감을 갖는다고 해서 그 설교자가 그것을 바로 전하고 있다는 의미는 아니다. 오히려 복음 및 하나님에 대한 왜곡된 정보가 사람들의 반감을 사는 것일 수 있다. 좋은 소식이 사람들을 멀어지게 하는 것이 아니라, 그들에게는 그것이 충분히 그럴 만한 이유로 나쁜 소식으로 보이기 때문에 가까이 다가오지 못하는 것일 수도 있다.

그렇다면 우리가, 특별히 교회가 직면해야 할 첫 번째 문제는 좋은 소식을 그 모든 영광 안에서 이해하는 것이다. 나는 이 문제가 적어도 중세시대까지 거슬러 올라간다고 생각한다. 당시의 많은 회화작품들이 시사하듯, 이미 그때부터 사람들은 모든 것의 핵심은 천국에 가는 것이며, 우리가 그곳에 오는 것을 바라지 않는 것처럼 보이는 진노한 하나님이 문제라는 말을 들었다. 16세기의 위대한 종교개혁가들은 이 질문에 새로운 성경적 답을 제시하려고 노력했지만, 여전히 사람들은 그런 기본 그림을 유지하는 경우가 많았다. 문제는 바로 그 기본 그림이었다.

합리주의와 낭만주의의 복음

두 번째 문제는 적어도 지난 200-300년 동안 교회와 세상 모두에 영향을 끼쳤다. 여기서 현대 유럽 및 북미의 모든 복잡한 사상이 어떻게 탄생했으며 그것이 어떻게 서로 영향을 끼치면서 오늘날 많은 이들이 견지하는 세계관을 만들어 냈는지 자세히 설명할 수는 없다. 그러나 적어도 이것은 말할 수 있다.

오랫동안 모든 것의 핵심이 천국에 가는 것이라고 믿어 왔던 교회는 새로운 문화 사조에 취약했다. 고대의 특정 사상적 흐름에 기초한 18세기의 많은 사상가들[떠오르는 유명한 이름으로는 프랑스의 루소(Rousseau)나 미국의 제퍼슨(Thomas Jefferson)이 있다]은 하나님과 세상이 서로 분리되어 있다는 철학을 받아들였다. 하나님은 거동이 불편하거나 민폐를 끼치는 노인처럼 윗방으로 밀려났다. 물론 아직도 그분에게 애정을 갖고 있는 이들은 언제든 위로 올라가 그분을 만날 수 있다. 단 그런 일은 개인 기도시간이나 주일 예배를 통해 이루어져야 한다. 여전히 그분이 우리에게 관심을 갖고 있다고 믿는 사람들은 죽은 뒤 영원히 그분과 함께 있기를 바랄 수도 있다. 그러나 **아래층이 어떻게 돌아가는지에 대해서 그 노인이 할 수 있는 말은 아무것도 없다.** 하나님 나라가 "하늘에서와 같이 땅에서도" 이루어지기를 구한 예수님의 기도는 잊혀지거나 재해석되었다. 그런데 사실 바로 그 부분이 **예수님의** 좋은 소식에서 가장 기본적인 요소였기 때문에, 이런 변화는 좋은 소식의 의미 자체가 바뀐 것을 의미했다. 현세의 개인적 경건과 미래의 천국(당신이 운이 좋거나 올바른 교리를 믿었다면 얻을), 이것이 기독교였다. 이것이 좋은 소식이었다. 그리고 이 소식은 사람들이 일반적으로 실제 세계라고 부르는 것과는 별 상관이 없었다.

대부분의 서구 교회들은 여기에 장단을 맞췄다. 예수님이 하늘과 땅의 모든 권세가 자신에게 주어졌다고 말씀하셨을 때(마 28:18) 정말로 그 말씀 그대로를 의미하셨으며, 그렇기에 우리는 실제로 이 말씀에 근거한 삶을 살아야 한다고 만약 우리가 주장한다면, 많은 사람들이 큰 충격을 받을 것이다. 많은 이들이 믿고 가르쳐 온 것은 실제로 어떤 일이 **일어났고**(혹은 일어나고 있었고), 그 결과 세상이 완전히 다른 곳이 되었으며, 따라서 이제 그들 역시 지금 여기에서 이러한 좋은 소식을 위해 일해야 한다는 것이 아니었다. 그러나 예수님과 그분의 초기 추종자들이 좋은 소식을 전할 때 의미한 바는 바로 이런 것들이었다. 사실 오늘날 대부분의 사람들이 정말 이런 생각을 거부하는 것은 아닐 수 있다. 단지 그들에게 좋은 소식을 이런 방식으로 들려준 사람이 없었기 때문에 그것을 이런 식으로 생각해 볼 기회가 없었던 것인지도 모른다.

그렇다면 누군가 좋은 소식이란 하나님 나라가 하늘에서와 같이 땅에서도 이루어지는 것에 관한 것이라고 **비로소** 말하기 시작할 때, 좋은 소식에 대한 기존의 이해에 익숙한 사람들이 이것을 그저 세상적인 것 혹은 영적이지 못한 것으로 거부할 수 있다는 데 위험성이 있다. 반대로 사회적·정치적 변화를 열망하는 이들은 이런 하나님 나라에 대한 생각을 지나치게 열성적으로 붙든 나머지 결국 이 나라가 자신들이 원하는 형태의 사회적 혹은 정치적 개혁을 이루는 것을 의미한다고 생각할 수도 있다(예수님 역시 이런 문제에 직면하셨다). 나는 두 그룹 모두 우리가 앞서 언급한, 복음이 직면했던 문제를 상기할 필요가 있다고 생각한다. 좋은 소식은 언제나 누군가에게는 어리석은 일이며 다른 누군가에게는 거리끼는 것이다. 만약 좋은 소식이 단지 우리가 원하는 것이라고 생각한다면, 그것은 우리가 아직 그 핵심을 바로 이해하지 못했음을 보여 줄 뿐이다.

지난 네 세기에 걸쳐 일어난 일을 돌아보자. 루터(Luther)와 칼뱅(Calvin) 같은 종교개혁가들의 시대, 그리고 반세기 이후 셰익스피어의 시대에 사람들은 여전히 세상을 복잡하지만 하나의 완전한 체계로 인식했다. 사람들은 세상이 하나님으로부터 나왔으며, 유한한 존재인 우리 인간들이 그 작동 원리를 정확하게 다 알 수는 없지만 어쨌든 세상의 모든 것이 완벽하게 들어맞는다고 생각했다. 그러나 그런 하나의 완전하고 복잡한 세계는 계몽주의에 의해 두 층으로 분리되었다. 18세기에 이르러 사람들은 갖가지 이유―부분적으로는 과학적이고 부분적으로는 정치적인 이유, 그러나 가장 특정적으로는 철학적인 이유―로 세상이 두 부분으로 나뉘어 있다고 생각하기 시작했다. 하나님은 영적 부분을, 우리 인간은 세상적 부분(돈을 벌고, 권력을 위해 투쟁하며, 영토를 늘려 가는 등의 일)을 담당한다. 그리하여 여전히 기독교라 부르는 것을 따르기 원하는 사람들은, 모든 창조세계가 하나님께 속했으며 하나님이 "물이 바다를 덮음같이" 사랑과 공의가 그분의 세상에 넘치기를 바라신다는 것은 깨닫지 못한 채(사 11:9) 소위 영적이라고 부르는 영역에만 머무르게 되었다. 이것이 오늘날 일부 그리스도인들이 복음을 하나님과의 교제 혹은 그와 비슷한 것과 관련해 설명하는 부분적인 이유다. 하나님과의 교제 같은 주제는 영적인 차원의 세상에서는 잘 설명된다. 그러나 옛 비전의 나머지 부분은 철저히 차단되고 만다.

그 결과 중 하나는 몇몇 핵심 용어의 의미가 바뀐 것이다. 이전에 사람들이 '초자연적' 세상을 말할 때 그것은 창조세계가 다차원적인 곳임을 서로에게 일깨워 주는 방법이었다. 한 시인의 표현처럼 한 줌의 모래에서 영원을 엿보는 것에 대해 묵상하거나 또 다른 시인이 노래한 것처럼 세상이 "하나님의 위엄으로 충만하다"고 말할 때, 우리는 현재적 실재의 또 다른 차원이라는 의미에서 초자연적이라 불리던 것에 주목했다. 그러나 18세기의 사상이 가져온 거대한 분열을 통해, 즉 세상은 인간의 손에 맡기고 하나님(정말 그런 존재가 있다면)은 위층의 천국으로 올려 보내기로 결정한 그 지점에서(물론 원하는 사람들은 언제든 위로 올라가 그분을 만날 수 있다) **초자연적**이라는 용어 역시 위층으로 딸려 올라갔다. 이제 그 단어는 '우리가 사는 이곳 아래층의 세상과는 일반적으로 별 상관이 없는, 그렇지만 아주 가끔은 이곳에서도 나타날 수 있는 어떤 것'을 의미하게 되었다. **초자연적**이라는 용어 자체가 세상이 두 차원으로 나뉘어 있음을 확인해 주는 단어가 된 것이다.

우리 문화를 위한 좋은 소식에는 이분법적(split-level) 세계관이 결코 마지막 승자가 아니라는 점도 포함된다. 통합된 세계관은 존재할 뿐 아니라 바로 지금 유효하다. 문제는 세속주의자와 근본주의자 **양쪽 모두** 그것을 무시하기로 철저히 다짐했다는 것이다. 아래층에 사는 세속주의자들은 위층으로 가는 계단 문을 잠가 버렸다. 위층에 사는 근본주의자들은 틈만 나면 계단 아래를 향해, 위로 올라와 자신들 편에 끼라고 고래고래 소리를 지른다.

이런 식으로 서구 기독교는 진정한 성경적 그림, 특별히 좋은 소식에 대한 생각(1세기에 어떤 일이 일어났고 그 결과 모든 것이 달라졌다는 생각)에서 점점 멀어지는 작지만 중요한 일련의 단계들을 지나 왔다. 특히 서구의 개신교도들은 항상 자신들이 성경적이라고 주장했기 때문에, 정작 자신들이 1세기 그리스도인들의 사고방식에서 얼마나 멀리 떠내려 왔는지는 인식하지 못했다. 그렇기에 성경의 영광스러운 다면적 세계를 이해하고 탐험하는 사람들과, 그와 달리 성경에서 한두 가지 생각을 뽑아 그것을 하나의 전체 체계로 부풀린 뒤 그에 대해 길거리에서 열렬히 소리치는 사람들의 간격은 점점 더 멀어졌다. 바로 이것이 오늘날 원래의 아주 단순한 좋은 소식(simple good news)을 이해하는 것이 필요 이상으로 어려워진 이유 중 하나다.

좋은 소식에 대한 진정한 성경적 그림을 구겨 놓은 두 가지 요소가 더 있다. 이 두 가지 모두 우리 시대의 사람들, 특별히 교회 안의 사람들이 예수님의 메시지와 예수님에 **대한** 메시지를 이해하는 방식에 상당한 영향을 끼쳤다. 교육 전문가들은 세 개의 R을 자주 강조한다. 읽기(Reading), 쓰기(wRiting), 산수(aRithmetic). 여기 기독교의 좋은 소식을 이해하는 방식에 지대한 영향을 준 두 개의 R이 더 있는데, 바로 **합리주의**(Rationalism)와 낭만주의(Romanticism)다. 이 두 운동은 이분법적 우주관이라는 기본 문제를 더욱 심화시키면서 교회 안과 밖에 그 흔적을 뚜렷이 남겼다.

다시 문제의 핵심으로 곧장 들어가 보자. **합리주의**는 다양한 철학 이론을 지칭하지만, 우리 인간이 사물을 주로 감각이 아닌 이성을 통해 인식한다는 사상(이는 특히 18세기에 두드러지게 나타났다)이 대표적이다.

그러나 또한 그것은 하나님과 기독교 진리에 대한 지식이 계시(성경과 성령이 이끄시는 교회의 가르침)와 더불어 심지어는 계시를 대신해 이성을 통해 올 수 있다는 신념을 지칭하기도 한다. 이런 두 형태의 합리주의 모두 하나님이나 성경, 예수님, 신학 전반에 대한 완전한 회의로 이어지거나 적어도 어느 정도의 회의감을 불러왔다.

이런 문제에 대해 어떤 입장을 취하든 18세기 합리주의가 남긴 유산 중 하나는 합리적인 명제에 집중하는 것이었음을 누구도 부정할 수 없다. 심지어 이는 합리주의의 그런 회의적 측면을 경계하는 독실한 그리스도인에게도 마찬가지였다. 이제 많은 사람들에게 하나님을 믿는 것 혹은 천국과 지옥을 믿는 것 혹은 예수님을 믿는 것은 '하나님이 계신다' '예수님이 내 죄를 위해 죽으셨다' '예수님이 정말로 죽은 사람들 가운데서 살아나셨다' 등과 같은 일련의 명제를 믿는 것으로 축소되었다. 그러고 나면 역설적이게도 모든 초점은 **그런 명제가 지시하는 사건이 아닌 그 명제 자체로** 옮겨 간다. 합리주의적 회의주의에 대응하기 위해 교회는 합리주의적 변증에 의존했다. 즉 기본 명제들을 통해 기독교의 진리를 증명하는 것에 모든 것을 건 것이다. 그렇게 함으로써 교회는 기독교 신앙이란 무엇보다 1세기에 일어난 사건에 관한 것이 아니라 그 사건이 드러낼 수도 있고 혹은 드러내지 않을 수도 있는 개념적 진리에 관한 것이라는 생각에 함몰될 수 있는 위험을 떠안게 되었다. 사실 그런 주장은 종종 세계가 두 층으로 나뉘어 있다는 생각을 교묘하게 강화시킨다. 중요한 것은 추상적 진리인 위층의 실재이지 하늘에서와 같이 땅에도 도래한 하나님 나라의 실재인 아래층의 실재가 아니라는 것이다.

명확하게 하는 것이 좋겠다. 제대로 이해된 이성은 분명 기독교 신앙의 친구다. 기독교 신앙은 인간 삶의 모든 측면이 영광스럽게 회복되는 것을 강조하며, 거기에는 인간의 사고능력이 창조주의 계획 안에서 중요한 요소로 포함되기 때문이다. 기독교 신앙의 모든 측면을 합리적이고 신중하며 명확하게 제시하고 설명하는 것은 전반적인 교회 생활뿐만 아니라 증인으로서의 임무에서 언제나 중요한 부분이었다. 그러나 현대의 많은 운동, 특히 근본주의는 거기에 존재하는 위험을 피하지 못했다. 그 위험이란 (1) 우리의 믿음에서 모든 부분을 딱 떨어지는 명확한 명제로 표현하려 하고, (2) 진정한 기독교란 명확하게 그런 명제를 믿는 것을 의미한다고 주장하며, (3) 마지막으로 오직 그런 믿음만이 소위 '천국에 가는 길'을 보장하는 참되고 합당한 신앙이라고 주장하는 것이다. 이것은 매우 심각한 위험이다. 기독교 내의 다양한 전통에 속한 많은 독실한 그리스도인들이 이런 주장을 불편하게 바라보는 것은 당연하다.

합리주의에 대한 자연스러운 반작용이었던 낭만주의는 정반대의 문제를 가져왔다. 낭만주의 역시 사람마다 제각각 다른 것을 의미하며, 철학뿐 아니라 음악·미술·문학 등 아주 다양한 분야에서 다양하게 표현될 수 있다. 그러나 낭만주의 운동의 중심에는 언제나 차가운 합리주의를 거부하는 대신 세상에 대한 따뜻하고 생명을 긍정하는 직관적 인식이 자리했다. 여기에는 신비주의적 경험과 통찰도 포함된다. 합리주의적 기독교 변증가가 "그래도 나는 증명할 수 있어!"라고 외칠 때, 낭만주의자는 "일단 믿어 봐. 그럼 이상하게 네 마음이 따뜻해지는 걸 느낄 수 있을 거야!"라고 속삭인다. 그리하여 **경험**과 **느낌**에 호소

하면 모든 것을 이길 수 있을 것처럼 보인다. 특히, 1세기에 일어난 세상을 바꾸어 놓은 유일무이한 사건이 중요하다는 인식보다 우리의 경험과 느낌을 더 우선시하는 것으로 나타난다.

물론 경험과 느낌은 일반적인 그리스도인의 생활에서 핵심 부분이라고 할 수 있다. 우리의 감정은 날씨, 인간관계, 식사 등 수천 가지 조건에 따라 오르락내리락한다. 그러나 처음부터 그리스도인들은 깊은 위안과 동시에 도전을 가져오는 어떤 임재, 곧 그들이 살아 계신 주님이라고 고백하는 예수님 자신과 그분이 아버지라 부르신 하나님의 임재, 인간의 상상력으로는 불가능하지만 예수님을 통해 알게 된 그 하나님의 임재를 의식해 왔다. 경험은 의당 현대의 '낭만적' 그리스도인들만 누리는 특권이 아니다. 그러나 지난 두 세기 동안 낭만주의는 신앙의 내면적이고 경험적인 측면에 특별히 관심을 갖는 그리스도인들을 위해, 그들의 특별한 관심을 표출할 수 있는 자연스러운 방법들을 제공했다. 그리고 이 역시 심각한 위험을 내포하고 있다. 즉 훌륭한 예전과 음악이 일으키는 깊은 감정이든, 은사주의적 예배가 가져오는 열정적인 흥분이든, 아니면 그와 비슷한 현상이든, 그런 경험 자체만을 중요하게 여기는 태도가 생기기 시작한 것이다. 그러나 흥분이 가라앉고 나면? 일부 지혜로운 낭만주의 사상가들도 인정하듯, 진정으로 삶을 변화시키는 경험은 그 경험이 다른 무언가의 우연한 부산물일 때 나온다. 감정 자체를 위해 자극하고 그런 감정을 신앙이라 부르면서 그 신앙이 영생에 이르는 열쇠라고 주장하는 것은 합리주의만큼이나 섣부른 캐리커처다.

합리주의와 낭만주의의 공통적인 문제점은 사람들의 관심이 복음의 핵심 메시지에서 멀어지게 한다는 데 있다. 이 둘은 뿌리(실제로 **일어난** 어떤 일, 그리고 그것에 관한 좋은 소식이 기독교의 핵심이라는 사실)는 없이 열매(기독교의 합리성 혹은 하나님의 임재와 사랑에 대한 개인의 경험)만 얻으려 한다. 결국 합리주의와 낭만주의는 그것이 비기독교적인 형태로 끼친 영향뿐만 아니라 교회가 그것을 수용하게끔 했던 방식을 통해 교회의 많은 사람들을 좋은 소식의 핵심에서 멀어지게 만들었다. 좋은 소식은 단순히 "이것 보세요. 내가 이 추상적 진리를 증명할 수 있습니다" 혹은 "당신의 마음이 기쁨으로 가득 차게 될 거예요"가 아니다. 좋은 소식은 바로 "성경대로 메시아께서 우리 죄를 위해 죽으셨고 사흘 만에 살아나셨습니다"이다. 모든 것을 바꾸는 어떤 일이 **일어났다**. 이분법적 우주관을 상정하는 현대 서구 문화가 이를 수용 불가능한 것으로 판단해 버렸기 때문에, 교회는 그에 맞춰 좋은 소식에 대한 그들의 생각을 보다 부드럽게 조정했다. 그 결과 바울과 예수님의 메시지(2장과 3장을 보라)는 제대로 된 이해는 고사하고 어디서든 듣기조차 힘든 것이 되고 말았다.

여기 본래의 좋은 소식을 이해하기 어렵게 만든 현대 문화 지형의 특징이 한 가지 더 있다.

현대 세계의 복음

정리해 보자. 첫 번째 문제는 중세의 유산, 즉 우리의 궁극적 목표는 천국에 가는 것이며 이것을 위해서는 하나님의 진노라는 문제를 먼저 해결해야 한다는 가르침에 교회가 결탁해 왔다는 것이다. 두 번째 문제는 현대 문화가 이분법적 우주관 안에서 작동해 왔으며, 이에 대응하려는 교회의 노력 역시 결국 그것에 동조하는 것에 지나지 않았다는 것이다. 지금부터 살펴볼 본래의 좋은 소식을 이해하기 어렵게 만든 세 번째 문제, 그리고 내가 볼 때 가장 심각한 문제는 오늘날까지 서구 문화를 지배해 온 한 가지 거대한 주장 안에 들어 있다. 곧 세계의 역사를 근본적으로 바꾸어 놓은 사건은 1세기가 아닌 18세기에 일어났다는 믿음이다.

18세기 중반 이래 유럽과 북미, 그리고 그들의 다양한 위성 국가로 이루어진 서구 세계의 사람들은 스스로 그리고 서로에게 새로운 과학과 기술이 세상을 근본적으로 바꾸어 놓았다고 말했다. 마침내 우리는 현대로 진입한 것이다. 이제 세상은 다른 곳이 되었다.

어떤 면에서 이것은 맞는 말이다. 그 당시까지 한 지역에서만 평생을 살아야 했던 거의 모든 인간의 삶과, 기차·자동차·비행기가 가져온 여행의 기회를 비교해 본다면 그 변화가 참으로 엄청남을 느낄 수 있을 것이다. 오늘날 심각한 병에 걸린 사람이 받을 수 있는 치료와 300년 전의 상황을 비교해 보라. 현대의 마취법, 페니실린, 유전자 연구, 그리고 수천 가지의 다른 치료법은 실로 엄청난 변화를 가져왔다. 오늘날 많은 이들의 평균수명을 단 200년 전과 비교해 보라. 세상은 많은 면에서 이전과는 다른 곳이 되었다. 그런 변화 중 많은 부분이 우리에게 큰 안도감을 준다. 그러한 변화들은 수백만의 사람들에게 이전에는 가능하다고 생각할 수도 없었던 길고 행복한 인생의 가능성을 선물해 주었다.

그러나 이제 이런 현대적 혁신에 대한 인식은 신기술과 과학, 새로운 교통수단과 치료제의 경계를 넘어선다. 아주 많은 사람들이 현대 세계 이전에는 모든 것이 무지와 미신에 뒤덮여 있었다고 믿는다. 그들은 현대 과학이 없었다면 우리는 세상을 바르게 이해할 수 없었을 것이라고 생각한다. '새롭게 계몽된 이해력이 없었다면, 우리는 여전히 세상이 평평하다거나 달이 녹색 치즈로 만들어졌다거나 정원에 요정이 산다거나 혹은 우리가 스스로를 말끔하게 단장하지 않으면 저 하늘 위에 있는, 사람들이 하나님이라고 부르는 노인이 우리를 지옥에 던져 버릴 수도 있다고 생각하고 있을 거야. 하지만 마침내 우리는 모든 것을 더 잘 알게 됐어. 원시적 생각에 묶여 있던 일종의 노예 상태에서 벗어난 거지. 우리는 해방되었고 진보하고 있어. 우리는 이제 이 세상이 자유의 새 시대, 위층 노인에 대한 두려움 없이 하고 싶은 것을 마음껏 할 수 있는 자유의 시대로 나아가고 있음을 알고 있어.'

자유와 평등. 18세기 후반 프랑스혁명의 슬로건이었던 이 두 가지 가치는 여전히 현대적 계몽정신을 위한 행진가로 사용된다. (프랑스혁명의 세 번째 슬로건인 형제애는 여기서 빠지게 되었는데, 이는 자신들이 보는 방식으로 세상을 보지 않는 이들과의 투쟁이 불가피함을 사람들이 깨달았기 때문이다. 물론 프랑스 혁명가들 역시 이 문제를 인지했으며, 이것은 또 다른 이야기다.) 이 슬로건은 사람들이 말하는 방식, 특히 미디어가 작동하는 방식에 영향을 주었고, 현대적 혁신에 대한 대중의 생각을 매시 매초 강화해 왔다. 누군가 "21세기를 살고 있는 우리는…"이라든지 "오늘 이 시대를 사는 우리가 기대해야 할 것은…"라는 식으로 말할 때, 우리는 계몽주의를 듣고 있으며, 거기에는 우리 모두가 이 계몽주의의 행진에 동참하고 있다는 전제가 깔렸다. 누군가 불과 20-30여 년 전까지만 해도 거의 모든 이들이 당연하게 받아들였던 도덕적 신념을 '원시시대의 도덕성'이라고 칭할 때, 우리는 끔찍한 과장이 섞인 일종의 천박한 시대적 우월의식을 본다. 현대 과학과 기술을 갖고 있는 오늘의 **우리는**, 지난 중세의 암흑기 혹은 다른 언제든 과거의 **그**들이 믿었던 모든 것이 그저 미신과 무지에 지나지 않았음을 알고 있다는 것이다.

어두운 과거, 갑작스런 계몽, 그리고 밝은 미래. 이런 식의 서사는 특히 정치제도에 적용되었다. 현대 서구의 민주주의는 어떤 면에서 1215년의 마그나 카르타(Magna Carta, 잉글랜드 귀족들이 국왕의 잘못된 정치에 분노해 왕의 권한을 제한하고 국민의 자유와 권리를 보장하기 위해 왕에게 강요하여 서명받은 법률 문서다—옮긴이)까지 거슬러 올라간다고 볼 수 있다. 그러나 실제로 민주주의가 그 형태를 제대로 갖춘 것은 18세기 후반이었다. 바퀴의 발명이나 페니실린의 발견처럼, 민주주의가 세계를 바꾼 결정적 순간이었음은 널리 인정하는 사실이다. 현대 과학과 더불어 이제 우리는 국가를 어떻게 운영해야 하는지도 알게 되었다! 특히 우리는 우리의 힘으로 폭군을 몰아냈다. 우리는 이제 자신의 운명을 스스로 결정하는 존재다. 이것은 당연히 이루어져야 하는 일이었다. 어쩌면 현대 서구 패권이 세계의 다른 곳에서 일어나는 사건에 그토록 부적절한 반응을 보이는 이유 중 하나는 인간의 삶을 이렇게 간단하게 보기 때문일지도 모른다. '폭군이 있는가? 그렇다면 그를 (일반적으로 '남성'인 경우가 대부분이다) 제거하라. 그러면 자동으로 자유민주주의가 솟아날 것이다.'

오늘날 많은 이들이 이런 식의 서사를 머릿속에 담고 있다. 바로 그것이 문제다. 현대 서구 세계에서 수백만의 사람들이 **인간 역사의 가장 결정적인 전환점은 현대 서구 세계의 발흥이었다고** 생각한다. (이런 식의 표현 자체가 이러한 믿음이 얼마나 자기중심적이며 편향적인지를 보여 준다.) 세상을 이런 방식으로 보는 사람은 당연히 다른 모든 것도 이것을 중심으로 재편하여 보게 된다. 과거의 모든 것이 시대에 뒤떨어진 미신으로 보이는 것은 불가피하다. 혹시 관대한 아량을 베풀어 과거의 어떤 인물이나 운동을 담대하고 새로운 현대 세계의 선구자로 인정할 수도 있다. 많은 사람들이 예수님도 그런 식으로 끌어들였다. '그는 시대를 잘못 타고 태어난, 진정으로 현대적인 자유주의자였어!' 이런 생각을 하는 사람들이, 인간 역사의 위대한 전환점은 나사렛의 예수가 자칭 유대인의 왕으로 죽임을 당하고 3일 후에 다시 살아났을 때였다고 생각하는 것은 불가능하다.

그런데 바로 그것이 초기 기독교가 전한 좋은 소식의 핵심이기 때문에, 현대 서구의 관점을 견지하는 사람이 좋은 소식을 제대로 이해하지 못하는 것은 어쩌면 당연하다. 예수님에 대해 무엇을 말하든 그들은 그분을 잘못된 범주에 끼워 맞춘다. 그들은 그분을 종교적 혹은 도덕적 스승으로 탈바꿈시킨다. (나는 바로 어젯밤에도 누군가 텔레비전에서 예수님의 비유가 그분의 도덕적 가르침을 담고 있다고 말하는 것을 들었다.) 혹은 그분을 위층과 아래층으로 나눈 세상의 그림에 끼워 맞춘 뒤, 그분은 여기 아래층에서 곤경에 처한 우리를 구해 자신과 함께 데려가기 위해 저기 위층에서 내려오신 분이라고 말할 것이다. 18세기가 세계 역사의 가장 위대한 전환점이라는 생각은 본질적으로 교회가 아닌 세속적 운동의 핵심이다. 그러나 많은 교회가 이런 식으로 그 생각에 동조해 왔다.

그렇다면 이 세 번째 문제는 이렇게 냉철하게 요약할 수 있을 것이다. 우리는 18세기의 모든 과학과 기술의 발전이 획기적이었으며 어떤 면에서는 당시의 정치적 변혁 역시 세상을 바꾸는 극적인 변화였음을 기쁘게 인정할 수 있다. 그러나 오직 그런 변화만이 인간 역사의 가장 중요하고도 **유일한** 전환점이었다는 주장은 기독교의 주장과 정면으로 충돌한다.

예수님의 선포에 이어 초기 그리스도인들은 그분이 선포하셨던 그 나라가 그분의 죽음과 부활을 통해 비로소 시작되었다는 좋은 소식을 전하고 다녔다. 바로 그것이 역사의 절대적인 전환점이었다. 반면 현대 세계는 18세기 계몽주의야말로 절대적인 전환점이었다고 가르쳐 왔으며, 사람들은 이를 깊이 믿는다.

양쪽 모두가 맞을 수는 없다.

길고 복잡한 이번 장은 왜 복음이 비그리스도인에게 이해하기 어려운 것일 뿐만 아니라 그리스도인 역시 그것을 정확하게 설명하고 그것에 따라 살기가 어려운지를 이해하는 데 아주 중요하다. 바울이 복음이 누군가에게는 거리끼는 것이요 다른 누군가에게는 어리석은 것임을 알았듯, 현대 서구 세계에서 그의 메시지를 재생산하려는 노력은 단지 개인뿐 아니라 문화 전체로부터 비웃음 내지는 고개를 갸우뚱하는 반응을 얻는다. 그런 부정적인 반응과 중세까지 거슬러 올라가는 서구 세계의 긴 유산으로 인해 교회와 세상은 그 메시지 자체를 미묘하게 조정해 버리는 쉬운 쪽을 선택했다.

그 과정에서 메시지는 그 안의 본질적인 어떤 것을 잃어버렸다. 예수님 자신과 바울과 같은 해석자에게 좋은 소식이란 근본적으로 바로 그때 예수님 자신 및 그분의 죽음과 부활을 통해 **일어나고 있던** 어떤 일에 관한 것이었다. 그러나 이런 **사건** 개념은 이후의 여러 세계관에 들어맞기 힘들다고 판명되었는데, 거기에는 자칭 기독교 세계관 역시 포함되어 있다.

이 모든 것은 결국 한 가지 명백한 질문으로 이어진다. 예수님이나 바울 혹은 다른 누구든 1세기 중동 지방에서 일어난 그 사건이 정말 세계 역사의 방향을 전환시키는 축이었다고 생각했다면, 그것은 너무 터무니없는 생각 아닌가? 그 이후에도 세상은 분명 이전과 똑같이 굴러갔다. 정말 바뀐 것이 있다면 그것은 그저 예수를 추종하던 이들의 종교적 인식 아니었던가? 이는 결국 좋은 소식이란 완전히 새로운 세상에 관한 것이 아니라 단순히 영적이거나 종교적인 것을 원하는 사람들에게 그런 종류의 새로운 선택사항을 추가해 준 것에 지나지 않는다는 생각을 뒷받침해 주지 않는가?

이것은 다음 장으로 넘어가기 위한 아주 적절한 질문이다. 앞서 말한 것처럼 소식이 작동하는 방식은 그 일이 일어난 순간이 아닌 그 뒤에 따라오는 결과와 더 깊은 관련이 있다. 그것은 로마의 좋은 소식이 악티움 해전에서 옥타비아누스가 안토니우스를 이긴 승리의 순간이 아닌 2년 뒤 이루어질 옥타비아누스의 로마 귀환과 더욱 깊이 관련된 것과 마찬가지다. 좋은 소식은 예수님이 악의 세력을 꺾고 이기신 승리의 순간보다 승전보를 울리며 오실 그분의 귀환과 더욱 깊은 관련이 있다. 우리가 보았듯 과거에 관한 좋은 소식은 동시에 미래에 관한 좋은 소식이기 때문이다.

4. 왜곡되고 상충하는 복음들

그러나 그것은 어떤 미래인가? 그리고 그리스도인이든 비그리스도인이든 오늘날 이 미래를 이해하는 것이 왜 이토록 어려워졌는가?

천국을 다시 생각하다

예수님의 첫 번째 추종자들이 이제 막 **일어난** 어떤 일에 대한 좋은 소식을 전했다면, 그들은 그 결과 미래에 어떤 일이 **일어날** 것이라고 생각했을까? 여기서 우리는 중요한 문제를 대면한다. 전 세계의 다양한 지역에 분포한 예수님의 추종자들은 현대 교회의 많은 세대를 지나오면서 미래의 사건, 즉 **앞으로 일어날** 일에 대한 좋은 소식이 두 가지로 구성된다고 생각했다.

첫째, 예수님은 우리를 그분과 함께 거할 천국(heaven, 하늘)으로 데려가실 것이다. 이에 대해 상상하는 방식은 다를지라도 메시지 자체는 동일하다. 어떤 방식으로든 과거의 좋은 소식(예수님이 2천 년 전에 행하신 일)은 미래에 관해 특별히 좋은 소식(그분이 우리를 천국으로 데려가실 거라는)을 가리킨다. 이것은 많은 이들이 좋은 소식의 유일한 초점이라고 여기는 하나님과의 새로운 관계를 완성해 줄 것이다. **그리고 이 생각은 심각하게 잘못되었다.**

둘째, 예수님이 다시 오실 것이다. 이 역시 여러 다른 방식으로 표현되었다. 많은 성경 구절, 그 가운데서도 복잡한 몇몇 구절은 종종 이 미래의 사건을 오늘날에는 해석하기 힘든 1세기의 극적인 그림 용어를 사용해 묘사한다. 초기 그리스도인들이 예수님의 다시 오심에 대해 말했다는 것은 의심할 여지가 없어 보인다. 그러나 그것이 정확하게 의미한 것과 오늘날 그것을 이해하는 방식 사이에 종종 문제가 발생한다. 그러한 언어를 우리와는 상관없는 고대의 신화로 간주하기 원하는 우리 시대의 수많은 서구 그리스도인들은 예수님의 재림에 대한 믿음을 조용히 내려놓았다.

그 부분적인 이유는 다른 일부 그리스도인들, 특별히 내가 말했던 이분법적 세계관을 지닌 그리스도인들이 이 두 가지 기대를 함께 가져와 아주 다른 뭔가를 만들어 냈기 때문이다. 그런 사람들에게 모든 것의 핵심은 천국에 가는 것이다. 죽은 뒤 바로 천국에 가거나 예수님이 그들을 천국에 데려가기 위해 다시 오시거나, 어쨌든 이것이 그들이 생각하는 전부다. 재림에 대한 모든 정교한 이론들은 예수님이 이 땅을 변화시키고 새롭게 하여 이곳에 머무르기 위해 오시는 것이 아니라 단지 그분의 백성을 데려가기 위해 오신다는 것을 그 핵심으로 삼는 쪽으로 개발되었다.

그러나 이런 생각은 핵심을 완전히 놓쳤다.

일단 우리가 본래의 좋은 소식은 예수님과 관련해 실제로 **일어난** 사건에 관한 소식이라는 것을 이해하면, 미래에 대한 좋은 소식 역시 단순히 이 세상을 떠나 천국에 가는 것에 관한 것이 아님을 이해하게 된다. 그 소식은 하늘과 땅이 하나가 되는 것에 관한 것이며, 새로워지고 회복된 창조세계 자체에 관한 것이다.

바로 이것이 성경 전체의 핵심 주제며, 이는 앞서 살짝 언급했던 것처럼 현대 기독교의 이해에서 완전히 가려져 있는 부분이기도 하다. [이 문제에 대해서는 『마침내 드러난 하나님 나라』(Surprised by Hope, IVP)에서 더 길게 다루었다.] 오늘날 이 핵심 주제가 완전히 가려지게 된 것은 부분적으로 이분법적 철학의 결과라고 할 수 있는데, 중요한 것은 저 위에 있는 천국에 가는 것이 전부라면 여기 땅에 대해 고민할 필요가 있느냐는 것이다.

다시 한 번 말한다. 기독교 복음의 궁극적 비전이 우리 앞에 드러내는 목적은 죽을 때 천국에 가는 것이 **아니다**. 성경은 하나님의 백성까지 포함해 사람들이 죽을 때 어떤 일이 일어나는지에 대해 놀랄 만큼 거의 아무것도 말해 주지 않는다. 적어도 그들이 죽은 바로 **직후에** 대해서는 말이다. '궁극적으로' 일어날 일은 다른 얘기다. 성경, 특히 신약성경은 궁극적으로 어떤 일이 일어날 것인가에 관심이 아주 많다. 바로 그것이 성경과 그 중심에 있는 좋은 소식이 **창조세계 전체의 구원과 회복**을 말하는 이유다. 그리고 만약 하나님이 마침내 창조 질서 전체를 변화시키고 그분의 임재와 영광이 흘러넘치게 하실 것이라면 (바로 이것이 우리가 받은 약속이다), 우리에게 정말 중요한 것은 그때까지 우리가 어디에 있게 될 것인가가 아니라 우리가 어떻게 그런 새로운 세상에서 살게 될 것인가다.

성경의 마지막 장면(계 21-22장)은 구원받은 영혼들이 하늘에 올라가는 것을 보여 주지 않는다. 그 장면이 드러내는 것은 하늘에서 땅으로 내려오는 새 예루살렘, **하나가 된** 새 하늘과 새 땅이 창조되는 순간이다. 그것이 예수님이 자신을 따르는 이들에게 "[아버지의] 나라를 오게 하여 주시며, [아버지의] 뜻을 **하늘에서[와] 같이 땅에서도** 이루어 주십시오"라고 기도하라고 가르치신 이유다. 따라서 **과거**에 관한 좋은 소식이 예수님이 이전에 이루신 어떤 일과 관련이 있다면, **미래**에 관한 좋은 소식은 그분이 다시 돌아오실 때 이루실 어떤 일과 관련이 있다. 그분은 온 세상을 변화시키고, 그곳을 자신의 공의와 기쁨과 사랑으로 가득 채우실 것이다. 이것이야말로 진정한 좋은 소식이다.

바로 그 때문에 예수님의 추종자들 역시, 옥타비아누스의 승리를 축하하며 그가 수도로 돌아와 황제로 즉위하는 순간을 고대한 로마의 누군가들처럼, 그들의 현재 삶에 관한 좋은 소식을 발견했던 것이다. 그들은 즉시 예수님의 최초 승리와 미래의 통치에 관한 이런 이중의 좋은 소식에 비추어 현재의 삶을 살아가기 시작했다.

초기 기독교 믿음의 다른 모든 부분과 마찬가지로 이것은 훨씬 오래된 이스라엘의 성경에 뿌리를 내리고 있다. 이사야 선지자의 비전, 곧 폭력이 사라지고 세상에 평화가 이루어진, 모든 것이 바로잡힌 창조세계에 대한 비전을 생각해 보라. 그것은 하나님이 모든 것을 바로잡으실 때 일어날 일에 대한 비전, 물론 시적으로 표현되었지만 단순히 말로 표현할 수 있는 것을 훨씬 넘어서는 더 큰 실재를 가리키는 이정표였다. 하나님은 장차 올 왕(다윗 왕의 아버지인 이새의 뿌리 혹은 이새의 줄기에서 난 싹)에게 모든 것을 맡기심으로써 그 일을 이루실 것이다.

¹이새의 줄기에서 한 싹이 나며

그 뿌리에서 한 가지가 자라서 열매를 맺는다.

²주님의 영이 그에게 내려오신다.

지혜와 총명의 영,

모략과 권능의 영,

지식과 주님을 경외하게 하는 영이 그에게 내려오시니,

³그는 주님을 경외하는 것을 즐거움으로 삼는다.

그는 눈에 보이는 대로만 재판하지 않으며,

귀에 들리는 대로만 판결하지 않는다.

⁴가난한 사람들을 공의로 재판하고,

세상에서 억눌린 사람들을 바르게 논죄한다.

그가 하는 말은 몽둥이가 되어 잔인한 자를 치고,

그가 내리는 선고는 사악한 자를 사형에 처한다.

⁵그는 정의로 허리를 동여매고

성실로 그의 몸의 띠를 삼는다.

⁶그때에는 이리가 어린 양과 함께 살며,

표범이 새끼 염소와 함께 누우며,

송아지와 새끼 사자와 살진 짐승이 함께 풀을 뜯고,

어린 아이가 그것들을 이끌고 다닌다.

⁷암소와 곰이 서로 벗이 되며,

그것들의 새끼가 함께 눕고,

사자가 소처럼 풀을 먹는다.

⁸젖 먹는 아이가 독사의 구멍 곁에서 장난하고,

젖뗀 아이가 살무사의 굴에 손을 넣는다.

⁹나의 거룩한 산 모든 곳에서,

서로 해치거나 파괴하는 일이 없다.

물이 바다를 채우듯,

주님을 아는 지식이 땅에 가득하기 때문이다.

¹⁰그날이 오면, 이새의 뿌리에서 한 싹이 나서, 만민의 깃발로 세워질 것이며, 민족들이 그를 찾아 모여들어서, 그가 있는 곳이 영광스럽게 될 것이다. (사 11:1-10)

혹은 동일한 문맥에서 시편이 펼쳐 보이는 영광스러운 비전을 생각해 보라.

¹¹하늘은 즐거워하고, 땅은 기뻐 외치며,

바다와 거기에 가득 찬 것들도 다 크게 외쳐라.

¹²들과 거기에 있는 모든 것도 다 기뻐하며 뛰어라.

그러면 숲 속의 나무들도 모두 즐거이 노래할 것이다.

¹³주님이 오실 것이니,

주님께서 땅을 심판하러 오실 것이니,

주님은 정의로 세상을 심판하시며,

그의 진실하심으로 뭇 백성을 다스리실 것이다. (시 96:11-13)

이런 소망은 신약성경의 많은 구절에서도 동일하게 발견된다. 예를 들면, 에베소서는 하나님의 궁극적인 계획이 "하늘과 땅에 있는 모든 것을 [왕] 안에서(즉 다윗 혈통의 메시아이신 예수 안에서) 그분을 머리로 하여 통일시키는 것입니다"라고 선포한다(엡 1:10). 이 한 구절에 담긴 똑같은 요점을 보다 길게 설명한 것이 앞서 2장에서 간단히 살펴본 고린도전서 15장과 로마서 8장이다. 골로새서 1장의 놀라운 시에서도 동일한 요점이 드러나는데, 여기서 바울은 온 세상과 그 안의 모든 것이 "그분 안에서…그분으로 말미암아…그분을 위하여" 창조된 것을 경축하고(1:16), 이어 "그분 안에서"(메시아 예수 안에서) 하늘과 땅에 있는 모든 것이 하나님과 화해하게 될 것이라고 선포한다. 신약성경은 땅을 제외시킨 궁극적인 소망에는 관심이 없다. 이것이 천국에 관한 대중적인 이야기가 그토록 잘못된 이유다. 중요한 것은 새 하늘과 새 땅이다.

사람들에게 이러한 것들을 말해 온 나의 오랜 경험에 비추어 볼 때, 독자들 중 적어도 두 명은 지금쯤 손을 들고 질문할 준비를 하고 있을 것이다. 두 사람 모두 내가 방금 말한 것과 대립하는 것으로 보이는 성경 구절을 제시할 것이다.

첫 번째 사람은 요한복음 18장 36절을 인용한다. "내 나라는 이 세상에 속한 것이 아니오." 그러나 사실 킹제임스 성경을 따른 이 번역은 성경 원문의 느낌을 잘 잡아 내지 못했다. 이것은 마치 예수님이 이 세상에는 없는 나라에 대해 말씀하시는 것처럼 들리는데, 현대 서구 그리스도인들은 자동으로 바로 이것이 하나님의 백성이 죽은 뒤 이 세상을 떠나서 가게 되는 천국이라고 단정해 버린다. 그러나 이 구절의 원래 의미는 전혀 다른 방향을 가리킨다. 예수님이 말씀하셨던 것은 "내 나라는 이 세상에서 자라나는 종류의 것이 아니오"였다. 그 나라는 **기원**이나 **성질** 면에서 이 세상의 것이 아니다. 그 나라는 이 **세상으로부터** 오지 않는다. 이곳 땅에 기원을 두지 않은 그 나라는 그러나 분명히 이 땅을 **위해** 존재한다. 앞서 살펴보았듯 예수님은 **다른 종류의 권세**에 기초한 **다른 종류의 나라**를 시작하고 계셨던 것이다. 그러나 땅과 멀리 떨어진 하늘에서 이 나라를 시작하는 것은 아무 의미가 없다. 하늘은 이미 그런 식으로 돌아가고 있기 때문이다. 중요한 것은 이런 나라가 땅에도 이루어지게 하는 것이다. 바로 그것이 좋은 소식이 의미하는 전부였다.

두 번째 사람은 빌립보서 3장 20절을 들고 온다. "우리의 시민권은 하늘에 있습니다." 이번에는 번역엔 별 문제가 없다. 이 번역은 원문이 말하는 의미를 그대로 담고 있다. 그러나 또다시 문제는 우리가 전체 이야기를 잘못 이해하는 데 있다. 고대 사회에서 시민권, 특별히 빌립보의 많은 이들이 자랑스럽게 소유하고 있었을 로마의 시민권은 우리가 생각하는 방식으로 작동하지 않았다. "우리의 시민권은 하늘에 있습니다"라는 말을 들을 때 우리는 '그래, 천국이야말로 진정으로 우리가 속한 곳이며 죽어서 우리가 가게 될 곳이야'라는 식으로 이해한다. 그러나 바울이 말한 것은 그런 것이 아니었으며, 그 당시 시민권은 그런 식으로 작동하지 않았다. 처음부터 빌립보 같은 식민지가 생긴 이유는 내전에서 로마를 위해 싸운 늙은 퇴역 군인들이 너무 많았기 때문이다. 로마는 인구가 넘쳤고, 그들을 위한 식량을 조달해야 했다. 로마가 가장 바라지 않았던 일은 더 많은 굶주린 입들이 집으로 돌아오는 것이었다. 특히 그것이 모든 일을 폭력으로 해결하는 데 익숙한 훈련된 살인 전문가들의 입인 경우에는 더욱 그랬다. 빌립보가 로마의 식민지라는 사실의 요점은 그곳에 사는 시민들이 언젠가 로마로 돌아가게 된다는 것이 아니라, 그들의 바람대로 빌립보가 로마 문명의 이익을 누리는 것에 있었다.

이는 바울이 이 이미지를 이어 가는 방식에서도 드러난다. "그러나 우리의 시민권은 하늘에 있습니다. 그곳으로부터 우리는 구주로 오실 주 예수 그리스도를 기다리고 있습니다"(빌 3:20). **우리가** 왕과 함께 살기 위해 수도로 가는 것이 아니라, **그가** 이곳에서의 우리의 삶을 변화시키기 위해 그곳으로부터 오실 것이다. "그분은 만물을 복종시킬 수 있는 권능으로" 그렇게 하실 것이다(3:21). 이것이 바울의 결론이다. 예수님이 우리를 포함한 창조세계 전체를 변화시키기 위해 하늘**로부터** 오실 것이다. "우리의 비천한 몸을 변화시키셔서 자기의 영광스러운 몸과 같은 모습이 되게 하실 것입니다"(3:21). 바로 이것이 우리의 소망이다. 이 세상을 떠나는 것이 아닌, 예수님이 다시 오셔서 세상과 우리를 변화시키시는 것.

일단 이런 그림을 이해하면, 많은 것들이 제대로 보이기 시작하면서 어떻게 과거에 **일어난** 일에 관한 좋은 소식이 예수님이 돌아오실 때 **일어날** 일에 관한 좋은 소식과 유기적으로 연결되는지 이해하게 된다. 예수님의 부활에 대한 복음서의 이야기들, 특별히 요한복음에 나오는 그 장면은 "이것 봐요. 그 이야기는 정말로 죽음 이후의 삶이 존재함을 증명해 준다고요" 혹은 "이것 보세요. 그 이야기는 예수님이 하나님이었음을 증명해 줍니다"를 말하기 위해 쓰인 것이 아니다. 무덤 너머의 삶은 분명 존재하며, 정말 예수님이 살아 계신 하나님의 인격적인 성육신인 것은 맞지만, 핵심은 그것이 아니다. 핵심은 **새 창조가 시작되었으며**, 이 시작이 궁극적인 결말, 모든 것의 완성(consummation)을 바라보고 있다는 것이다.

5. 천국을 다시 생각하다

이것은 초기 그리스도인들이 이스라엘의 하나님이 자신의 백성에게 돌아와 그들의 악한 통치자를 뒤엎고 그들을 해방시킬 것이며, 나아가 그들 가운데 함께 거하실 것이라는 고대 성경의 모든 약속을 다시 복구시킬 수 있었을 뿐 아니라 거기에 새롭고 분명한 초점을 부여할 수 있었음을 의미한다. 말하자면 모든 것에 앞서 예수님 안에서 새 출애굽이 **일어났다**. 따라서 죽음이 패하고 하나님이 "만유의 주"가 되시는 그때, 새 출애굽이 **일어날** 것이다. 초기 그리스도인들은 이렇게 이해했다.

수많은 압력이 우리를 다른 방향으로 가도록 등을 떠밀기 때문에, 우리는 이에 대해 명확하게 할 필요가 있다. **하나님은 시공간과 물질로 이루어진 이 세상을 만드셨고, 이 세상을 사랑하시며, 이 세상을 새롭게 하실 것이다.** 우리는 새 창조세계를 **물리적** 세계라 부를 수 있을 텐데, 사실 이런 표현은 완전하지 않다. 왜냐하면 우리에게 **물리적인** 것이란 만질 수 있고 볼 수 있는 사물을 의미하면서 동시에 자르고 부수고 태우고 깨뜨릴 수 있으며 그대로 두면 대부분 썩거나 상하는 것이라는 의미도 포함되기 때문이다. 하나님의 새 창조세계는 완전히 다른 종류의 물질로 이루어질 것이다. 우리가 이를 위해 사용할 수 있는 유일한 언어는 그림 언어밖에 없지만, 만약 바울이 로마서 8장 21절의 "피조물도 썩어짐의 종살이에서 해방되어서, 하나님의 자녀가 누릴 영광된 자유를 얻으리라는 것입니다"라는 구절을 정말 그 의미 그대로 쓴 것이라면, 우리는 미래 세계가 현재의 세계보다 훨씬 견고하고 영원하며 모든 부분에서 더욱 영광스러운 곳일 것이라고 상상할 수 있다. 당신이 본 것 중 가장 아름다운 전경 가운데 펼쳐졌던 찬란한 석양을 떠올려 보라. 당신을 숨죽이게 만들었던 아름다운 새소리를 떠올려 보라. 섬세한 꽃과 웅장한 산을 떠올려 보라. 이 모든 것은 새 창조세계의 상상할 수 없을 만큼 뛰어난 아름다움을 멀리서 가리키는 이정표다.

또한 **좋은 소식의 일부는 우리 역시 그곳에 걸맞은 몸을 입게 될 것이라는 사실이다.** 좋은 소식에 대해 말해 달라고 할 때, 많은 설교자가 여느 회의론자와 다름없이 천국에 대해 하루 종일 비스듬히 누워 하프소리나 듣고 있을 곳으로 묘사할 것이다. 글쎄, 하나님의 새 창조세계에서 우리 모두가 예배에 푹 잠겨 있으리란 것만큼은 분명하다. 약속된 것처럼 하나님이 친히 그곳에 계시다면, 우리는 마땅히 그분께 합당한 반응을 보일 것이기 때문이다. 그러나 그곳에서 우리는 **보다 진정한 인간**—모든 면에서 보다 진정한 우리 자신—일 것이다. 하나님은 본래 인간을 그분의 영광과 사랑과 지혜를 이 세상에 비추어 내는 존재로 만드셨으며, 인간에게 주신 이 소명은 새 창조세계에서도 취소되지 않을 것이다. 오히려 그분은 이것을 영광스럽게 성취하실 것이다. 그곳에서 우리는 인간적인 어떤 부분을 덜어 내는 것이 아니라 **더** 인간적이 될 것이다. 현재 세상에서 우리가 수행할 임무, 추구할 소명, 음악과 사랑과 빛과 웃음 안에서 기뻐하는 능력이 새 창조세계에서는 더 이상 중요하지 않게 된다면 이상한 일일 것이다.

그러나 새 창조세계 안에서 부활의 몸으로 사는 삶이 정확하게 구체적으로 어떤 것일지 고찰하는 것은 이 책의 핵심이 아니다. 여기서 내가 말하려는 핵심은, 좋은 소식을 "당신이 이 우주를 떠나 이른바 천국이라 하는 어떤 곳으로 갈 수 있는 길이 여기 있습니다"라고 이해하는지, 아니면 "하나님이 창조세계 전체를 새롭게 하고 계시며, 우리 인간에게 새로운 몸과 새로운 생명을 주실 것이라는 이야기가 여기 있습니다"라고 이해하는지에 따라 그 의미가 근본적으로 달라진다는 것이다. 우리가 약속받은 것이 새 하늘과 새 땅, 곧 하나님의 영역과 우리의 영역이 영원히 하나가 된 새로운 우주(바로 이것이 신약성경의 저자들이 반복해서 말했던 것이다)라면, 좋은 소식이란 온 창조세계에 대한, 그리고 온 창조세계를 **위한** 소식이다. 단지 자물쇠를 풀고 천국에 갈 수 있는 마법의 암호를 알아낸 일부 운 좋은 사람들에 대한, 그리고 그들만을 위한 소식이 아닌 것이다.

세상을 구하는 일

그러나 어떻게 예수님의 죽음과 부활, 그리고 그 죽음과 부활이 우리 죄를 위해 성경대로 이루어진 일이라는 사실이 새 창조에 관한 좋은 소식이 된다는 말인가? 이런 일들은 서로 어떻게 연결되는가? 답은 간단하다. 그리고 가히 혁명적이다. **하나님은 세상을 바로잡기 위해 먼저 인간을 바로잡기 원하신다.** 그리고 좋은 소식이란 이 일 역시 예수님을 통해 이루어졌다는 것이다.

이 부분에서도 대중적 기독교 전통과 설교는 신약성경의 근본 메시지를 축소했다. 우리 모두는 인간에게 구원이 필요하고, 하나님이 예수님을 통해 그 일을 하셨다는 것이 모든 것의 핵심이라고 생각해 왔다. 문제는 우리와 하나님의 관계가 단절된 것이며, 따라서 우리에게 필요한 것은 그분과의 관계를 회복하는 것이다. 이것은 사실이지만 완전한 진리는 아니다. 우리는 인간이 처음부터 존재했던 목적이 무엇이었는지를 잊어버렸다. 하나님이 인간을 만드신 이유는 이 특별한 창조물을 **통해** 그분의 세상을 돌보시기 위함이었다. 하나님의 의도는 그분이 만드신 창조세계가 그분이 언제나 원하셨던 대로 영광스러운 곳이 되게 하는 것, 그리고 바로 인간을 통해 그 일을 이루시는 것이었다.

그것이 인간이 하나님의 형상으로 지어졌다는 것이 의미하는 일부분이다. 하나님은 이 세상 안의 어떤 대상이 아니시지만, 처음부터 자신이 만드신 세상 가운데 계시며 그곳에서 활동하기 원하셨기에, 그런 자신의 임재와 활동의 수단과 유형으로 인간을 창조하신 것이다. 바로 이것이 창조주의 뜻에 대한 인간의 반역이 어째서 인간에게만이 아니라 창조세계 전체에 그토록 처참한 결과를 가져왔는지를 설명해 준다.

창세기 이야기를 아는 이들은 첫 번째 인간들이 반역했을 때 이제부터 땅이 일하기 힘든 곳이 될 것이라는 말을 들었던 것을 안다. 땅이 반갑지 않은 잡초와 가시덤불과 엉겅퀴를 낼 것이다. 나는 우리가 그동안 이것을 단지 인간의 문제로만 보려 했다고 생각한다. 즉 인간의 삶이 고달파질 것이라는 의미로만 본 것이다. 한편으로 이것은 맞는 말이다. 그러나 우리는 이것이 또한 땅의 문제이기도 했음을 기억해야 한다. 창조세계는 조화롭게 번성하며 풍요로운 열매를 맺는 곳으로 완성되어야 했다. 그리고 그것은 바로 인간의 일을 통해 이루어져야 할 일이었다. 따라서 인간이 모든 것을 망쳐 버렸을 때, 창조세계를 위한 계획 역시 좌절된 것은 당연했다. "오, 이런! 인간들이 죄를 지었네. 이제 그들은 지옥에 가게 되었군." 이 정도 문제가 아니었다. 인간이 죄를 지었고, 따라서 온 창조세계가 그 합당한 목적을 이루지 못하고 실패했다. 제대로 해결되지 않는다면, 아마도 이 실패는 우리가 지옥이라 부르는 것의 일부분으로 연결될 것이다.

그러므로 좋은 소식은, 인간이 본래의 모습을 회복할 때 창조세계를 위한 본래의 계획 역시 제자리를 찾을 수 있다는 것이다. 물론 우리 인간이 단 한 번에 완전하고 영원하게 바뀌지 않는 것처럼, 이 프로젝트 역시 한 번에 갑자기 완성되지는 않을 것이다. 그러나 최종 도착지는 분명하다.

이 모든 것은 앞서 우리가 다룬 대관식과 언약, 그리고 창조의 주제로 돌아간다. 신약성경에서 예수님은 하나님이 왕으로 오고 계신다고 선포하셨으며, 십자가에서 언약을 갱신하고 죄를 사하기 위한 모든 일을 완성하심으로써 보좌에 앉으셨다(이것이 복음서 기자들이 이 사건을 본 방식이다). 그리고 이 모든 것은 이제 자신의 죄에서 구원받은 인간이 하나님의 형상으로서 제 역할을 다시금 수행할 수 있게 하기 위함이었다. 좋은 소식이 이런 내용을 담고 있지 않는 한, 그것의 참된 가치는 깎이고 만다. "예수님이 당신의 죄를 위해 죽으셨습니다"는 "따라서 당신은 이제 진정한 인간으로서 당신의 역할을 마음껏 수행할 수 있습니다. 당신은 이제 이 세상을 위한 하나님의 계획 안에서 당신의 구체적 소명을 발견할 수 있습니다"로 이어져야 한다.

슬프게도 좋은 소식을 듣고 배운 뒤에도 여전히 진공 상태로 남는 사람들이 있다. 그들은 생각한다. '이제 나는 이 좋은 소식을 믿었고,

그래서 언젠가 천국에 갈 수 있다는 것을 알아. 그런데 그 중간에는 무얼 해야 하는 거지?' 이런 생각이 든다면, 자신에게 좋은 소식을 전해 준 사람에게 달려가 환불을 요구해도 좋다. 그들은 당신에게 복음의 일부분만을 들려주었기 때문이다. 좋은 소식은 당신이 상상한 그 어떤 것보다 크고 멋지며 부요하다.

부활, 새로운 세상이 시작되다

우리는 이 모든 것을 어떻게 아는가? 어떻게 우리가 이 모든 것을 **알 수 있는가**? 이 모든 것은 단순히 종교적인 망상이나 환상 혹은 우리 모두 좋아하기는 하지만 이룰 수 없다고 알고 있는 유토피아 아닌가? 답은 간단하다. **예수님이 죽은 사람들 가운데서 살아나셨다.** 물론 이것은 복음을 요약한 고전적인 구절 중 오직 후반절만을 말한 것이다. 우리는 "[메시아께서] 무덤에 묻히셨다는 것과 성경대로 사흘날에 살아나셨다는 것"이 "메시아께서 성경대로 우리 죄를 위하여 죽으셨다는 것" 뒤에 따라온다는 사실을 안다. **미래**에 관한 좋은 소식은 철저히 **과거**에 관한 좋은 소식에 의존한다. 그리고 그리스도인의 삶을 결정하는 것은 이 두 가지 모두다.

예수님의 부활은 **하나님의 새로운 세계가 시작되는 순간이었다.** 이것을 알 수 있는 것은 그 이야기를 말하는 방식, 특별히 요한복음이 그것을 들려주는 방식 때문이다. 요한은 창세기의 창조 이야기와 이 창조 이야기를 상기시키는 자신의 서문을 동시에 되울림하는 방식으로 예수님의 부활 이야기를 들려준다.

그러나 부활의 중요성은 단순한 성경적 암시의 차원을 훨씬 뛰어넘는다. 부활은 예수님의 십자가 사건과 함께 성경 서사 전체의 절정을 이룬다.

하나님은 세상을 하나의 **프로젝트**로 만드셨다. 즉 에덴동산은 아담과 하와가 작은 무대 위에서 움직이는 인형처럼 생기 없이 살아갈 조그만 세상이 아니었다. 그곳은 무언가의 시작이었다. 따라서 그들의 실패는 그 프로젝트가 무산되었음을, 적어도 심각하게 훼손되었거나 보류되었음을 의미했다. 그러나 이제 예수님과 함께, 보다 정확하게 말하면 진짜 왕이시며 메시아이신 예수님과 함께 그 프로젝트는 재개되었다. 몇몇 초기 그리스도인들도 알아보았듯, 부분적으로 이것은 창세기 1장에서 아담과 하와에게 주어졌던 역할, 즉 하나님을 대신해 동산과 그곳의 동물들을 돌보는 역할을 물려받은 '인자'(the son of man)에 대해 시편에서 말하고 있기 때문이다. 이것은 사실이지만 아직 완전한 진리는 아니다.

완전한 진리는 **부활의 육신을 입고 계신 예수님 자신이 바로 하나님의 새로운 창조세계의 출발점**이라는 것이다. 그분은 새 창조세계를 주관하시기만 하는 것이 아니다. 예수님 **자신이 바로 새 창조세계**시다. 더 커다란 기독교 소망에 대한 모든 것은 이 뒤에 따라온다. 바울은 말한다. "그는 [모든 것의 시작]이시며, 죽은 사람들 가운데서 제일 먼저 살아나신 분이십니다. 이는 그분이 만물 가운데서 으뜸이 되시기 위함입니다"(골 1:18). 바로 이 지점에서 좋은 소식은 하나의 도약대가 된다. 사람들을 천국으로 보내 주는 도약대가 아닌 **하나님의 새**

로운 세상이 시작되었으며 우리도 그 일부가 될 수 있음을 발견하게 도와주는 도약대 말이다. 좋은 소식의 완전한 의미에 도착한 것을 환영한다.

이제 왜 예수님의 부활이 그토록 중심적이고 중요한지 명확해졌기를 바란다. 바울 역시 부활의 중요성을 계속 강조하는데, 특히 고린도전서 15장 17절에서는 이렇게 말한다. "[메시아]께서 살아나지 않으셨다면, 여러분의 믿음은 헛된 것이 되고 여러분은 아직도 죄 가운데 있을 것입니다." 메시아께서 살아나지 않으셨다면 언약은 갱신되지 않았을 것이며, 창조세계도 새로워지지 않았을 것이고…심지어 처음부터 그분은 메시아가 아니었을 것이다. 부활은 법정의 판결이 뒤집어졌다는 신호다. 유대인 법정은 예수님을 신성모독으로 재판에 회부했고 유죄로 판결했다. 부활은 그분이 정말로 하나님의 아들이었음을 선언한다. 빌라도의 법정은 그분을 자칭 반란의 수괴로 재판에 회부했고, 빌라도 자신은 그분에게 아무 죄도 없음을 알았지만 그분을 처형하도록 넘겨주었다. 부활은 예수님이 평범한 종류의 정치적 왕, 혹은 어떤 사람들이 생각했던 것처럼 반란의 수괴가 아니었음을 선언한다. 그분은 그 누구도 생각하지 못했던 더 크고 급진적인 개혁의 지도자였다. 그분은 완전히 새로운 세상, 완전히 새로운 창조세계, 완전히 새로운 인간의 존재 방식을 시작하셨다. 그분은 새로운 우주, 새로운 시대, 역사 내내 징후가 보였지만 한 번도 실체를 드러내지 않았던 새로운 존재 방식을 위한 문을 열었다. 이제 그것이 여기 있다. 그분은 말씀하셨다. 바로 이것이 그동안 너희가 기다린 새로운 창조세계다. 문이 열렸으니 너희도 들어오너라.

증거가 더 필요한가? 이 모든 것은 십자가와 부활이 복음의 완전한 의미 안에서 서로 긴밀하게 묶여 있음을 보여 준다. 새로운 창조세계는 죄, 악, 타락, 부패, 죽음이 아직도 힘을 발휘하는 곳에서는 시작될 수 없다. 하나님은 자신의 계획이 인간의 오만함이나 반역, 우상숭배, 죄로 좌절될 수 있는 위험을 더 이상 감수하지 않으신다. 하나님은 차가운 죽음의 손길이 여전히 모든 것을 붙들고 있는 곳에서 이 새로운 불멸의 창조세계를 시작하지 않으신다. 부활이 의미 있는 것은 그 승리가 십자가를 통한 것이기 때문이다. 두 사건은 모든 면에서 항상 함께 간다. 그리고 그 두 사건은 궁극적인 새 창조세계의 기반을 형성한다.

따라서 부활은 예수님이 메시아로서, 곧 참된 왕과 주로서 왕위에 오르는 대관식이 마침내 완성되는 순간이다. 또 부활은 **언약** 서사를 완성한다. 부활은 하나님이 아브라함을 부르시면서 시작된 프로젝트가 마침내 실현되었음을 알려 준다. 긴 이야기를 짧게 요약하면 이렇다. 이스라엘의 이야기는 아주 여러 번 죽음의 골짜기 아래로 내려가는 것처럼 보였고, 그때마다 하나님은 그것을 구해 올리셨다. 먼저 출애굽이 그랬다. 사사기의 어두운 시절에도 그런 일은 여러 번 일어났다. 바빌론 포로기 때에는 그 일이 아주 큰 규모로 일어났다. 그리고 에스겔 선지자가 포로 귀환을 육체적 부활과 관련지어 말했던 것도 바로 그때다. '마른 뼈들의 골짜기' 환상에서 그는 바짝 말라 있던 뼈가 서로 이어지고 그 위에 힘줄과 살이 붙어 마침내 숨을 쉬는 것을 보았다(겔 37장을 보라). 그는 이것이 하나님이 그분의 백성을 포로생활에서 회복시키실 날을 보여 준다고 외쳤다. 하나님이 새 일을 행하실 것이다.

초기 교회는 그들이 여전히 기다리던 미래의 부활에 대한 약속을 묵상할 때 에스겔의 이 그림으로 반복해서 돌아갔다. 그런데 예수님의 **부활** 사건은 이제 그들의 **포로생활이 완전히 끝났다는** 선언이다. 죄가 용서되었다. 그들을 노예처럼 부리는 모든 정치적 권세 뒤에 있던 어둠의 세력이 무너졌다. 하나님의 백성이 이방인의 통치 아래 살아야 했던 길고 슬픈 유배생활은 이제 끝났다. 이제부터 그들은 메시아, 하나님의 백성을 죽음에서 돌아오게 한 바로 그 메시아의 통치 아래 살 것이다. **하나님의 백성은 메시아 안에서 죽었고 다시 살아났다.** 바로 이것이 복음을 글로 옮긴 첫 번째 저자 바울이 매 구절마다 명확하게 전달하고자 했던 복음의 의미다. 왕이 되신 예수님은 이제 자신의 백성을 대표하신다. 그리고 그분 안에서 마침내 언약이 성취되었다. 하나님은 자신이 약속하신 것을 이루셨다.

우리가 말한 것처럼 만약 이것이 정말 사실이라면, 예수님의 부활은 새 창조세계의 출발을 의미한다. 포로생활과 그것으로부터의 회복 말이다. 이런 그림을 세상 전체, 온 우주의 역사라는 스크린으로 옮겨 보라. 성경은 역사의 현재 시점이 예수님의 부활과 예수님이 마침내 모든 것을 바로잡으시기 위해 오실 재림, 이 과거와 미래의 두 사건과 밀접하게 연결되어 있으며, 따라서 현재의 의미 역시 그 두 사건에 의해 결정된다는 것을 보도록 우리를 초청한다. 새 창조는 **이미 일어났다.** 이것은 과거에 대한 좋은 소식이다. 그리고 새 창조는 **완성될 것이다.** 이것은 미래에 대한 좋은 소식이다. 미래에 대한 모든 기독교적 사고는 바로 이런 더 큰 소망 안에 자리 잡아야 한다.

다른 말로 하면, 우리의 소망은 단지 우리가 천국에 가는 것, 그리고 그곳에서 사랑하던 사람들과 다시 만나고 예수님과도 함께 있게 될 것이라는 사실에 그치지 않는다. 물론 우리는 이 모든 것을 약속받았다. 그러나 우리가 이런 개인적 소망에만 몰두한 나머지 더 큰 그림을 잊어버린다면, 이는 마치 어린아이가 자신이 처음으로 만든 모래성에 온통 마음이 사로잡힌 나머지 바로 앞에 펼쳐진 황홀하고 매력적인 바다를 보지 못하는 것과 같다. 죽음 뒤에 일어날 일에 대한 개인적 소망은 우리가 약속받은 훨씬 더 큰 실재인 하나님의 공의, 기쁨, 평화, 사랑이 봄날 아침의 비처럼 모든 것을 적시고 길가의 꽃처럼 피어날 새 하늘과 새 땅 안에 하나도 빠짐없이 안전하게 들어가 있다. 새 창조세계를 갈망할 때, 우리의 개인적 소망은 덤으로 주어진다. 거꾸로 모든 초점을 우리 자신의 개인적 소망에 맞출 때, 우리는 복음 전체를 왜곡하게 되며, 그것이 가져오는 결과는 우리가 앞서 살펴보았던 다른 왜곡들처럼 아주 오랫동안 우리에게 해를 끼칠 것이다. 다른 식으로 표현하면, 좋은 소식은 나에 관한 것이 아니다. 그것은 하나님과 하나님의 창조세계에 관한 것이다. 이스라엘의 메시아이자 온 세상의 적법한 주인이신 예수님이 왕의 자리에 오르심으로써 언약 갱신이 이루어짐에 따라 마침내 시작된 하나님의 새 창조세계에 관한 것이다.

6

잘못된 미래, 잘못된 현재

과거에 **일어난** 일에 대한 좋은 소식과 마찬가지로 미래에 **일어날** 일에 대한 좋은 소식 역시 이해하기 어렵다는 것이 판명되었다. 여기에는 강력한 이유가 있는데, 이에 관해서는 곧 다루기로 하고, 보다 주변적인 이유들을 먼저 살펴보자.

우선 지난 한 세기 동안 사람들 사이에는 초기 그리스도인들에 관한 대중적인 신화가 널리 퍼졌다. 이 신화에 따르면, 최초의 그리스도인들은 세상의 종말이 임박했다고 믿었다. 그런데 시간이 지나도 그런 일이 일어나지 않자 그들은 공황 상태에 빠졌고, 초기 메시지의 일부 기본 요소를 개조함으로써 방향을 틀었다. 물론 이것은 예수님과 바울이 미래에 대해 틀렸음을 보여 주며, 따라서 많은 이들의 노력에도 불구하고 이 두 사람이 다른 많은 것에 대해서도 역시 틀렸음을 부인할 수 없게 한다. 그러나 여기서 핵심은 그것이 아니다. 내가 말하려는 것은 초기 기독교의 소망에 대한 이런 설명 자체가 신화라는 것이다.

신화는 단지 사실이 아닌 것만을 뜻하지 않는다. 신화의 이야기는 사람들이 믿는 다른 것이나 그들 삶의 다른 측면을 설명하기 위한 틀을 제공한다. 초기 그리스도인들이 임박한 세상의 종말을 기다렸다는 현대의 신화는 바로 그런 틀, 즉 큰 영향력을 가진 해석자들이 말하고 싶은 내용을 위한 틀을 제공했다.

어떤 해석자들은 초기 그리스도인들에게 중요한 종교적 체험이 있었는데 그들이 이 체험을 당시의 언어와 이미지, 말하자면 종말론적 언어를 사용해 표현했다고 말하고 싶어 했다. 이 해석자들에 따르면, 초기 그리스도인들은 세상의 임박한 종말을 믿었을지라도 그들이 틀렸음을 분명히 알고 있는 우리는 이제 그런 언어를 벗겨 내고 그 밑에 숨어 있는 순수한 경험만 되찾으면 된다. 그러나 이런 시도는 누가 봐도 성공적이지 못했다.

다른 해석자들은 초기 그리스도인들이 20세기의 수많은 유럽 사상가들과 비슷한 경험을 한 것이라고 말하고 싶어 했다. 20세기 초에는 많은 이들이 역사 자체의 동력이 만들어 낸 자연스럽고 피할 수 없는 결과라고 생각한 많은 운동, 그중에서도 특히 러시아 공산주의와 독일의 나치즘이 출현했다. [이 모든 것은 19세기의 마르크스(Marx)와 특별히 헤겔(Hegel) 같은 사상가들로 거슬러 돌아간다.] 기독교 사상가와 무신론 사상가 모두 이 위험한 역사 진행의 흐름을 끊을 수 있는 새로운 무언가, 즉 새로운 메시아적 순간을 기대했다. 그리고 그들은 모두 쓰디 쓴 실망을 맛보아야 했다. 수백만 명이 죽고 유럽에 엄청난 상처와 공포의 유산을 남긴 참혹한 전쟁 말고는 아무 일도 일어나지 않았기 때문이다. '종말'이 제시간에 도착하지 않아 초기 그리스도인들이 큰 실망에 빠졌던 것이라는 생각이 유행한 것도 바로 이 시기였다. 그러나 사실 이것은 현대의 현상을 과거에 투사한 것에 지나지 않는다.

훨씬 현명한 출발점은 1세기의 유대 세계를 고려하는 것이다. 예수님 시대의 유대인들은 기대감 속에서 살았다. 이스라엘의 하나님은 믿을 수 없을 만큼 엄청난 약속을 하셨고, 많은 유대인들은 이제 그 약속이 이루어질 때가 되었다고 믿었다. 그러나 이 약속은 단순히 당시의 유대인들이 정치적 원수와 사회적 악에서 구출되는 것, 혹은 그들의 하나님이 다시 한 번 성전에 친히 거하시기 위해 영광스럽게 돌아오시는 것에 관한 것만은 아니었다. 이 약속은 언제나 창조세계를 위한 더 큰 소망, 우리가 앞 장에서 이사야 11장과 시편 96편을 연결해 살펴본 바로 그 소망과 관련이 있었다. 따라서 이 영광스러운 미래의 그림을 그리고자 했던 성경의 저자들은, 수 세기 이후의 훈련되지 못한 눈에는 마치 세상의 종말을 예언하는 것처럼 보일 언어를 종종 사용했던 것이다.

그러나 사실 수백 년 동안 이어져 온 전통에서 그 언어가 문자적으로 해석되도록 의도된 적은 한 번도 없었다. 이사야서에서 태양이 어두워지고 달이 피로 변하는 것에 대해 말할 때(사 13장), 유대인 독자들은 이것이 세상의 강대한 세력의 몰락, 이 경우에는 바빌론의 처참한 멸망을 말한다는 것을 알았다. 예레미야가 예루살렘이 실제로 멸망하기 한참 전 종말론적 언어를 사용해 그것을 예언했을 때, 그 이후 수년 동안 그는 예루살렘이 멸망하지 않아 자신이 거짓 선지자로 드러날지 모른다는 두려움 속에 살아야 했다. 그러나 그가 거짓 선지자로 여겨질 것을 두려워했던 것은 세상의 종말이 오지 않아서가 아니었다. **정말로** 시공간의 우주가 끝날 것이라고 생각한 사람이 있었다고

6. 잘못된 미래, 잘못된 현재

해도, 그것이 이런 종류의 고대 유대의 이미지가 담고 있는 자연스러운 의미라고 볼 근거는 전혀 없다. 그리고 동일한 이미지를 가져와 사용한 신약성경의 저자들 역시 우주의 종말을 예언하기 위한 것이었다고 볼 이유는 전혀 없다.

즉 신약성경의 독자들은 고대 유대의 성경에서 해, 달, 별 같은 것들이 하늘에서 떨어지는 것에 대해 말할 때, 그런 그림이 흔히 우리가 **정치적** 사건이라 부르는 것을 묘사하고 있음을 놓치는 실수를 저지른다 (종종 이는 그들의 이분법적 세계관 때문이었다). 이것은 오래된 수수께끼를 해결할 수 있는 실마리를 제공한다. 예수님은 어떤 일들이 '한 세대 안에' 일어날 것이라고 말씀하셨다. 현대의 많은 독자들은 예수님이 '세상의 종말'에 대해 말씀하고 계셨으며, 따라서 그분이 틀렸다고 생각한다. 그러나 복음서에 나오는 그 유명한 구절들에서 예수님이 말씀하셨던 것은 세상의 종말이 아닌 **예루살렘의 멸망**이었다. 방금 말했던 핵심 내용은 이를 명확하게 보여 준다. 그리고 물론 예루살렘은 정말 예수님의 공생애가 끝나고 약 40년 뒤에 로마에 의해 무너졌다.

그렇다면 유대의 성경과 오랜 전통에 익숙했던 경건한 유대인이 그 자체로도 끔찍할 뿐 아니라 의미 면에서는 더 충격적이었을 이 사건을 묘사하기 위해 과연 어떤 언어를 사용할 수 있었을까? 그와 맞먹는 충격적인 일로 우리는 2001년 9월 11일에 일어난 끔찍한 사건을 떠올릴 수 있겠지만, 먼저 유대인의 입장에서 생각해 보아야 한다. 그들은 우리처럼 현대적 도시민이 아닌 훨씬 변두리 지역에 사는 지방민이었고, 그들의 작은 고대 도시에는 사람들뿐 아니라 여러 가지 약속, 즉 하나님의 축복과 보호에 관한 성경의 약속으로 가득 차 있었다.

이제 거대한 두 빌딩이 무너져 내리는 장면 대신 거대하고 웅장한 성전을 포함한 도시 전체가 불에 타 사라지는 광경을 상상해 보라. 우리가 만약 뉴욕이나 런던이 이런 식으로 무너지는 것을 목격하고 거기서 살아남았다면, 그 사건을 묘사하기 위해 과연 어떤 언어를 사용하겠는가? 곧바로 우리는 일상의 언어에서 벗어나 우주적 재앙을 표현할 만한 언어를 찾을 것이다. 세상의 종말을 말하는 언어 말이다. 바로 그것이 1세기 유대인이 했던 일이다. 세상의 종말에 관한 언어를 사용한 것은 그것이 시공간 속 우주의 **실제** 종말을 의미했기 때문이 아니라, **그들의** 세상이 끝나는 종말을 의미했기 때문이다. 바로 이것이 그 언어가 사용된 방식이다.

또한 이것은 다른 것도 설명해 준다. 예수님은 자신의 유대인 동족에게 만약 그들이 자신이 이끄는 길로 따라오지 않는다면 참혹한 결과를 맞이할 것이라고 지속적으로 경고하셨다. 그런데 사실 꽤 자극적인 언어가 사용되었음에도 불구하고 이 경고는 사람들에게 잘 먹혀들지 않았다. 그들이 듣기 원했던 말이 아니었기 때문이다. 그런데 이런 경고가 원래의 문맥에서 벗어나 훨씬 이후인 중세적 신앙의 렌즈를 통해 해석되었을 때, 그것은 마치 예수님이 사람들에게 그들의 도시와 나라가 멸망할 것이라는 경고가 아니라 그들이 지옥에 갈 것이라는 경고를 하고 계신 것처럼 들렸다. 누가복음 13장 초반에 그분은 두 번에 걸쳐 "너희도 회개하지 않으면, 모두 그렇게 망할 것이다"라고 말씀하신다. 15세기에 이 구절은 명백히 이런 의미였을 것이다. 죄에서 떠나지 않는다면 영원히 지옥에 떨어질 것이다. 그러나 1세기에 이 구절이 의미하는 바는 아주 달랐다. 로마에 대항해 민족주의적 반란을 일으키려는 그 광란의 길에서 돌아서지 않으면, 틀림없이 로마는 그동안 자신의 길을 가로막았던 모든 이들에게 했던 그대로 너희에게 할 것이다. 예수님 시대의 사람들은 이런 일이 다가오고 있음을 전혀 눈치 채지 못했다. 그리고 그 경고는 현실이 되었다.

이것은 신약성경에 최후의 심판에 대한 경고가 나오지 않는다는 의미는 아니다. 그것에 관한 말씀도 분명 있다. 그러나 우리가 일반적으로 최후의 심판에 대해 말하는 것으로 이해하는 구절 중 많은 경우가 사실 그런 의미가 아니다.

이제 이런 문제를 제거하고 나면 보다 중요한 질문이 떠오른다. 미래에 대한 기독교적 비전을 특별히 이해하기 어렵게 만드는 한 가지 큰 문제점이 있다. 다시 한 번 우리는 계몽주의의 유산을 발견한다. 이번에는 진보의 교리다.

진보의 문제점

교리. 철학적 가르침에 붙이기엔 지나치게 기독교적이거나 너무 강한 표현 아닐까? 맞다. 그리고 정확하게는 그것이 **진보**가 사용되어 온 방식이다. 3장에서 나는 18세기의 과학적 발견과 정치적 혁신이 인간 역사의 결정적 전환점이었으며, 그리하여 이제 모든 것을 새로운 시각으로 바라보아야 한다는 생각이 등장하게 된 과정에 대해 설명했다. "현대를 살고 있는 우리는…"이라고 말하는 사람들은 사실 "이미 우리는 미신과 무지의 시대를 지나왔다는 것을 모르십니까? 아직도 그렇게 뒤쳐져 있으면 어떡해요?"라고 말하는 것이라고 했다.

　이런 관점은 **역사가 그 자체의 힘으로 어디론가 가고 있다**는 강력한 믿음을 만들어 냈다. 그곳은 더 자유롭고 개방적이며 자유롭고 관용적인 사회일 것이다. 이제 사람들은 이런 역사의 진행이 필연적이라고 믿는다. 우리는 그것을 가로막을 수 없으며, 그러려고 해서도 안 된다. 다시 말해 지난 두 세기 동안 세속 사회는 미래에 대한 자체의 비전뿐 아니라 그 미래가 오는 방식까지 결정해 버렸다. 그리고 이것은 하나님이 하늘과 땅을 새롭게 하신다는 기독교적 비전과 근본적으로 상충한다. 4장에서 논했던 것처럼 18세기가 시대적 우월감에 빠져 있었다면, 이 시대는 진보라고 하는 종말론적 우월감에 젖어 있다. 사람들은 이 세상이 마땅히 가야 할 곳으로 가고 있으며 우리는 그저 거기에 올라타 있기만 하면 된다고 믿는다.

　진보라는 이러한 세속적 이상에 에너지를 공급해 온 것은 이미 언급한 이분법적 세계관이다. 어떤 식으로든 세상에 관여하는 신을 믿는 한, 그 방식에 대해 명확히 이해하지 못한다 해도, 우리는 세상의 방향키를 이쪽저쪽으로 조정하는 낯선 손의 존재를 인식할 것이다. 그러나 하나님을 위층으로 쫓아 보내고 아래층에 있던 그분의 집무실까지 모두 제거하고 나면, 아래층에 사는 사람들은 (언제나 이것이 핵심인데) 모든 것을 그들 마음대로 할 수 있게 된다. 사실 이런 관점은 19세기의 과학적 발견[특별히 나는 다윈(Darwin)을 염두에 두고 있다]을 통해 동물의 종이 아주 오랜 기간에 걸쳐 진화했다는 강력한 가설이 나오기 한참 전인 18세기에 이미 다양한 문화·사회·정치적 이유에서 열렬히 수용되었다. 그러나 마침내 19세기의 과학적 발견이 이루어졌을 때,

이는 단순히 창조가 대략 6천 년 전에 6일 동안 이루어진 것이 아님을 입증한 것으로 끝나지 않았다. 이것은 물리적 우주가 **신의 개입이나 참견 없이** 그 자체의 방식으로 움직여 왔다는 이분법적 우주관을 뒷받침하는 증거로 받아들여졌다. 알고 보니 하나님은 위층에 살고 있었다. 그리고 다윈의 발견은 위층으로 올라가는 계단이 막혀 있을 뿐 아니라 완전히 파괴되었다는 증거로 채택되었다.

세상이 신의 개입 없이 돌아가고 있다는 이러한 결론은 생물학적 진화를 뒷받침하는 증거를 발견한 다음 따라온 것이 아니었다. 그것은 어떤 과학적 발견도 증명할 수 없는 것, 즉 우주가 실제로 이분화되어 있다는 주장의 결과였다. 사람들은 이미 오랫동안 과학과는 상관없는 다른 이유로 그 주장을 믿어 왔다. 그러나 대중의 뇌리에서 이런 과정은 모두 잊혔다. 이제 일반적으로 사람들은 처음부터 진보가 세상의 존재 방식에 내재되어 있었으며 과학은 이를 증명해 준다고 믿는다.

사고는 이런 식으로 진행되었다. 만약 아래층 세상―우리가 볼 수 있고, 측정할 수 있고, 연구할 수 있는―이 그 자체의 힘으로 돌아가고 있다면, 그런 세상이 일정한 방향으로 움직이고 있다는 다음 결론으로 나아가는 것은 그리 어렵지 않았다. 다시 한 번 이것은 과학 이론에서 형이상학적 사변으로 건너뛰는 거대한 도약이었지만, 형이상학을 원했던 영향력 있는 많은 사람들은 자신이 원하는 것을 위해 과학을 끌어들이는 데 열성적이었다. 그리하여 다윈은 종의 진화가 무작위로 일어나지 않았다는 의견을 내놓는다(이 역시 앞선 18세기의 사고와 맥을 같이 한다). 진화가 일어난 것은 그것이 **생존에 더 적합했기 때문이다.** 따라서 아래층 세상은 더 나아질 수도 있고(도대체 어떤 기준에서?) 간혹 더 나빠질 수도 있는 다양한 방향으로 움직인 것이 아니었음이 드러났다. 처음부터 우주는 **진보**라는 경향을 그 안에 탑재하고 있었던 것이다.

다시 말하지만 과학자가 어떤 발견을 했다고 해서 어떤 사상이 저절로 사람들의 마음을 사로잡게 되는 것은 아니다. 어떤 사상이 대중적 인기를 얻게 되는 이유는 그것이 많은 사람들이 믿고 싶어 하는 것이기 때문이다. 기술의 성공과 함께 새로운 제국이 앞 다투어 세계를 정복하던 그 시절, 흥분에 들뜬 19세기의 유럽인들은 정말 모든 것이 빠르게 발전한다고 믿었다. 꺼지지 않는 낙관주의가 편만했다. 새로운 세상이 출현하고('진화하고'라고 말할 수도 있겠다) 있었다. 이유는 그것이 생존에 더 적합하기 때문이었다. 옛 세상은 이제 자리를 내줄 준비를 해야 했다. 18세기에 단지 새로운 시대가 시작된 것은 아니다. 이 새로운 순간은 사회·윤리·정치·경제 등 모든 면에서 연쇄작용을 일으켰다. 모든 것에는 발전을 위한 원동력이 내재된 것처럼 보였다. 우리는 거기에 그저 올라타기만 하면 됐다.

최근의 역사에서 이해할 수 없는 점 중 하나는, 20세기에 일어난 모든 사건들에도 불구하고 여전히 사람들이 이런 것들을 믿는다는 사실이다. 두 번의 세계대전, 러시아 강제노동 수용소와 아우슈비츠, 주식시장 붕괴, 아프리카 기아 문제와 종족간 분쟁, 발칸 반도의 비극, 그리고 최근 폭력적인 극단주의자들의 잔혹한 만행까지. 이런 일들은 사람들로 하여금 잠깐 멈추어 세상이 여전히 진보의 길을 가고 있는지에 대해 다시 한 번 생각해 보도록 만들기에 충분했다. 그런데 그런 일은 일어나지 않은 것 같다. 아직도 서구 세계의 사람들은 위기가 있을 때마다 역사의 바른편에 서는 것이 중요하다고 확신한다. 그들은 자신들이 다음과 같은 정보를 아는 특권을 누리고 있다고 생각한다. (1) 역사는 특정한 방향으로 움직인다, (2) 우리는 그 방향이 어떤 것인지 알고 있다, (3) 그 방향은 곧 서구적 모델에 근거한 자유민주주의의 보편화다. 이런 안이한 낙관주의(원한다면 진보의 실천이라고 말해도 좋다)는 이미 재앙적인 의사결정을 초래했으며, 그런 일은 앞으로도 반복될 것 같다.

특히 진보와 가장 상관없을 것 같아 보이는 두 분야인 정치와 도덕에서도 진보의 교리는 맹신되었다. 맞다. 우리는 더 빠르고 안전한 비행기를 만들 수 있다. 그렇다. 우리는 더 많은 질병을 고칠 수도 있다. 맞다. 우리가 범죄율을 낮출 수 있을지도 모른다. 그러나 이것이 곧 우리의 정치제도가 지혜 혹은 유토피아를 가져올 것이라는 의미는 아니다. 그리고 이것은 도덕 원칙들이 자동으로 그것이 어떤 의미든 자유주의적인 방향으로 흘러갈 것이라는 의미도 아니다. (후자의 예로 2014년 초 웃지 못할 해프닝이 있었는데, 영국의 진보 계열 원로 정치인들 중 일부가 1970년대의 젊은 시절에 지지했던 성해방 운동에 합법적 성행위 연령을 4세로 낮추자는 소아성애자들의 요구가 포함되어 있었음이 밝혀졌다.)

진보의 문제는 선도적 철학자와 대중 지식인들에 의해 진지하게 논의되었다. 미국의 스티븐 핑커(Stephen Pinker)는 엄청난 흥행을 거둔 저서 『우리 본성의 선한 천사』(*The Better Angels of Our Nature*, 사이언스북스)에서 세계는 분명히 보다 평화롭고 덜 폭력적이며 살인 및 난동과 멀어지는 쪽으로 움직이고 있다고 주장했다. 반면 영국의 존 그레이(John Gray)는 일련의 책을 통해 전혀 반대의 관점을 주장해 왔다.

즉 진보는 언제나 신화에 불과했으며 약간의 신빙성이 있었던 부분마저 이제는 모두 그 힘을 잃어버렸다는 것이다. 두 의견 다 옳은 면이 있을 수도 있다. 몇 번의 혹독한 경험을 통해 지구촌은 폭력이 모든 것을 더 악화시킬 뿐 개선시키지 않는다는 깨달음을 얻었을 수 있다. 그러나 오늘날의 세상을 조금만 둘러보아도 그러한 낙관주의가 설 수 있는 자리는 거의 없다는 것을 알게 된다. 백 번 양보해서 핑커가 최근 몇 세기 동안 세상이 지나온 자취에 대해 옳은 말을 했다고 해도 (사실 모든 증거는 그 반대를 가리키고 있지만), 그것이 앞으로도 세상이 영원히 더욱 평화로운 곳이 된다는 의미가 될 수는 없다. 많은 사람들이 식량과 물 부족에 시달리게 될 때, 폭력은 곧바로 다시 고개를 쳐들 것이다.

이 모든 것은 세속 사회 전반이 로마서 8장, 고린도전서 15장, 요한계시록 21-22장은 고사하고 이사야 11장이나 시편 96편에 표현된 소망을 오랫동안 외면하고 있었음을 의미한다. 영광스러운 미래가 우리 앞에 놓여 있다면, 그것은 이 구절들이 말하듯 하나님이 하시는 어떤 일이 아닌 진보를 통해 이루어질 것이라고 세상은 생각해 온 것이다.

여기서 진보의 동력이 인간에게 있는 것인지, 아니면 인간은 그저 구경꾼이자 수혜자일 뿐 진보는 그 자체의 힘으로 이루어지는 것인지에 대한 의문은 여전히 남는다. (사실 이것은 하나님 나라에 대한 1세기의 논쟁을 세속적 맥락으로 옮겨 놓은 것이라고 할 수 있는데, 당시에도 하나님 나라가 이루어지는 것이 오직 하나님 자신이 하시는 일인지, 아니면 그것을 위해 인간이 해야 할 역할이 있는지, 아니면 그 둘의 조합인지에 대한 논쟁이 있었다.) 신의 개입이 차단된 것은 인간의 개입 역시 차단되었다는 의미인가? 지난 200년 동안 역사를 만든 사람들의 답은 분명했다. 진보는 분명 그 길을 가고 있지만, 우리 인간이 그것을 도와야 한다.

물론 이 모든 것은 우리가 무엇을 진보라고 생각하느냐에 달렸다. 서구 유럽의 많은 사람들은 소비에트연방 초기 시절 그것이 바로 미래의 모습이라고 생각했다. 1930년대 어떤 사람들은 히틀러(Hitler)가 유럽이 안고 있던 문제의 답이라고 생각했다. 그 시대를 살면서 역사의 보이지 않는 어떤 내적 과정으로부터 더 나은 미래가 나타나기를 바란 당시의 사람들은 1940년대에 이르러 참혹한 실망을 경험해야 했다. 여기서 우리는 일부 사람들이 초기 그리스도인들 역시 그들과 비슷한 실망을 한 것이었다고 추측했던 사회적 맥락을 완전히 이해하게 된다. 천년왕국―구속의 위대한 순간, 수평선 너머 떠오르는 밝은 미래―은 제시간에 도착하는 것에 실패했다.

이것이 1950년대 초 유럽과 미국에서 나타난 심각한 반진보운동, 대략 포스트모더니즘이라 알려진 운동이 일어난 문맥이다. 미셸 푸코(Michel Foucault), 자크 데리다(Jacques Derrida), 장 프랑수아 리오타르(Jean-François Lyotard) 같은 사상가들은 모더니스트들이 가졌던 진보의 꿈에 숨어 있는 어두운 뿌리를 고발하는 데 최선을 다했다. 그러나 요란한 소리를 내던 이 운동은 대중적 인사들이 생각하고 말하는 방식에 실제적인 영향을 끼치지는 못했다. 영향력 있는 많은 이들은 여전히 서구의 권력이야말로 나머지 세계를 향해 자신들과 보조를 맞출 것을 요청할, 그리고 좋은 의도의 개입을 통해 그것을 도와줄 의무와 권리를 가진 진정으로 진보적이고 앞선 힘이라고 믿고 모더니스트 기획을 실천 중이다. 당연히 나머지 세계는 이에 대해 별 관심을 갖지 않는다. 그러나 서구의 지도자들은 자신들의 진보 모델에 들어맞지 않는 이런 반응을 이해하지 못한다. 서구의 정치인과 의사결정자들은 이렇게 자문한다. "저 계몽되지 못한 사람들은 우리가 옳다는 것을 볼 수 없는 걸까? 저들 역시 역사의 바른편에 서야 하지 않을까?"

세상을 위한 좋은 소식?

미래에 대한 이런 질문들은 최근 서구권의 지배적인 논의 주제였다. 그렇다면 그리스도인의 비전은 어떻게 되었나?

다시금 교회는 이런 흐름에 지속적으로 동조했다. 사회적 낙관주의 시절에 교회는 한 세대 안에 전 세계를 복음화하자는 거창한 계획을 쉽게 내놓았다. 반대로 사회적 재앙의 시절이 다가오자, 세계 역사의 현 시점은 탈기독교 세계의 짙은 어둠 가운데 하나님이 새로운 빛을 비추는 새 일을 행하시기 전에 모든 것이 더욱 어두워져 가는 시기라고 많은 그리스도인들이 생각했다. 두 가지 모두 쉽게 선택할 수 있는 반응이지만 복음의 좋은 소식을 진정으로 붙드는 것은 아니다.

여기서 우리는 한 가지 균형을 유지해야 하는데, 역사적으로 이것은 아주 어려운 일로 판명되었다. 어떤 사람들은 고개를 저으며 예수님이 돌아오실 때까지 우리가 세상을 더 나은 곳으로 만들기 위해 할 수 있는 일은 아무것도 없다고 말한다. 우리가 할 수 있는 전부는 그저 몇 가지 최악의 상황을 조금 완화시키거나 고통 중에 있는 사람들을 돌보는 것뿐이라는 것이다. 그러나 이런 태도는 신약성경의 강조점을 무시하고 있다.

부활하신 예수님은 하늘과 땅의 모든 권세를 받으셨다. 바울이 하늘과 땅의 모든 세력을 이기신 메시아께서 이미 다스리고 계심을 웅장한 어조로 말할 때, 그는 때로 감옥에 갇힌 신세이기도 했다. 그러나 초기 그리스도인들은 바보가 아니다. 어둠 속에서 그저 휘파람이나 불고 있던 것도 아니다. 모든 것이 다 괜찮으며 시간이 지날수록 더 나아질 거라고 주장하지도 않았다. 그들은 오늘날 편안한 삶을 영위하는 대부분의 서구 그리스도인들이 상상할 수도 없는 박해, 구금, 고통, 때로는 죽음까지 당해야 했다. 그러나 그들은 예수님의 **현재적** 통치에 대해 말하는 것을 포기하지 않았다. 그리고 그들은 자신들이 하고 있는 일이 어떤 방식으로든 그러한 예수님의 통치와 긴밀하게 묶여 있다고 생각했다. 부활을 기막히게 설명한 고린도전서 15장 말미에서 바울은 앞으로 일어날 부활 때문에 "여러분의 수고가 주님 안에서 헛되지 않습니다"라고 선언한다. 지금으로서는 그 방법을 도저히 알 수 없지만, 분명히 하나님을 향한 사랑과 성령의 능력으로 우리가 현재 행하는 일들은 마침내 올 하나님의 새로운 세상의 일부가 될 것이다.

때문에 예수님이 다시 오실 때까지 세상을 더 나아지게 만들기 위해 우리가 할 수 있는 일은 아무것도 없다고 말하는 것은 합당하지 않다. 그렇다. 예수님이 다시 오실 때에는 현재로서는 오직 꿈에서만 기대할 수 있는 모든 일들이 현실로 이루어질 것이다. 나는 현재 상태의 자연 세계에서 늑대가 어린 양과 함께 눕는 것을 볼 수 있다거나, 길을 가다 사자를 만났는데(다행히 내가 사는 스코틀랜드 동부에서는 일어날 것 같지 않은 일이지만) 이사야 11장을 토대로 그 사자가 채식주의자가 되었으리라고는 기대하지 않을 것이다. 그러나 누군가 이 세상에서 정의를 위해 일하는 것이 아무 의미가 없다고 말할 때, 누군가 하나님은 우리에게 이 지구 대신 천국을 주실 것이기 때문에 이 조그만 행성에서 무슨 일을 하든지 별로 중요하지 않다고 말할 때, 누군가 교회의 연합과 민족·문화·종족 간의 화해를 위해 일하는 것이 아무 의미가 없다고 말할 때, 우리는 이렇게 외쳐야 한다. **메시아 예수가 죽은 자들 가운데서 일어나셨다!** 새로운 세상이 이미 시작되었으며, 이제 이 새로운 세상 안에서는 모든 종류의 새로운 가능성이 열려 있다.

바로 이것이 로마의 핍박과 궤멸의 노력에도 불구하고 초기 그리스도인들이 전혀 상관없는 사람에게도 관대함을 베풀며 가난한 사람을 돕고 병자를 돌보는 삶을 살기 시작한 배경이었다. 자신들이 예수님 안에서 본 하나님을 예배하고 그분의 좋은 소식을 경축할 때마다, 그들은 새로운 인간의 존재 방식이 시작되었음을 깨달았던 것이다. 그들은 경멸과 모욕과 공격을 받았고, 가족과 마을로부터 배척당했다. 그러나 앞서 말했던 것과 같은 일들은 계속되었다. 새로운 일이 일어났다. 사람들은 뭔가 다른 것을 보았다. 예수님의 부활은 새로운, 새롭게 **통합된** 삶의 방식이 시작되게 했다. 이기심, 옹졸한 질투심, 야망, 경쟁심, 인간의 추함 자체 등 공의와 평화를 가로막는 모든 것은 이제 부활절의 새 세상에 자리를 내준 옛 세상, 옛 시대에 속했다. 오랫동안 불의와 압제에 힘을 실어 주던 악의 세력은 십자가에서 패배했다.

때문에 초기 그리스도인들은 좋은 소식이 진짜라는 토대 위에서 기도하고 행동했다. 오늘날 우리 역시 그렇게 하지 말아야 할 이유는 어디에도 없다. 만약 좋은 소식이 노예를 해방시키고 가난한 자를 도우며 전쟁 중인 분파와 종족, 그리고 국가를 화해시키는 것, 더 나아가 우리가 살고 있는 이 축복받은 세상을 돌보는 것에 관한 것이 아니라 오직 지금 믿고 나중에 천국에 가는 것에 관한 것이라고 말하는 사람이 있다면, 우리는 그들의 생각이 아주 잘못되었다고 알려 주어야 한다.

성경에 따르면, 예수님의 죽음과 부활—좋은 소식의 핵심—은 하나님의 새로운 세상, 새로운 하나님 나라의 토대다. 옛 시대, 바울이 말하듯 여전히 "함께 신음하며 함께 해산의 고통을 겪고 [있는]" 옛 세상 한가운데서 마침내 새로운 세상이 모습을 드러냈음을 보여 주는 표지를 위해 기도하며, 그것을 위해 일하지 말아야 할 이유는 어디에도 없다. 사실 이러한 것이 우리의 주된 관심사가 되어야 할 훌륭한 이유가 있다. 그동안 회의론자나 비판자들의 주장에도 불구하고 예수님의 추종자들은 지난 2천 년 동안 다양한 방식으로 세상을 변혁해 왔다. 가난한 사람을 돕고 병자를 간호하며 부자나 엘리트뿐만 아니라 모든 계층의 사람들에게 교육을 제공한 것은 누구보다 예수님을 따르는 사람들이었다. 예수님의 추종자들이 이런 일들을 그만두어야 할 이유는 없다. 오히려 그 일을 계속해야 할 이유가 너무 많다.

그러나 기독교 진리의 모든 진술이 그러하듯 이 역시 쉽게 왜곡될 수 있다. 어떤 그리스도인들은 기독교의 임무가 우리의 노력으로 하나님 나라를 지금 여기에 이루는 것이라고 생각했다. 이런 사회적 복음이 갖는 당위성은 긍휼한 마음을 가진 그리스도인들이 현실 순응적인 교회와 가난한 이들이 겪는 고통을 번갈아 쳐다보면서 과연 예수님이 어느 편에 계실지를 생각할 때 그 동력을 얻었다. 이것은 자연스러우며, 내 생각에는 적절한 반응이다. 그러나 그 자체로는 충분하지 않다. 하나님 나라는 하나님 나라다. 우리의 나라가 아니다. 하나님은 원하시는 때에 새로운 날이 오게 하실 것이다. 오직 하나님만이 하나님 나라를 건설하시며, 그분은 자신의 때에 자신의 방식으로 그 일을 완전하고 최종적으로 이루실 것이다.

그러나 또한 쉽게 간과되는 한 가지는 우리가 하나님 나라를 **위해** 일할 수 있고, 일해야만 한다는 것이다. 우리는 하나님의 구원하시는 통치, 거룩하심, 공의, 기쁨, 모든 좋은 것에 대한 경축을 드러내는 진일보한 표지들을 생산해 낼 수 있으며, 그렇게 해야만 한다. 그렇게 할 수 있는 이유는 오직 우리가 부활의 토대 위에 서 있기 때문이며, 어둠의 세력이 물러가고 새로운 빛이 나타났음을 믿기 때문이다. 교회는 기독교 역사 내내 하나님이 교회를 이런 종류의 사역과 증언으로 부르고 계심을 인식했다. 이 책에서 우리가 좋은 소식에 대해 말한 모든 것도 동일한 방향을 가리킨다.

우리는 이 모든 것을 균형 잡힌 시각 안에서 제시되어야 할 다섯 가지 명제로 요약할 수 있다. 첫째, 현재의 옛 세상 한가운데서 새로운 창조세계의 문을 활짝 열어 놓으신 부활하신 예수님의 주권은 곧 개인, 사회, 문화, 국가, 그리고 전 지구적 차원에서 실제적이고 영속적인 변화가 **가능함**을 의미한다. 그런 일은 일어났고(노예 거래 폐지를 생각해 보라), 또다시 일어날 수 있다. 개인적 삶 역시 좋은 소식의 능력으로 머리에서 발끝까지 변화될 수 있다. 바로 성령께서 예수님의 죽음과 부활을 그 사람의 생각과 마음과 생활에 적용하실 때 그런 일이 일어난다. 이런 일은 공동체적 차원에서도 일어날 수 있다.

둘째, 이는 우리가 너무 쉽게 잊어버리는 사실인데, 실제적이고 영속적인 변화는 **값을 치러야 한다.** 파괴적 방식으로 세상을 다스려 온 통치자들과 권세들은 그들이 온 힘을 다해 꼭 쥐고 있는 자리를 쉽게 내주려 하지 않을 것이다. 그렇다. 십자가는 이미 기본적 승리를 이루었다. 그러나 예수님을 따르던 첫 번째 세대가 곧 알게 되었듯, 이 승리는 메시아의 길에 동참하는 이들의 고난을 통해 실제적으로 이행되어야 한다. 예수님도 이에 대해 경고하셨다. 바울과 다른 초기 저자들 역시 이 점을 계속 강조한다. 그러나 그들은 또한 어떤 형태의 고난이든 하늘에서와 같이 땅에서도 이루어질 하나님 나라의 표지는 바로 그런 고난을 통해 드러난다는 것을 계속 강조했다. 그것이 핵심이다.

셋째, 따라서 개인에서 전 지구에 이르기까지 모든 삶의 실제적이고 영속적인 변화는 언제나 **산발적**으로 일어난다. 그것은 평탄한 직선적인 진보가 아니다. 때로 그리스도인들은 영광스러운 행진에 관한 찬송을 부를 때, 물이 바다를 덮음같이 온 땅에 하나님의 영광이 가득하게 될 때까지 좋은 소식의 승리가 단계적으로 이루어질 것이라고 착각하기도 한다. 그러나 기독교 교회사를 30분만 읽어 보아도 우리는 그것이 환상임을 알 수 있다. 첫 3세기 동안 부흥했던 중동, 이집트, 북아프리카, 터키 지역의 위대한 교회는 자취도 없이 사라졌다. 교회는 그동안 많은 것을 얻은 만큼 많은 것을 잃었다. 개인이든 집단이든 안일주의는 언제나 위험하다. 복음은 영광스러운 절정을 향해 꾸준히 고조되어 가는 음악처럼 진행되지 않는다. 특히 우리가 주의해야 할 위험은, 새 창조의 일부분을 살짝 엿본 예수님의 추종자들이 다른 것은 모두 배제한 채 자신이 본 것이 마치 전부인 양 그것에만 집착하는 태도다. 왜곡과 한눈팔기의 위험은 언제나 우리 곁에 있다.

그러나 넷째, 정반대의 똑같은 위험이 있는데, 복음을 이런 승리주의적 관점으로 보는 것의 위험성을 깨달은 그리스도인은 침울하고 비관적인 태도로 물러서기 쉽다. 맞다. 현재의 실제적이고 영속적인 변화가 하나님 나라를 저절로 오게 하지는 않지만, 그런 실제적이고 영속적인 변화는 궁극적인 하나님의 나라를 **참으로 내다볼 수 있게 하며**, 그 나라를 가리키고, 그 궁극적 실재를 미리 맛보게 해 준다. 이스라엘 자손이 약속받은 땅을 향해 첫 걸음을 내디뎠을 때, 그들은 정탐꾼을 먼저 보내 그곳의 탐스러운 열매를 가져오게 했고, 그 땅을 차지하기 전에 그 열매의 맛을 볼 수 있었다(신 13장). 이와 동일하게, 좋은 소식이 개인과 공동체의 삶에 가져온 실제적이고 영속적인 변화는 우연히 주어진 액세서리가 아니다. 그것은 장차 올 것의 진정한 표지이자 맛보기다. (물론 우리는 그런 표지에도 불구하고 이스라엘 사람들이 불순종했고 약속을 믿지 않았으며, 결국 그 땅을 받기까지 한 세대나 더 기다려야 했음을 기억해야 한다.)

다섯째, 그러므로 좋은 소식을 믿는 사람들이 개인의 삶과 교회, 그리고 더 넓은 세상에서 실제적이고 영속적인 변화를 이루기 위해 지치지 않고 노력하는 것은 아주 중요하다. "예수님이 주님이십니다"라고 말하는 것은 온통 어두운 세상에서 혼자 휘파람만 불고 있는 것과는 다르다. 예수님의 부활과 함께 하나님의 새로운 창조세계가 정말로 시작되었다고 말할 때, 우리는 하나님의 지도에서 우리가 어디에 서 있는지를 스스로에게 상기시키고 있다. 하나님의 거룩하신 성령께서 우리의 삶 속에, 그리고 우리의 삶을 통해 생기를 불어넣으시기를 기도할 때, 우리는 새로운 생명, 실제적이고 영속적인 새로운 생명이 세상 가운데 싹트기를 기도한다. 맞다. 거기에는 방해가 있을 것이다. 맞다. 거기에는 고난이 따를 것이다. 우리는 하나님의 계획이 자동으로 진척될 것이기에 그저 그 위에 올라타기만 하면 된다고 생각해서는 안 된다. 우리가 한 일의 결과는 종종 아주 오래 뒤에 나타날 것이다. 우리가 죽은 후에야 나타날 수도 있다. **그래도 좋은 소식은 진짜다.** 어떤 일이 일어났으며 그 결과 세상은 다른 곳이 되었다. 우리도 그 일부가 될 수 있다. 우리가 예수님을 따른다면, 그분의 영이 우리를 이끄시고 도와주시기를 기도하고 있다면, 우리는 이미 그 일부다. 우리는 좋은 소식의 사람들이 될 수 있으며, 좋은 소식의 사람들이 되라고 부르심을 받았다. 즉 우리는 좋은 소식을 통해 새롭게 된 사람들이며, 그런 우리를 통해 좋은 소식은 세상에 치유와 소망을 가져올 것이다.

마지막 장에서는 우리가 어떻게 기도를 통해 그러한 좋은 소식의 사람들이 될 수 있는지에 대해 더 많은 것을 살펴볼 것이다. 그러나 여기서는 각 개인에게 복음이 갖는 심오한 의미에 초점을 맞추고자 한다. 물론 오늘날 많은 이들에게 복음은 개인적으로만 그 의미가 있다. 이제까지 나는 그런 이해의 지평을 보다 넓은 성경적 범위로 확장시키려고 노력했다. 그러나 그렇다고 해서 언제나 좋은 소식의 핵심이었던 개인적 변화를 강조하고 경축하는 일을 빼놓는 것은 이상한 일일 것이다.

나와 너 개인을 위한 좋은 소식

만약 좋은 소식이 진짜라면 어린아이, 여자, 남자 할 것 없이 모든 개인의 삶에서 복음을 기쁘게 경축해야 한다. 이런 요소를 빼놓는 것, 즉 기독교를 생각할 때 이런 개인적 측면을 빼놓는 것은 마치 당신의 생일 모임에 여러 사람들이 와서 즐거운 시간을 보내면서 정작 당신에게 다가와 생일을 축하한다고 말하는 이는 아무도 없는 것과 같다. 좋은 소식이 모든 개인에게 적용될 때 그것은 정말 생일 파티와 같다. **당신과 내가 초대받았으며, 그래서 우리들 자신의 생일 파티도 될 수 있는**, 새 창조를 축하하는 생일 파티. 바로 이것이 복음을 설교한다고 할 때 종종 의미하는 바다. 이것은 예수님의 죽음과 부활을 전할 때 그것을 믿은 사람들이, 몇몇 성경의 저자들이 거듭남이라고 불렀던 것을 경험하는 것을 말한다. **하나님이 예수님의 죽음과 부활 안에서 효력을 발생시킨 구원과 변화는 모든 개인의 구원과 변화가 되어야 한다.** 이것은 믿음의 도전이다. 왜냐하면 인간의 마음과 정신 안에서 성령을 통해 강력하게 역사하는 복음 메시지는 그러한 믿음, 즉 예수님이 주님이시라는 고백과 하나님이 정말 예수님을 죽은 자들 가운데서 일으키셨다는 진정한 믿음을 가져오기 때문이다. 그런 믿음은 새 생명의 첫 번째 표지이며, 바울은 하나님이 우리 안에서 시작하신 일을 마지막까지 완성하실 것이라고 선포한다.

기독교 영성—우리를 사랑하시며 인도하시는 하나님의 임재에 대한 인식, 죄에 대한 애통함과 용서에 대한 감사, 기도의 가능성과 도전, 하나님과 이웃을 향한 사랑, 거룩함을 향한 갈망과 그에 따른 성실한 윤리적 실천, 특정 소명에 대한 점진적 혹은 갑작스런 발견, 하나님의 궁극적인 새 창조세계를 향한 생동하는 소망—을 형성하는 힘은 과거에 **일어났고**, 미래에 **일어날** 일에 대한 좋은 소식이다. 이 모든 것과 이보다 훨씬 더 많은 것들이, 좋은 소식이 현재를 위해 가지는 의미다.

그러나 다시금 이것은 하나님이 우리에게 주시기 원하는 것을 우리가 지금 이미 모두 받았다는 의미는 결코 아니다. 전혀 그렇지 않다. 자신을 제대로 아는 그리스도인이라면 갈 길이 아주 멀다는 것을 안다. 우리의 개인적 삶이나 우리가 하나님 나라를 위해 행한 일이, 그리스도인으로서나 교회로서 우리가 완전하기 때문에 예수님의 다시 오심은 그저 보너스에 불과하다고 말할 수 있게 해 주지는 않는다. 그렇지 않다. 예수님이 다시 오시는 그때는 모든 것이 근본적으로 새롭게 깨어나는 순간이자 죽음을 포함한 현재 세상의 많은 것들이 사라지는 첫 순간일 것이다. 이스라엘의 메시아이신 예수님은 그들이 기대한 우렁찬 트럼펫 소리와 함께 오지 않으셨고, 오히려 그 준비되지 않은 민족에게 충격적인 방식으로 오셨다. 이와 같이 우리는 하나님이 궁극적으로 세상을 새롭게 하실 때 역시 마찬가지일 것이라고 예상할 수 있다.

이것을 사뭇 놀랍게 표현한 유명한 본문이 바로 바울이 빌립보 교인들에게 쓴 편지의 세 번째 장이다. 거기서 바울은 독자들에게 본받아야 할 모범을 제시하는데, 바로 메시아를 얻고자 이전의 지위와 특권을 기꺼이 잃었던 바울 자신이었다. 그는 이렇게 쓴다. "내가 바라는 것은, 그리스도를 알고 그분의 부활의 능력을 깨닫고 그분의 고난에 동참하여 그분의 죽으심을 본받는 것입니다. 그리하여 나는 어떻게 해서든지, 죽은 사람들 가운데서 살아나는 부활에 이르고 싶습니다"(3:10-11). 이것은 정확하게 균형을 잡아 준다. 즉 이미 우리 것이 된 메시아의 임재, 생명, 능력은 언제나 십자가의 흔적과 함께 온다. 혹시라도 오해할 사람이 있을까 봐 바울은 이어서 말한다. "나는 [부활]을 이미 얻은 것도 아니며, 이미 목표점에 다다른 것도 아닙니다"(3:12). 바울은 여전히 길을 가는 중이다. 그는 조심스럽게 반어법을 사용해 말한다. "그러므로 누구든지 성숙한 사람은 이와 같이 생각하십시오"(3:15). 다른 말로 하면, 그리스도인의 성숙함을 보여 주는 가장 분명한 표지는 자신이 아직 완전하지 않음을 아는 것이다. 우리는 여전히 도전에 직면한다. 쉽게 안일해질 수 있으며 쉽게 옛 삶의 방식으로 돌아갈 수 있다(3:18-19). 그러나 이미 일어난 실제적인 변화는, 예수님이 온 창조세계와 그것의 일부인 우리를 치유하고 회복시키기 위해 다시 오실 때 마침내 성취될 궁극적인 변화의 표지다(3:20-21). 모든 좋은 소식이 그런 것처럼 우리는 과거에 **일어난** 사건과 앞으로 **일어날** 사건 사이에서 지금 현재를 살고 있다. 복음이 개인의 삶에 가져오는 실제적이고 영속적인 변화는 모든 면에서 과거 사건과 미래 사건에 철저히 의존한다. 바울이 이어지는 구절에서 강조하듯(4:1, 4) 바로 이것이 우리가 늘 기뻐해야 하는 이유다. 안일함의 이유는 어디에도 없다.

균형 잡기

따라서 복음은 과거와 미래뿐 아니라 현재에 대한 좋은 소식이다.

세계의 모든 실제적인 진보는 세속적 모더니즘의 결과라는 비그리스도인들의 주장, 그리고 교회에 적개심을 품은 일부 신진 무신론자들의 집중 포화에도 불구하고, 지난 2천 년 동안 교회가 교육과 의료, 가난한 자들을 돌보는 일에서 선두 역할을 해 온 사실은 변하지 않는다. 실제적이고 영속적인 변화가 일어났다. 삶이 변화되었다.

한 가지 놀라운 결과는 기독교의 좋은 소식이 인류에게 알려진 최고의 미술과 음악 작품 중 일부를 만들어 냈다는 것이다. 이는 부정할 수 없는 사실이다. 그런 작품 중 하나가 바로 게오르크 프리드리히 헨델(George Frideric Handel)의 기막힌 오라토리오 "메시아"(*Messiah*)인데, 이 곡은 교회가 미래를 균형 잡힌 시각으로 바라보는 데 어려움을 겪어 왔음을 잘 보여 준다. 이 곡 전체는 성경을 배경으로 한다. 헨델과 공동 작업자였던 찰스 제넨스(Charles Jennens)가 담당한 성경 본문의 선택과 배치는 18세기 초반의 들떠 있던 낙관주의를 잘 반영한다(이 작품의 초연은 1742년이었다). 당시 많은 사람들이 복음을 설교하는 새로운 에너지를 통해 세상의 모든 민족이 예수님을 믿게 되고 온 지구가 유일하고 참되신 하나님의 지혜로운 통치 아래 즐겁고 열매 맺는 삶을 살게 될 것이라고 믿었다. 따라서 세 파트로 이루어진 오라토리오의 중간 파트에서는 먼저 예수님의 죽음과 부활에 초점이 맞춰진 뒤 곧이어 땅 끝까지 복음이 전해지고 메시아가 전 세계를 통치하게 됨에 따라 전쟁을 벌이던 나라들 간에 화해가 이루어지는 장면이 나온다. 이때 마지막으로 나오는 것이 아마도 헨델이 작곡한 것 중 가장 유명한 대목일 '할렐루야'의 웅장한 외침이다. 외침의 이유는 "이 세상 나라가 우리 주님과 그의 그리스도의 나라가 되었기" 때문이다(이것은 요한계시록 11:15을 오라토리오용으로 번역한 것인데, 이 구절을 직역하면 "세상 나라가 우리 주님과 그의 메시아께 넘어갔다"이다). 이 나라의 도래는 땅 끝까지 복음이 전해지고 나서 일어난다. 죽은 자들의 부활과 새 창조의 때가 **아니다**. 부활과 새 창조는 그 이후의 일이다. 복음을 전파하는 평범한 과정을 통해 이루어질 예수님의 전 세계적 통치가 먼저다. 그 다음 영광스러운 기간 이후 새 하늘과 땅 그리고 모든 이들의 부활을 포함한 마지막 일들이 올 것이다.

그러나 이런 기독교적 소망은 18세기에 여러 이유로 인해 점차 빛을 잃어 갔다. 그 대신, 많은 선교사들은 온 세상의 주권을 합법적 주인에게 돌리기보다는 몇몇 영혼을 지옥 불에서 건져 내는 것을 자신의 과업으로 생각했다. 당시의 세속적 낙관주의에 대한 반작용이라도 되는 것처럼, 혹은 사람들이 이분법적 세계관에 따라 더 이상 땅에 임할 하나님 나라가 아닌 단순히 천국에 가는 것을 고대하게 되면서, 복음 사역은 일종의 구출 작전으로 여겨지게 된 것이다. 하나님 나라는 이 세상의 것이 아니다. 우리의 소망은 천국에 관한 것이다. 땅은 회개하지 않는 그 땅의 거주민들과 함께 방치될 것이다

18세기와 20세기 사이에 급반전된 유럽과 미국 기독교의 이런 분위기는 나머지 세상에도 큰 영향을 주었을 뿐 아니라 그 다양한 접근법은 오늘날까지 여전히 남아 있다. 한쪽에는 예수님이 재림하여 그들을 천국으로 데려가실 휴거를 기다리는 근본주의 세대주의자가, 다른 한쪽 특히 미국에는 현 세대에 사회 정책을 통해 성취할 수 있는 것 말고는 개인의 미래든 모두의 미래든 미래의 일에 대해서는 말하기를 아예 포기해 버린 것처럼 보이는 주류 자유주의 교회들이 있다.

6. 잘못된 미래, 잘못된 현재

이런 상태는 결코 바람직하지 못하다. 그리고 이 모든 것은 좋은 소식으로서 복음이 일하는 방식을 이해하지 못한 데서 파생되었다.

어떻게 이 모든 것을 다시 하나로 모을 수 있을까? 예수님과 관련해 과거에 **일어난** 일에 대한 좋은 소식은 그때나 지금이나 어리석으며 거리끼는 것이다. 또 새 창조의 때에 **일어날** 일에 대한 좋은 소식 역시 이제 현대 서구 세계에서, 그리고 애통하게도 많은 현대 서구 교회에서조차 어리석고 거리끼는 것이 된 것처럼 보인다. 그러나 이런 패턴을 인식할 때 우리는 오히려 희망을 본다. 바울 역시 메시아 예수에 관한 그의 복음을 전할 때 이것이 "유대 사람에게는 거리낌이고, 이방 사람에게는 어리석은 일"이라고 말하면서 "그러나 부르심을 받은 사람에게는 유대 사람에게나 그리스 사람에게나, 이 [메시아]는 하나님의 능력이요, 하나님의 지혜"라고 덧붙였다(고전 1:23-24). 교회는 이러한 정신을 회복해 다시 한 번 좋은 소식을 좋은 충고가 아닌 좋은 소식**으로서** 전해야 한다. 그것이 누군가에게는 이상하게 보이고 다른 누군가에게는 충격을 줄지라도 여전히 그것은 하나님의 구원과 지혜로운 권세, 그리고 사랑을 전하는 좋은 소식이다.

이 모든 것은 이 책의 많은 부분에 암시된 한 가지 질문을 가리킨다. 바울은 복음이 **하나님의** 사랑, **하나님의** 지혜를 드러낸다고 말한다. 긁어 부스럼을 만들듯 그는 이렇게 덧붙인다. "하나님의 어리석음이 사람의 지혜보다 더 지혜롭고, 하나님의 약함이 사람의 강함보다 더 강합니다"(고전 1:25). 이것은 정말 이상하게 들린다. 분명히 이것은 오늘날의 문화에서 사람들이 하나님에 대해 생각하는 방식과 많이 다르다. 그러나 바로 그것이 핵심이다. 이상하고, 도전을 주며, 충격적인 좋은 소식의 중심에는 궁극적인 좋은 소식이 들어 있다. 바로 하나님 자신에 대한 좋은 소식이다.

좋은 소식의 기본 형태(과거의 사건과 미래의 소망)를 제대로 잡고 나면, 이 좋은 소식이 그 두 시간 사이의 현재 삶을 위해 어떤 의미를 갖는지 보다 자세히 살펴볼 수 있다. 좋은 충고가 아닌 좋은 소식을 굳게 붙드는 것은 그리스도인의 현재 삶에 어떤 영향을 끼치는가? 이 주제에 대해서는 말할 것이 아주 많다. 우선 1세기와 마찬가지로 오늘날 세계에 복음이 던지는 정치적 도전을 더 자세히 살펴볼 수 있을 것이다. 앞서 말했듯 좋은 소식은 초기 로마 황제들의 등극이나 군사적 승리 혹은 황제에 관해 다른 축하할 만한 일들을 알릴 때 사용한 슬로건이었다. 바울이 이스라엘의 하나님이 이방 세력을 꺾고 그분의 백성을 해방시키실 것이라는 고대 이스라엘 민족의 믿음을 다시 끌어오고 있었다면, 그것은 본질적으로 유대인의 메시지였으며 이런 유대인의 메시지는 이방의 신 그리고 당시의 제국들과 어떻게 대립했을까? 또 이런 문제는 고대와 상황이 아주 다른 오늘날의 세상에서 어떻게 번역될 수 있는가? 이것은 중요한 질문이다. 제대로 다루려면 책 한 권이 더 필요할 것이다.

또 우리는 하나님의 세상 통치에 참여하는 인간의 소명이 메시아 예수의 세상 통치에 참여하는 인간의 소명으로 어떻게 번역되는지에 대해(사도행전에서처럼), 즉 예수님의 통치처럼 고난, 오해, 박해 그리고 어떤 경우에는 잔인한 죽음을 통해 실현되는 소명에 대해서도 논의할 수 있을 것이다. 그리고 앞에서 과거에 대한 좋은 소식과 미래에 대한 좋은 소식을 다루며 살펴본 것처럼, 세상 전체와 그 세상 속의 교회가 이 모든 것을 균형 잡힌 시각으로 바라보지 못하게 만드는 다양한 문화적·철학적 이유를 보여 줄 수도 있을 것이다. 특히 믿는 자들이 지속적으로 시선을 뒤로 돌려 과거의 좋은 소식을 바라보는 것이 어떻게 모든 것을 단순한 인간의 성취로 보는 것을 막아 주며, 동시에 지속적으로 우리의 시선을 앞에 있는 미래의 좋은 소식에 고정하는 것이 어떻게 모든 것을 인간적 야망의 수준으로 보고자 하는 것을 막아 주는지도 살펴볼 수 있을 것이다. 좋은 소식이 좋은 충고로 전락할 때, 우리는 그 충고를 받아들이고 우리 역할을 충실히 하는 것에 대해 우리 자신을 칭찬할 수 있다. 그러나 그것이 좋은 소식일 때엔 우리가 받을 칭찬은 어디에도 없다. 우리는 그저 이 좋은 소식이 우리를 대면하고 도전하며 변화시키는 것을 볼 뿐이며, 받을 자격이 없는 은혜에 대한 합당한 반응인 감사하는 마음으로 살아갈 것이다.

거듭 말하지만 우리는 이 모든 것에 대해 훨씬 더 자세히 다룰 수 있다. 그러나 이제 좋은 소식의 가장 심오한 부분으로 이동할 시간이다. 바로 하나님 자신에 대한 이야기다. 지금까지 예수님에 대해 우리가 말한 모든 것은 결국 이것을 가리킨다. 그런데 우리가 이 질문을 던질 때 어떤 일이 일어날까? 고상한 모임에서 하나님을 언급하면 어떤 일이 벌어질까?

하나님에 놀라다

갓(God). 한 음절의 이 영어 단어는 무겁고 투박하게 들린다. 이 단어는 활기찬 대화를 한순간 무겁게 만든다. 설익은 만두 덩어리처럼 목구멍에 콱 막힌다. 지평선 너머에서 갑자기 나타나 태양을 가려 버린 먹구름 같기도 하다. 영어에서 이 단어가 내는 발음[같은 의미의 독일어 고트(Gott)의 센 발음도 마찬가지 효과를 발휘한다]은 현대 서구 문화에서 대부분의 사람들이 하나님에 대해 생각하는 방식을 그대로 드러낸다.

물론 이 모든 것은 단순히 언어적 우연이다. 그러나 나는 많은 사람들에게 이것이 하나님에 대한 우리 문화의 부정적인 평가를 반영한다고 생각한다. 헬라어 단어 **테오스**(*theos*)는 훨씬 부드럽고 시적인 느낌을 주며, 히브리어 단어 **엘로힘**(*elohim*)은 보다 신비롭다. 갓(God)이라는 이 퉁명스러운 단음절은 이중의 잘못된 인상을 주기 쉽다. 첫째는 하나님이 우리가 논할 수 있는 이 세상의 대상이라는 인상이다. 둘째는 그 존재가 저기 멀리 앉아 획일적인 명령을 내리는 꽉 막힌 독재

자라는 인상이다. 사실 단어 자체가 이런 인상을 직접적으로 말하는 것은 아니지만, 이 단어의 퉁명스럽고 투박한 발음은 사람들이 하나님에 대해 가진 대중적인 이미지, 즉 사람들에게 이상한 요구를 하고 자신의 말을 듣지 않으면 위험하게 심통을 부리거나 사람들을 괴롭히는 하늘의 심술쟁이 이미지와 한 세트처럼 잘 어울린다. 많은 사람들에게 하나님이 계신다는 사실은 좋은 소식이 아니라 **나쁜** 소식이기 쉽다.

간단히 말해 오늘날 대부분의 사람들은 **하나님**이라는 단어가 둔하고 우리와는 동떨어져 있으며 아마도 위험한 존재를 지칭한다고 추측한다. 그렇게 생각하는 사람들 중에는 이런 존재가 존재한다는 사실을 믿기가 너무 어려운 경우가 많다. 그리 놀라운 일이 아니다. 소설가 킹슬리 에이미스(Kingsley Amis)는 "나는 신을 믿지 않아요"라고 말하면서 이렇게 덧붙인다. "나는 신이 싫어요."

그들이 옳다.

그런 하나님, 둔하고 멀리 있으며 위험한 신은 존재하지 않는다.

이 책은 정말로 계신 하나님에 관한 것이다.

최초의 그리스도인들은 많은 신들이 있는 세상에서 살았다. 모두가 아는 대단한 신들이었다. 그리스에는 제우스, 포세이돈, 아르테미스, 이밖에도 많은 신들이 있었으며, 로마에서 그들은 유피테르, 넵투누스, 디아나 등으로 불렸다. 바다와 도시의 신, 가정과 신방(新房)의 신, 전쟁과 부의 신, 예술과 음악의 신 등 생각할 수 있는 모든 것에 대한 신들이 존재했다. 어디를 가든지 그곳을 관장하는 특정한 신과 여신이 있었다. 신과 여신 없이는 갈 수 있는 곳도 할 수 있는 일도 없었다.

일부 위대한 철학자들은 고개를 갸우뚱하며 온갖 신들로 뒤범벅이

된 이런 상태에 대해 숙고했고, 사실 이 모든 신들은 이 세상의 모든 부분에 은밀하게 그러나 강력하게 임재한 참되고 유일한 절대자의 여러 다른 측면이라고 결론지었다. 다른 이들은 동일한 상황에 대해 다른 결론을 내렸다. 즉 그런 모든 신들이 실제로 존재할 수는 있으나 그들은 아주 멀리 떨어져 있고 우리 인간들에게 별로 관심이 없으며 인간 세상에 절대 간섭하지 않는다고 결론지었다.

그러나 대부분의 사람들은 이 세상에 복잡하게 뒤엉킨 온갖 신들이 존재한다고 믿었다. 특히 그때나 지금이나 사람들은 대체로 그 신들이 우리를 벌하는 존재라고 믿는다. 그 이유는 우리가 그 신들이 싫어하는 일을 했거나 단순히 처음부터 그 신들이 우리를 좋아하지 않았기 때문일 것이다. 철학자들이 자신의 이론을 들고 나왔을 때, 그들은 단지 우리가 살고 있는 이상한 세상을 논리적으로 설명하려던 것이 아니었다. 그들은 인간을 못살게 구는 하늘의 심술쟁이에 대한 생각을 제거하고 싶었던 것이다. 신이 없다면 우리 인간은 아마도 편안하게 삶을 즐길 수 있을 것이라고 그들은 생각했다.

이상한 점은, 적어도 서구 문화에서 사람들이 유사한 문제에 직면해 유사한 답을 내놓는 일이 반복될 때마다 그들이 그것을 새로운 발견이라고 생각했다는 점이다. 방금 보았듯 고대의 철학자들은 인간을 못살게 구는 오래된 하늘의 심술쟁이가 마음에 들지 않았고, 따라서 각자 원하는 대로 모든 신은 단지 만물 안에 존재하는 하나의 기운일 뿐이라거나, 존재하든 존재하지 않든 신은 우리와 완전히 동떨어져 있다는 답을 내놓았다. 첫 번째 그룹은 신과 세상을 하나로 합쳐 놓은 반면, 두 번째 그룹은 신을 위층으로, 어쩌면 아예 집 밖으로 쫓아내고 세상은 세상이 원하는 대로 굴러가도록 내버려 두게 했다. 중세에 이르면 그 오래된 하늘의 심술쟁이가 교회로 돌아와 지옥 혹은 적어도 연옥을 들먹이며 사람들을 위협하면서 자신의 끔찍한 진노를 달래라고 요구했다.

여기에는 두 가지 반응이 따랐다. 먼저 르네상스에서 오늘날에 이르기까지 철학자 그룹은 하나님과 세상을 분리시켰다. 이미 살펴보았듯 서구 계몽주의가 이 길을 따라 하나님을 보이지 않는 위층으로 떠밀어 보내고 이곳 아래층은 순수한 자연의 법칙에 의해서만 움직이도록 했다. 또 다른 반응은 개혁주의자와 청교도, 그다음은 초기 감리교로 이어지는 수많은 기독교 운동에서 나왔다. 그들은 하나님의 진노를 피하는 수단으로서 예수님의 죽음을 강조했으며, 여기에는 종종 깊은 감사와 사랑이 따랐다. 그러나 이런 반응은 하나님에 대한 이방인들의 시각을 반쯤은 인정하는 것과 다름없었다. 그 결과 오래 지나지 않아 거기서 한 걸음 더 나아간 반응이 나오는데, 바로 현대의 성난 무신론자들이 밀려들기 시작한 것이다.

그러한 무신론자들의 움직임은 몇 년 전 영국에서 갑자기 눈에 띄기 시작했다. 몇몇 공격적인 무신론자들이 일종의 전복된 좋은 소식을 전하기로 결심했다. 그들은 런던의 버스에 큰 광고를 냈다. "아마도 신은 없는 것 같습니다. 그러니 이제 걱정은 그만하고 인생을 즐기셔도 됩니다." (**아마도**라는 단어를 두고 약간의 논쟁이 있었지만, 어쨌든 그들은 그 단어를 끝까지 고수했다. '신은 없습니다'라고 했다면, 그들은 그들이 증명할 수 없는 내용을 광고했다고 고발당할 수 있었다. 그야말로 영국식 타협이다.) 나는 심지어 기독교 단체 한두 군데가 이 캠페인의 후원을 고민했다는 얘기를 들었는데, 그 캠페인이 하나님에 대한 질문을 공적인 영역으로 가져오는 데 도움이 되리라 생각했기 때문이었다고 한다. 위험하고도 재미있는 발상이다.

그 캠페인이 흥미로운 이유는 많았지만, 그중에서도 특히 내 관심을 끈 것은 그들이 당연한 사실로 여기는 한 가지 생각이었다. 하나님이 존재한다면 이는 우리 인간들이 걱정하는 데 모든 시간을 써야 함을 의미하는 반면, 하나님이 없다면 모두 편하게 쉴 수 있다는 생각이었다. 어떤 종류의 신이든 상관없이 신은 우리가 신나게 사는 꼴을 못 보는 존재임이 분명했다. (예전에 내가 알던 어떤 사람은 "예수가 반대하는 모든 것을 나는 좋아해요"라고 불평했다.) 특히 이 캠페인은 그리스도인들의 하나님이야말로 바로 그런 신, 즉 어떤 즐거움도 용납하지 않는 신이라고 단정했다. 따라서 버스의 광고 메시지는 무신론자들이 이런 하나님은 존재하지 않음을 발견했다는 일종의 좋은 소식이었던 것이다. 이제 모두 안도의 숨을 내쉴 수 있다.

앞에서도 말했듯 이런 일련의 생각("도와주세요! 저기 우리를 잡으려고 하는 신이 있어요." "아니, 없어. 그런 신은 존재하지 않아!")은 현대의 발견이 아니다. 이런 생각은 적어도 기원전 5세기까지 거슬러 올라가는데, 이미 그때부터 철학자들은 세상이 신의 간섭 없이 스스로 돌아간다는 의견을 제시하기 시작했다. 그러나 내가 이 책에서 관심을 두는 것은, 예수님의 첫 번째 추종자들이 좋은 소식에 대해 말할 때 **그들이** 의미한 것이 무엇이었는지를 명확하게 함으로써, 그것이 오늘날 우리에게 무엇을 의미하는지를 명확하게 하는 것이다.

우리의 문제 중 일부는 서구 문화가 여전히 이신론(Deism)의 영향

아래 있다는 점이다. 거의 17세기와 18세기의 현상이었던 이신론은 기본적으로 이분법적 세계관에 반쯤 발을 담그고 있다. 이 철학 사조는 신을 일종의 부재지주(不在地主)로 여겼다. 즉 신이 세상을 만들기는 했지만(따라서 유대교와 기독교의 관점을 일부 인정하지만), 그 신은 세상이 그 자체의 방식으로 돌아가도록 내버려둔 채 떠났다(그래서 실제적 무신론으로 전락한다). 그러나 동시에 어쨌든 세상은 그 신이 만들었기에 거기에서 발생하는 모든 잘못에 대한 비난은 고스란히 신의 몫이다.

오늘날에도 많은 사람들이 여전히 이 지점에 머물러 있다. 그들은 자신이 신을 믿는지 믿지 않는지에 대해서는 확신할 수 없어도, 모든 것이 엉망진창이 되어 버린 것에 대해서만큼은 늘 신에게 호통 칠 준비가 되어 있다. 우디 앨런(Woody Allen) 영화에 나오는 대사처럼 그들은 "만약 하나님이 존재**하는** 것으로 드러난다면, 나는 그가 악한 존재일 것이라고는 생각하지 않아. 다만 우리가 그에 대해 할 수 있는 최악의 말은 그가 기본적으로 낙제생이라는 거야"라고 말할지 모른다. 이 장의 교정을 보고 있을 즈음 나는 또 다른 이메일을 한 통 받았다. 그는 내게 이렇게 물었다. "만약 하나님이 모든 것을 주관하고 계시고 게다가 사랑이 많은 분이라면, 어떻게 모든 것을 이렇게 엉망으로 망쳐 놓을 수가 있죠?"

이러한 이신론—"머나먼 하늘에 사시며, 땅을 만드셨으나 그것을 지속시킬 능력은 없으신, 그다지 전능하지 않으신 하나님 아버지"—은 여전히 서구 문화에서 대부분의 사람들이 고수하는 기본 입장이다. 바로 사람들이 하나님과 예수님을 쉽게 연결하지 못하는 이유다. 하나님에 대한 이런 생각에서 시작해 거기에 예수님을 끼워 맞추려 하는 것은 어떤 의미가 있을까? 별 의미 없다. 그것은 한마디로 난센스다. 그리고 바로 이것이 많은 사람들, 여전히 스스로를 그리스도인이라 부르는 많은 이들 역시 예수님의 신성에 대해 혼란스러워하는 이유다. 그러나 초기 그리스도인들은 이 문제를 사뭇 다르게 보았다. 그들은 이 문제에 정반대 방향으로 접근했다. 즉 그들은 우리가 정말 하나님이 어떤 분인지 이해하는 것은 오직 예수님을 뚜렷이 응시함을 통해서만 가능하다고 믿었다.

다른 종류의 하나님

바로 그것이 예수님에 대한 이야기들, 다시 말해 사복음서(혹은 좋은 소식의 책들)가 아주 복잡한 이유다. 그 이야기들은 예수님을 모든 문제에 대한 답을 주기 위해 엄청난 높이에서 고공낙하를 하거나 모든 것을 순식간에 제대로 돌려놓는 슈퍼맨이 아닌, 어지럽고 혼란스럽던 세상, 특히 어려움을 겪고 있던 지역에서 역사적으로도 특별히 어려운 시기를 살아가며 그 모든 고통과 수치를 자신의 삶과 몸으로 고스란히 담아 낸 분으로 보여 준다. 복음서는 도전적이다. 그 이야기는 신학으로 치장하지 않았다. 대신 우리로 하여금 그 세계로 직접 들어가 그 안에서 사는 것이 어떤 것인지 스스로 알아내도록 한다. 답은 이렇다. 아주 불편함. 그러나 강력한 변화의 힘이 있음. 단 그 이야기에 당신을 완전히 내맡기는 경우에 한함.

다시 1세기로 돌아가 보자. 예수님의 첫 번째 추종자들(바울을 비롯한 많은 사람들)은 그들이 좋은 소식이라고 주장하던 것을 들고 더 넓은 세상으로 나갔다. "유일하신 하나님이 **계시는데**, 그분은 당신들이 알고 있는 신들과 같지 않소. 그분은 글쎄…그분은 예수님을 보면 알 수 있다오."

무엇이 그들로 하여금 이런 말을 하게 만든 것일까? 그 답 중 하나는 물론 예수님 자신이다. 그러나 거기서 더 나아간다.

예수님의 첫 번째 추종자들은 유대인이었고, 유대인에게는 1천 년 이상 내려온, 이방의 신들과는 아주 다른 하나님에 대한 믿음의 전통이 있었다. 역사상 가장 수려한 시들 중 일부는 바로 이 전통에서 나왔으며, 그들의 믿음을 제대로 이해하기 시작할 때 우리는 그 이유를 알게 된다. 이 하나님은 다른 어떤 신보다 훨씬 더 위대하고 위엄이 있지만, 또한 이 세상과 사람들에게 그 어떤 신보다 더 세밀한 관심을 가지고 다가오신다. 한편으로 세상의 창조주인 그분은 인간이 개미 떼를 보는 것처럼 세상 바깥에서 우리를 보신다. 다른 한편으로 그분은 놀랍게도 권능과 부드러움을 동시에 지닌 채 세상 안에서 역사하신다. 선지서의 한 구절은 "땅 위의 저 푸른 하늘에 계신 분께서…하늘을 마치 얇은 휘장처럼 펴셔서 사람이 사는 장막처럼 쳐 놓으셨다"고 선포하는 동시에, 또한 "그는 목자와 같이 그의 양 떼를 먹이시며 어린 양들을 팔로 모으시고 품에 안으시며 젖을 먹이는 어미 양들을 조심스럽게 이끄신다"고 말한다.

하나님에 대한 이런 이중의 이미지를 머릿속에 담기란 쉽지 않다. 고대 이스라엘 민족 역시 이것을 어렵게 느꼈다. 그러나 바로 그것이 핵심이다. 우리 자신이 만족할 수 있는 하나님을 찾는 것이 우리의 탐구 목적이라고 생각한다면 그 생각 자체가 근본적인 실수다. 카를 마르크스는 중요한 핵심은 세상을 이해하는 것이 아니라 그것을 변화시키는 것이라고 말했다. 하나님에 대해, 적어도 고대 성경이 말하는 이 낯선 하나님에 대해서라면, 가장 중요한 일차적 핵심은 이해가 아닌 신뢰다. 우리가 하나님을 아래위로 훑어본 뒤 꽤 괜찮은 신이라고 인정한 다음에야 합당한 반응을 보이기 시작할 수 있다는 생각은 그분이 하나님이심을 부정하는 것과 같다. 그분이 정말 하나님이시라면, 우리의 일차적 역할은 분석이 아닌 경배가 되어야 마땅하다. **우리가 그분을** 알아내는 것이 아니라 **그분이 우리를** 아시도록 해 드려야 한다. 맞다. 나도 안다. 이런 말은 덮어놓고 불가지의 세계로 뛰어들라는 것처럼 들릴 수 있다. 그러나 그 외의 다른 길은 십중팔구 우상숭배, 곧 우리 자신의 형상대로 신을 만들어 내는 것으로 이어진다.

수 세기 동안 고대 이스라엘 사람들은 종종 자신들의 의지와는 상관없이 이 특별한 좋은 소식의 수호자였다. 하나님이 **계셨다**. 그런데 이 하나님은 그들을 둘러싸고 있는 세상의 다른 어떤 신들보다 훨씬 더 크실 뿐 아니라 훨씬 더 친밀하게 그들에게 다가오셨다. 문제는 세상이 제멋대로 움직이고 있는 것처럼 보인다는 점이었다. 그들이 세상의 창조주라고 믿는 이스라엘의 하나님은 마치 책임을 방관한 채 잠들어 계신 것 같았다. 고대 이스라엘의 위대한 기도이자 시였던 구약성경의 시편은 그런 하나님을 힐난하며 이제 그만 좀 깨어나시라고 소리친다. 그분은 자신이 해야 할 일을 잊고 계신 것 같다. 분명 그들의 고대 성경은 좋은 소식이 있다고 주장했다. 그러나 여러 세대가 지나는 동안 그 성경을 읽는 많은 이들은 그 주장과 정반대로 보이는 현실 앞에서 침을 한 번 꿀꺽 삼키고서 그것을 계속 믿기 위해 애써야 했다. 그들은 이 하나님이 모든 것을 나아지게 하고, 온 세상을 바로잡으며, 세상에 공의와 평화를 세우기 위해 권능과 사랑 가운데 다시 오실 것을 노래했다. 이스라엘의 고대 성경은 가능한 모든 종류의 생생한 그림을 동원해 그 위대한 날이 어떤 모습일지 묘사했다.

오늘날 음악 팬들이 차트에 오른 노래들의 가사를 꿰뚫고 있는 것처럼, 예수님 시대의 많은 유대인들은 그들의 성경을 구석구석 잘 알고 있었다. 다만 **이런** 노래들(시편 및 선지서에 나오는 운문 예언들)은 수세기에 걸쳐 그들과 함께해 왔으며, 그들은 그 세월 동안 내내 그것을 읽고 읊조렸다. 또 그 의미에 대해 헷갈려 했다! 이 노래들은 그들의 삶의 일부이자 그들이 너무도 잘 알고 마음 깊이 사랑한 기도와 소망의 원천이었다.

이 예언과 노래들에는 아주 긴밀하게 연결된 몇 가지 주제가 나온다. 예수님 시대의 사람들은 언젠가 그들의 하나님이 세상에 대한 자신의 합법적인 통치권을 되찾으실 것이라고 믿었다. 그분은 자신의 백성을 그들의 원수로부터 구하셔서 그들의 땅에 다시 세우실 것이며, 친히 그들과 함께 거하시기 위해 돌아오실 것이다. 그리고 그분은 온 세상을 공의와 평화로 채우실 것이다. 자연스럽게 이것은 세상에서 악이 제거된다는 의미이기도 했다. 실로 소망을 고취시키는 비전이었다.

성경과 후기 유대 저작의 몇몇 저자들은 이 마지막 요소를 특히 열망했다. 악한 자가 심판받는다. 그러나 언제나 모든 것의 중심은, 주변의 모든 신들과 근본적으로 다른 하나님에 대한 그들의 믿음, 그리고 그분이 약속하신 일을 언젠가 이루시리라는 믿음이었다.

그러나 간헐적으로 나타나던 소망과 생명의 표지와는 달리 유대인들은 주변을 둘러볼 때마다 이방인들의 비웃음을 참아 내야 했다. 아이러니하게도 이방인인 그들이 유대인인 자신들을 무신론자라 부르는 것 말이다. 그러나 이스라엘은 좋은 소식에 대해 말하는 것을 멈추지 않았다. 비록 그것이 언제 도착할지, 또 도착했을 때 그 모습이 어떨지에 대해 아는 바는 별로 없었지만.

그런데 어느 날 한 젊은 남자가 나사렛이라 불리던 산동네 회당에 들어와 드디어 때가 왔다고 선포했다. 좋은 소식이 도착했다. 몸소!

이것은 3장에서 이미 다룬 내용이다. 우리는 어떻게 거기에서 더 나아갈 수 있을까? 예수님 안에서 보는 이 놀라운 하나님에 대해 우리는 무엇을 말해야 할까?

먼저 우리는 하나님에 대한 대중적 관점을 제거할 필요가 있다. 그 이미지는 놀라울 정도로 강력하고 어떤 도전에도 끄덕없다. 어떤 진지한 사상도 이런 대중적 관점에 힘을 실어 준 적이 없건만, 여전히 그 이미지는 우리 주변에서 맴돈다. 신문 만평은 대중적 인식의 수준을 가늠할 수 있는 좋은 수단인데, 일반적으로 만평은 하나님을 저 멀리 하늘의 구름 위에 앉아 있는 수염 난 노인으로 묘사한다. 2013년 12월 넬슨 만델라가 죽었을 때, 언론은 이 인물과 그 장례식에 대해 대대적으로 보도했다. 그런데 이와 함께 언론의 주목을 받은 재미있는 한 장의 사진이 있었는데, 바로 세 명의 세계 지도자들—미국 대통령 및 영국과 덴마크 수상—의 셀카 사진이었다. 어떤 사람들은 그 사진을 무례하게 여겼다. 그러나 나는 개인적으로 만델라 역시 이 사진을 재미있어 했을 거라고 생각한다. 아니 그도 셀카에 끼고 싶어 했을 것 같다. 그런데 다음날 신문에 만평이 실렸다. 만델라가 구름 위에서 흰 가운을 입고 수염이 난 어떤 인물과 셀카를 찍고 있는 장면이었다. 심지어 하나님(대중적 상상 속의 하나님)도 만델라의 장례식에 참석하고 싶어 했을 거라는 의미였다. 물론 흰 가운을 입은 수염 난 인물 앞에 굳이 **하나님**이라고 써 놓을 필요도 없었다. 만평가가 누구를 의도했는지 너무도 명백했기 때문이다.

그러나 과연 하나님에 대한 이런 대중적인 이미지가 옳을까? 구름 위에 앉아 최근에 죽은 이들을 맞이하는 수염 난 노인이 과연 성경의 하나님, 바울의 좋은 소식이 알려 주는 그 하나님과 조금이라도 닮았을까? 그렇지 않다.

그렇다면 우리의 이야기 뒤에 내내 숨어 계시던 하나님에 대해 우리는 무엇을 말할 수 있을까?

지금까지 우리가 말한 모든 것은 우리의 시선을 세 가지 좋은 소식으로 이끌어간다. 여전히 이 소식은 누군가에게는 거리끼는 것으로, 다른 누군가에게는 어리석은 것으로 치부될 것이다.

창조주, 심판자, 사랑하는 분

첫 번째 소식은 유일하고 참되신 하나님이 세상의 **창조주**라는 사실이다. 앞에서도 이에 대해 언급했지만, 나는 이것이 정말 좋은 소식임을 다시 한 번 강조하고 싶다. 우리는 낯선 우주에 내던져진 것이 아니다. 한 오래된 찬송가는 이렇게 노래한다. "이곳은 내 아버지의 세계라"(한글 찬송가 "참 아름다워라"라는 곡이다—옮긴이). 기이한 아름다움과 능력을 드러내는 아침 해, 밤하늘 빛난 별, 장엄한 산봉우리, 그 무엇보다 고운 한 떨기 작은 꽃과 신기한 모양의 벌레들까지, 이 모든 것이 창조주의 작품이다. 장엄하게 펼쳐진 그분의 광활한 우주, 그리고 그분이 만드신 모든 것을 즐거워하는 인간의 세미한 속삭임에까지 주의를 기울이시는 그분의 끝없는 관심!

내가 이 글을 쓰는 이 순간, 초저녁 산들바람이 불어오고 태양은 구름 위에 은은한 분홍빛을 머금은 절묘한 자취를 남기며 지평선 아래로 저물고 있다. 부드럽고 온화한 노을빛에 모든 나무와 빌딩이 신비롭게 보인다. 하나님이 해 뜨는 데부터 해 지는 데까지 하나님을 찬양하게 하신다고 노래한 시편 저자가 마음속에 떠올렸던 것이 바로 이와 같은 해질 무렵의 석양이었다고 나는 확신한다. 물론 합리주의자라면 눈 하나 깜박하지 않고 이런 자연 현상을 과학적으로 설명해 내겠지만, 우리는 그런 경박한 태도 따위는 무시해 버리고 계속 이 광경을 마음껏 즐기면 된다.

물론 이것은 확신이지 증거가 아니다. 나는 석양을 보고 창조주를 추론할 수 있다고 말하는 것이 아니다. 그러나 다른 모든 것과 마찬가지로 이것은 무엇을 증명하는 문제가 아니다. 하나님은 우리의 우주 안에 있는 어떤 대상이 아니다. **우리가 그분의** 우주 안에 있는 대상이다. 그리고 그것이 사실이라면, 그 자체로 자연 세계를 통해 우리에게 오는 겹겹의 경이로움과 즐거움, 아름다움, 기쁨이 모두 설명된다.

그러나 이것이 사실인지 어떻게 아는가? 최상의 답은, 예수님 때문이라는 것이다. 즉 예수님 안에서 창조주의 동일한 손이 역사하시는 것을 보기 때문이며, 또 바로 그것이 하나님이 창조주시라는 믿음에 제기된 핵심 문제를 해결하기 때문이다.

문제는 잘 알려져 있으며, 우리는 이미 그에 대해 살펴보았다. 우디 앨런의 대사처럼 문제는 단순히 하나님이 낙제생처럼, 마치 주주들의 기대만큼 성과를 거두지 못한 CEO처럼 보인다는 것이 아니다. 문제는 아름다움과 능력, 노을과 별빛이 있는 이 세상에 수많은 폭력과 피 흘림, 그리고 명백하게 고의적인 파괴가 존재하는 것이다. 문제는 거대한 생명체 안에 기생하면서 그 생명체를 안에서부터 산 채로 잡아먹는 것만이 유일한 존재 이유인 것처럼 보이는 작은 생명체들이 수없이 많다는 것이다. 더 이상 말하지 않겠다. 말했듯 문제는 이미 잘 알려져 있다.

사실 문제를 정반대로 생각해 볼 수도 있다. 신학자들은 악의 문제를 다뤄 온 반면 무신론자들은 선의 문제를 거의 다루지 않는다. 만약 나의 뇌와 감정을 포함한 모든 것이 원자들의 무작위적 충돌의 결과라고 한다면, 우리가 세상의 수많은 것들에 대해 그토록 경이감과 기쁨을 느끼는 이유는 무엇이란 말인가? 정말 이 모든 것을 진화생물학의 유산으로 다 설명할 수 있을까? 그런 설명은 터무니없이 길게 늘여 놓은 환원주의로밖에 보이지 않는다.

그러나 이런 모든 문제에 못을 박는 분은 예수님이다. 예수님은 세상의 고통과 슬픔에 대한 설명을 제공하지 않으신다. 그분은 고통이 가장 심한 곳에 오셔서 그 고통을 직접 떠안으셨다. 예수님은 왜 세상에 고통과 질병과 죽음이 있는지 설명하지 않으신다. 그분은 치유와 소망을 가져오셨다. 그분은 악의 문제가 세미나 주제가 되는 것에 만족하지 않으신다. 그분은 악이 자신에게 최악의 일격을 가하도록 허락하셨다. 악을 소진시키고 그 능력을 고갈시킴으로써 새로운 생명으로 나타나시기 위함이었다. 부활은 다른 무엇이 말하는 것보다 더 명확하게 말한다. "하나님이 계시며, 그분은 우리가 아는 이 세상의 창조주시고, 이스라엘의 메시아이신 예수님의 아버지시다." 바로 이것이 하나님에 대한 첫 번째 좋은 소식이다.

지금쯤이면 이 책을 읽는 모든 독자들은 두 번째 좋은 소식이 이야기의 반대쪽 끝에서 기다리고 있음을 예상할 수 있을 것이다. **일어난** 일에 대한 좋은 소식은 **일어날** 일에 대한 좋은 소식을 내다보게 하기 때문이다. 세상을 만드신 하나님은 마침내 그것을 회복시키고 새롭게 하실 것이다.

"그때에는 이리가 어린 양과 함께 살며, 표범이 새끼 염소와 함께 누우며, 송아지와 새끼 사자와 살진 짐승이 함께 풀을 뜯고, 어린아이가 그것들을 이끌고 다닌다"(사 11:6). 이 모든 것은 무엇을 의미할까? 어떻게 그런 일이 일어날 수 있을까?

"물이 바다를 채우듯, 주님(이스라엘의 하나님, 그들이 야웨라 부르는 분)을 아는 지식이 땅에 가득[할 것이기] 때문이다"(사 11:9). 혹은 바울의 표현대로 죽음까지도 굴복당할 때 하나님은 "만유의 주"가 되실 것이기 때문이다(고전 15:28). 바로 이것이 궁극적인 좋은 소식이다. 하나도 잃지 않을 것이다. 선하고 아름다운 모든 것, 특별히 하나님을 향한 사랑으로 행한 모든 것, 예수님의 죽음과 새 생명의 능력으로 행한 모든 것, 성령께 이끌려 행한 모든 것은 어떤 식으로든 하나님의 새로운 세상의 일부가 될 것이다.

이 지점에서 우리는 어떻게 이런 하나님에 대한 비전이 오래된 주요 철학 사조 뒤에 가려진 진실을 하나로 모아 내는지 어렴풋이 보게 된다. 오늘날 대부분의 서구인들의 기본 입장인 이분법적 우주관은 '세상은 세상대로 하나님은 하나님대로'가 제대로 돌아가지 않는 것처럼 보이는 상황에 대해 할 수 있는 것이 별로 없다. 모든 것이 괜찮지 않다. 모든 것이 바르지 않다. 그러나 **그렇게 될 것이며**, 예수님의 부활은 바로 그 약속의 확증이자 그것의 첫 번째 성취이며, 성령의 역사는 그러한 성취를 계속 이어가게 할 것이다. 동시에 신(혹은 신들)과 세상을 함께 묶어 놓음으로써 세상은 신성으로 충만하며 신성은 단순히 세상의 내적 생명에 불과하다고 말하려 했던 또 다른 철학 사조는 구원이나 갱신 같은 중간 이야기를 생략한 채 곧바로 미래의 약속으로 건너뛰려고 한다. 그러나 **언젠가** 하나님은 만유의 주가 **되시겠지만**, 아직은 그때가 오지 않았다. 그때는 예수님의 부활, 곧 예수님의 죽음을 통해 이루어진 죄와 죽음에 대한 승리의 결과였던 그분의 부활 안에서 드러난 진리가 온 우주에 적용되는 순간일 것이다. 따라서 하나님에 대한 좋은 소식은 순전히 예수님께 기반을 두고 있다.

창조에 대한 좋은 소식과 만물의 최종 회복에 대한 좋은 소식 사이, 즉 창조주 하나님의 좋은 소식과 심판자 하나님의 좋은 소식 사이에는 하나님에 대한 세 번째 그리고 마지막 좋은 소식이 있다. 바로 세상을 만드신 하나님은 무한하고 풍성하며 아낌없는 관대한 사랑의 하나님이시라는 사실이다. 그리고 바로 이것이 모든 좋은 소식의 가장 중심이다.

이런 식으로 생각해 보자. 하나님은 자신과 다른 세상을 만드셨다. 이것은 그 자체로 이미 놀라운 생각이며, 위대한 사상가들은 오랫동안 이에 대해 숙고했다. 만약 하나님이 완벽하게 선하시다면, 왜 그는 필연적으로 그 완벽하게 선한 상태에 미치지 못할 수밖에 없는 무언가를 만드셨을까? 이것은 신실한 예배자보다는 괴짜 철학자에게나 어울릴 법한 질문처럼 들리지만, 일단 그대로 살펴보자. 그 답은 하나님이 필요 때문이 아니라 사랑 때문에 창조하셨다는 데 있다. 그 사랑은 자신의 창조물, 특히 자신의 형상을 담고 있으며 세상에 대한 막중한 책임을 맡긴 인간이라는 창조물 안에서 기쁨을 느끼는 너그러운 사랑이다.

궁극적으로 하나님은 자신이 만드신 세상이 언제나 그리고 영원히 자신과 다른 채로 남기를 원하지 않으신다. 하나님은 "만유의 주"가 되실 것이며, 물이 바다를 채우듯 그분을 아는 지식과 그분의 영광이 땅을 가득 채우게 될 것이다. 그러나 복음서의 이야기를 읽고 나서야 비로소 알게 되듯이 그러한 목표에 이르는 것은 예수님 안에서 그리고 성령 안에서 그분의 사랑이 부어지는 것을 통해서만 가능하다. **예수님 안에서 일어났던 일에 대한 좋은 소식이 선포될 때, 유일하고 참되신 하나님이 바로 자신을 내어주는 순전한 사랑의 하나님이시라는 좋은 소식이 계시된다.**

나는 이 책에서 예수님의 수치스럽고 잔혹한 죽음에 숨어 있는 어떤 깊고도 신비한 의미에 접근하려고 노력하지 않았다. 하지만 초기 그리스도인들이 반복해서 돌아간 곳은 이론이 아닌 감사와 사랑의 반응이었다. "[메시아]께서 우리를 위하여 자기 목숨을 버리셨습니다. 이것으로 우리가 사랑을 알게 되었습니다"(요일 3:16). "사랑은 이 사실에 있으니, 곧 우리가 하나님을 사랑한 것이 아니라, 하나님이 우리를 사랑하셔서 자기 아들을 보내어 우리의 죄를 위하여 화목제물이 되게 하신 것입니다"(요일 4:10). "우리가 사랑하는 것은 하나님이 우리를 먼저 사랑하셨기 때문입니다"(요일 4:19). "나를 사랑하셔서 나를 위하여 자기 몸을 내어주신 하나님의 아들"(갈 2:20). "우리가 아직 죄인이었을 때에, [메시아]께서 우리를 위하여 죽으셨습니다. 이리하여 하나님께서는 우리들에 대한 자기의 사랑을 실증하셨습니다"(롬 5:8). "세상에 있는 자기의 사람들을 사랑하시되, 끝까지 사랑하셨다"(요 13:1). 이것이 하나님에 대한 좋은 소식의 핵심이다. 하나님이 예수님 안에서 **행하신** 일, 그리고 그가 마지막에 **행하실** 일은 이 사실, 바로 그가 관대하고 순전한 사랑의 하나님이시라는 사실 안에서 함께 연결되고 묶여 있다.

사랑에 대한 하나의 사실은 그것이 **창조적**이라는 점이다. 중세의 위대한 이탈리아 시인 단테(Dante)는 그의 걸작을 이런 호소로 끝맺는다. "태양과 다른 별들도 움직일 사랑이여." 만약 오늘날 우리에게 이것이 감성적인 은유로만 들린다면, 그것은 사랑에 대한 우리의 비전이 너무 협소하기 때문이다. 단테는 고대 이스라엘의 사상과 예수님의 첫 번째 추종자들이 전한 좋은 소식, 그리고 예수님의 마음과 생각과 소명 깊숙이 숨어 있는 무언가를 포착한 것이다. 그것은 정말 하나님이 계시다는, 그분은 세상을 창조하신 하나님이라는, 그리고 그분이 세상을 창조하신 것은 그렇게 해야만 했기 때문이 아니라 그분의 가장 내적인 본질이 관대하고 풍요로운 사랑이시기 때문이었다는 좋은 소식이었다.

이것은 다른 모든 좋은 소식의 기초다. 우주의 배후에 있는 힘은 눈먼 우연이나 잔혹한 힘이 아닌 사랑이다. 그것은 창조세계의 모든 부분에 담겨 있는 선함과 특별함, 기이하고 눈부시며 생동하는 창조세계 전체를 경축하고 기뻐하는 사랑이다. 가장 작은 생물과 가장 먼 곳에 떨어져 있는 별들까지 관심을 갖고 돌보는 사랑이다. 아주 특별한 피조물인 인간을 만들어, 사랑을 주고받을 수 있는 특별한 능력과 창조주의 의도를 이해하고 그것을 위해 일할 수 있는 특별한 소명을 나누고 그 일을 함께 완성하고자 하는 사랑이다. 세상에는 이 위대한 진리를 보지 못하게 하는 것들이 너무도 많다. 예수님의 좋은 소식은 우리에게 이 진리를 끊임없이 상기시킬 뿐만 아니라, 먼저 우리를 변화시킴으로써 우리 역시 변화를 일으키는 사람이 되도록 하기 위해 존재한다.

그렇다면 이 사랑은 고장 난 팔다리, 상처 난 인생을 만날 때 무엇을 할까? 이 사랑은 부정과 거부에 직면할 때 무엇을 하는가? 창조주의 가장 내밀한 속성을 나누어 가질 수 있는 능력을 소유한 인간이 그 능력을 정반대로 비틀어 증오하고 조롱하며 침 뱉고 협박하며 발로 차고 찌르며 상처를 입히고 죽이는 능력으로 만들어 버렸을 때, 이 사랑은 무엇을 하는가? 혹시 이렇게 말할까? "흠, 모든 것이 제대로 굴러갈 때라면 사랑이 아주 적합합니다. 그런데 이제 모든 것이 잘못되었으니 다른 것을 시도해 보는 게 좋겠습니다." 아니, 그렇지 않다. 예수님이 그분의 공생애 기간에 보여 주셨고 직접 죽음으로 걸어가심으로써 실행하신 좋은 소식은 이것이다. 사랑은 거부당할 때 더 큰 사랑으로 그것을 넘어선다. "자기의 사람들을 사랑하시되, 끝까지 사랑하셨다." 성 요한은 마지막 만찬을 위해 자신의 친구들을 모으셨던 그 밤의 예수님에 대해 이렇게 말한다.

사랑이 이와 같음을 알게 된 우리는 예수님의 공적 사역에서 무슨 일이 일어나고 있었던 것인지 보기 시작한다. 그분은 갖가지 질병과 질환으로 고통받던 사람들을 치유하셨다. 그분은 당시 누구도 알 수 없는 방식으로 가난한 사람들을 먹이셨다. 그분은 하나님 나라가 도래한 것에 대해 모든 배경의 사람들, 특별히 평판이 안 좋은 사람들과 더불어 경축하셨다. **그것은 새 창조의 일이었다.** 그것은 하나님이 왕이 되신다는 것이 어떤 것인지 아주 가까이서 개인적으로 보는 것이었다. 사실 현실의 삶에서 실재가 되지 않는다면 거창한 말이나 행동은 아무 의미가 없다. 예수님은 이곳의 노인과 저곳의 여자 아이를 위해, 죽어 가던 노예 소년과 혈루증을 앓던 여인을 위해 그 모든 것이 실재가 되게 하셨다. 그분은 자신으로부터 흘러나오는 창조적인 사랑의 힘이 모든 방향으로 흘러가게 하셨다. 그러나 사랑의 힘이 힘에 대한 사랑(이 새로운 창조적 능력이 자신들이 세상을 움직이는 방식을 뒤흔드는 것을 달가워하지 않았던 부유한 고위층 인사가 그런 예다)을 만났을 때, 그것은 대립과 맹렬한 비판의 형태를 취하기도 했다.

특히 이 창조적 사랑이 도덕적 잘못에 대한 죄책감에 짓눌린 사람들을 만났을 때, 그것은 **용서**의 형태로 드러났다. "아이야, 네 죄가 용서받았다." 예수님은 잘못에 대한 죄책감이 눈에 보이는 물리적인 마비로까지 이어졌던 한 젊은이에게 이렇게 말씀하셨다. 직접 들어 본 사람은 그 말의 창조적 권세를 알 것이다. 그것은 엄청난 금액을 초과 인출해서 다 써 버린 사람이 그 돈을 모두 탕감받았을 때처럼, 그저 출발선에 다시 서는 것과는 다르다. 용서는 신기하게도 당신 계좌에 엄청난 예금액이 채워지는 것과 같다. 이것은 용서가 당신을 가치 있는 인간으로 만들고 당신의 신용등급을 최고로 상향 조정해 줌으로써 더 이상 스스로를 희망 없는 실패자로 여길 필요가 없게 되었기 때문일 것이다. 더 나아가 그 소식은 **당신에게** 하나님이 처음부터 바라셨던 사람이 될 수 있는 완전하고 새로운 길을 열어 준다. 용서라는 값없는 선물은 우리에게 새 세상을 드러내고 그 세상을 우리 자신의 것으로 만들라고 초대한다. 물론 이것은 좋은 소식의 핵심 요소 중 하나다.

그렇다면 예수님의 공적 사역은 하나님이 왕이 되신다는 좋은 소식을 **선포하는** 것뿐만 아니라 그것을 **구현하는** 것을 목표로 하고 있었다. 바로 이것이 예수님이 불쌍한 사촌 세례 요한에게 답하신 내용이다. "눈먼 사람이 다시 보고, 귀먹은 사람이 들으며, 다리 저는 사람이 걷는다." 다른 말로 하면, 당신 스스로 판단하라는 것이다. 이런 일들은 하나님이 움직이신다는 표지다. 이 하나님은 창조와 새 창조의 하나님, 고대의 선지자들에게 이런 일들이 이루어지리라고 말씀하셨던 하나님이시다. 그리고 이것이 바로 그분이 이 모든 것을 이상한 이야기로, 이른바 비유로 말씀하신 이유다. 그 이야기들 대부분은 한편으로는 '**맞습니다**, 하나님 나라가 정말로 오고 있습니다'라면서도, 다른 한편으로는 '**아닙니다**, 그것은 당신이 생각했던 것처럼 보이지 않으며, 대신 그 나라는 바로 **이렇게** 보입니다'라고 말하려고 했던 것이다.

'그것은 농부가 씨를 뿌려 그중 많은 수는 명백히 열매를 맺지 못하고 버려지겠지만 그중 일부는 풍성한 결실을 맺는 것과 같습니다.' '그것은 조그만 씨앗이 놀랄 만큼 큰 나무로 자라는 것과 같습니다.' '그것은 두 아들을 둔 아버지와 같은데…' 등등.

이런 이야기 중 많은 것이 살짝 친근하게 들리기도 했다. 그것은 예수님의 청중에게 그들의 성경에 나오는 이야기나 이미지를 떠올리게 했을 것이다. 그러나 그분이 행하신 일만큼은 전혀 새로웠다. **새로움**(newness)이야말로 그분이 하신 일의 전부였다. 새 출애굽. 새 창조. 새 생명. 새 소망. 유일하고 참되신 하나님의 권능과 사랑에 대한 새로운 인식. 그리고 좋은 **소식**(news).

그러나 새로움을 위해서는 값을 지불해야 했다. 예수님은 자신의 좋은 소식이 현재 통용되는 옛 방식에 많은 투자를 해 놓은 사람들에게는 **나쁜** 소식이라는 것을 아셨다. 많은 사람들이 그분을 보며 미쳤다고 했다. 더 많은 사람들이 그분을 위험하다고 했다. 어떤 이들은 그분이 귀신과 작당했다고 수군거렸다. 심지어 그분의 가족들까지 때로 그분 뒤에서 고개를 저었다. 예수님은 이런 반대, 이런 의심과 적대감을 거래의 일부로 보셨다. 그분은 사람들을 자유롭게 하기 위해 오셨고, 모세가 이집트의 왕 파라오 앞에 섰을 때처럼 사람들을 구속하고 있는 권세와 대결하셔야 했다. 그분은 자신이 이런 권세들과 이상한 전투를 하고 있다고 생각하셨다. 한때 그분은 자신이 첫 승리를 거두어 적의 영토에 깊숙이 침투해서, 사람들을 여러 종류의 질병에서 자유롭게 해 주었다고 말씀하셨다. 이후에 그분은 적에 대해 말씀하신다. "지금은 너희의 때요, 어둠의 권세가 판을 치는 때"라고(눅 22:53).

그분이 막 체포되려 하던, 죽임을 당하시기까지 24시간도 채 남지 않은 순간이었다.

그분이 말씀하신 창조적이고 재창조적인 사랑이 하는 일은, 오직 창조에 반하는 세상의 모든 세력, 모든 증오와 두려움, 부패와 죽음의 공격을 그분 자신의 몸으로 다 받아 내고 그것을 소진시킴으로써만 가능했다. 이것은 예수님에게, 또 초기 교회에게 좋은 소식의 핵심이었다. 이는 또한 오늘날 좋은 소식을 전하는 이들에게도 여전히 핵심이다. 예수님의 좋은 소식은 그분의 죽음이라는 비극적이고 끔찍하게도 **나쁜** 소식에 이르러서야 마침내 절정에 이를 준비가 된 것이다.

우리는 정말 참 하나님을 만났을까?

어떻게 이 모든 것을 하나로 정리할 수 있을까? 지난 수 세기를 돌아볼 때, 우리는 사람들이 바쁘게 가던 걸음을 잠깐 멈추고 인생에 대해 중요한 질문을 던질 때마다 반복되는 주제가 있음을 발견한다. 우리는 누구인가? 우리는 어디에 있는가? 먹고, 싸우고, 자식을 낳는 것 이외에 우리가 여기에 존재하는 이유는 무엇인가? 무엇이 잘못되었나? 해결책은 무엇인가? 그리고…하나님 혹은 신들 혹은 그와 비슷한 것에 대해 끈질기게 지속되어 온 소문은 정말 실제로 존재하는 무언가에 대해 말하고 있는가, 아니면 단지 인간이라는 종이 쉽게 털어 내버리지 못하는 시대에 뒤떨어진 바보 같은 생각에 불과한가?

나는 2장에서 사도 바울이 그리스 북부 지방에서 좋은 소식을 전할 때 그것은 분명 **하나님**—고대 세계의 골목 귀퉁이마다 자리를 잡고 있던 수많은 거짓 신들과 대비되는 살아 계시고 참되신 하나님—에 대한 좋은 소식이었다고 말했다. 이 책 내내 우리는 우주의 창조주이시며 세상과 근본적으로 다르지만 그것과 친밀한 관계를 맺고 계신 하나님이 계시며, 그분은 이스라엘의 메시아 나사렛 예수를 통해 특히 그분의 십자가 죽음과 부활을 통해 결정적이고 극적으로 자신을 알리셨다는 믿음 위에 역사적 기독교 신앙이 세워져 왔음을 보았다. **과거**에 대한 좋은 소식(세상을 완전히 바꾸어 놓은 예수님과 관련된 사건들)은 사실 이 하나님에 대한 좋은 소식이다. **미래**에 대한 좋은 소식(예수님과 함께 시작된 일이 완성됨으로써 모든 창조세계가 하나님의 강력한 사랑과 공의를 경축하는 날이 올 것이라는 약속) 역시 사실은 이 하나님에 대한 좋은 소식이다. **현재**에 대한 좋은 소식(치유와 변화는 이 세상과 개인들의 삶에서 지금 일어날 수 있고 일어나고 있다는 사실) 역시 마찬가지로 이 하나님에 대한 좋은 소식이다. 우리는 **하나님**이라는 단어와 수 세기 동안 그리고 우리 시대에 그 단어에 부여한 가지각색의 이력에 대해 결론적으로 무엇을 말할 수 있을까?

이미 살펴보았듯 반복되는 주제는 이와 같다. 인간의 통제 너머에 존재하는 힘에 대한 희미한 인식은, 위험하고 화도 잘 내며 어떤 식으로든 비위를 맞춰 주지 않으면 서슴지 않고 인간을 괴롭힐 준비가 된 신(들)에 대한 생각으로 이어진다. 시간이 많이 남고 이런 것들에 대해 생각하기를 좋아하는 어떤 사람들, 다른 말로 하면 철학자들은 이 문제에 대해 숙고했고 여러 가지 결론에 이르렀다. 그들은 모든 것과 모든 사람 안에 신성이 들어 있다거나, 신들은 멀리 떨어진 곳에 살면서 인간 세상에는 관여하지 않는다고 말했다. 혹은 단순히 우리는 알 수 없다거나 충분한 증거가 없다고 말하기도 했다. 이쪽이든 저쪽이든 이런 결론은 모두 우리를 괴롭히는 하늘의 심술쟁이에 대한 믿음 안에 들어 있던 위험한 폭발성을 해체하는 것이 주목적이었다. 모든 신학자들은 저마다 이런 입장들과 그 다양한 변주 사이를 오간다.

그러나 **이스라엘의 하나님은 예외다**. 이스라엘의 하나님 야웨는 이런 그림들과는 근본적으로 달랐다. 이에 비추어 각각의 입장을 다시 살펴보자.

증거가 충분하지 않다고? 경건한 유대인은 이러한 입장에 대해 답을 가졌다. 이 하나님은 아브라함과 그의 후손들에게 자신을 드러내셨으며, 그 대표적인 경우가 출애굽의 강력한 역사였다. 그분은 선지자들과 다양한 역사적 사건을 통해 자신을 드러내셨다. 그분은 광야의 성막과 예루살렘의 솔로몬 성전을 자신의 영광스러운 임재로 채웠다. 맞다. 오랜 세월 사람들은 하나님이 정말 자신들을 버리셨는지 의아해했다. 그러나 소망이 꺼져 가던 바로 그때 새로운 비전이 나타났다. 예수님 시대 대부분의 유대인들은 증거가 충분하다고 믿었다. 문제는 지식에 관한 것(우리는 어떻게 하나님에 대해 알 수 있는가?)이 아니었다. 문제는 바로 소망에 관한 것이었다. 도대체 이 하나님은 그분이 약속하신 것, 곧 그들을 구원하고 그분의 나라를 세우기 위해 권세와 영광 가운데 다시 돌아오시겠다는 약속을 언제 이루실 것인가?

혹은 다른 이들의 생각처럼 신들은 아주 먼 곳에 떨어져 있는가? 이스라엘의 고대 성경 역시 자주 유일하고 참되신 하나님은 우리와 다른 영역에 거하신다고 말했다. 원한다면 그곳을 하늘이라고 불러도 좋다. 그러나 이 단어는 특정한 장소를 부르는 정확하고 분명한 이름표가 아닌 알 수 없는 어떤 실재를 가리키는 표지판임을 기억해야 한다. 동시에 이 하나님은 강력하고 친밀한 임재로 그분의 백성과 함께하고 계셨다. 그분은 어떤 경우에도 그들의 통제 아래 계시지 않았지만, 그들과 함께 계실 것이라고 약속하셨으며, 그분이 정말 그 약속을 지키고 계시다는 분명한 표지들은 계속 나타났다. 특히 그분은 그들 가운데 친히 거하시겠다고 약속하셨다. 그것이 성전이 의미하던 전부였다. 즉 그곳은 하늘과 땅이 만나는 곳이었다. 이런 것에 대해서는 철학적 훈련을 받지 않은 평범한 고대의 이방인들도 이해할 수 있었다. 그들에게도 신이나 여신들을 만날 수 있다고 생각한 신전이 있었기 때문이다. 그러나 이스라엘의 하나님이 그 모습을 드러내실 때 거기에는 뭔가 다른 것이 있었다. 이에 대해서는 곧 살펴볼 것이다.

혹은 바울 시대의 많은 이들이 믿었던 것처럼, 단순히 세상 안에는 신의 임재와 능력이 채워져 있는 것일까? 고대 이스라엘 사람들은 분명 현재 세상의 선함을 경축했다. 일부 이원론적 철학이 그럴듯한 말솜씨로 물질세계를 거부하는 것은 그들에게 맞지 않았다. 그들의 위대한 시들은 모든 창조세계가 하나님을 찬양한다고 노래한다. 그러나 이것은 그들에게 있어 선함이란 언제나 저 너머에서 오는 **선물**이었음을 보여 준다. 그들의 하나님은 세상을 만드신 창조주이시지 단순히 세상 모든 곳에 스며들어 있는 신성이 아니다. 그분은 정말로 함께 계신다. 특히 그분을 가장 필요로 하는 이들, 가난하고 억압받는 자들과 함께 계신다. 그러나 동시에 그분은 여전히 창조세계 바깥에 존재하신다. 마치 소설의 작가가 그 이야기 안에 직접 들어와 있는 것처럼 보이지만 책 바깥에 존재하는 것과 같다.

그렇다면 이런 이방인들의 오래된 이야기에 약간의 진실이라도 들어 있기는 한 걸까? 늘 티격태격 싸우거나 계략을 짜 마치 궁중 암투를 벌이듯 행동하면서도 인간 세상에 개입하고, 나타났다가 사라지며, 인간의 계획을 도와주기도 하고 좌절시키기도 하는 올림포스 산의 신들과 여신들. 이 세상에는 정말 이와 같은 신들의 힘이 존재할까? 사실 이스라엘의 하나님이 **살아 계신다**는 생각도 이런 신들에 대한 생각과 크게 다르지는 않은 것 같다. 고대나 현대나 철학적 사고에 익숙한 이들에게는 끔찍하게 들릴 수 있겠지만, 이스라엘의 하나님은 계획을 하고 그것을 행하시며 약속한 것을 잊지 않으신다. 그분은 열정과 긍휼로 그분의 백성을, 세상을, 특히 가난한 자들과 궁핍한 자들을 돌보신다. 간단히 말해 그분은 말끔한 것만 선호하는 신이 아니시다. 철학은 모든 것을 말끔하게 정리하는 것을 좋아하는 반면, 이스라엘의 하나님은 그분의 신선한 바람을 불러일으켜 인간들이 막 정리해 놓은 것들을 방안 여기저기 흩어 놓으신다. 다시 말해 그분은 인간의 어떤 체제 안에도 갇히지 않으신다. 그분은 단순히 또 하나의 신이 아니시다. 그분은 절대자 하나님이시다.

이것으로 하나님에 대한 오늘날의 질문이 기본적으로 아주 오랫동안 사람들이 직면해 온 것과 동일한 질문이었음이 분명해졌기를 바란다. 철학자들은 터무니없는 옛 이방인들의 소문을 잠재울 수 있는, 부분적으로는 그럼으로써 사람들에게 더 이상 두려워할 필요가 없다고 확신시켜 주기 위한 다양한 방법을 고안했다. 이스라엘의 하나님 역시 사람들에게 "두려워하지 말라"고 반복적으로 말씀하시지만, 그러나 이유가 다르다. 그것은 그분이 우리 인간들에게 관심이 없어서도 아니며 혹은 단순히 자연에 내재하는 모든 기운의 총합이기 때문도 아니다. 그것은 그분이 세상에 **관심을** 가지고 그 안에서 **행하고** 계시기 때문이며, 무엇보다 자신의 창조세계를 사랑하는 지혜로운 창조주로서 그것을 바로잡고자 하시기 때문이다. 그분은 좋은 소식의 하나님이시다.

이제 이 모든 것을 초기 기독교 시절로 가져가 보자. 우리가 이스라엘의 하나님에 대해 말한 모든 것은 갑작스럽고 놀랍게 예수님께 초점이 맞춰진다. 그분의 첫 번째 추종자들이 재빠르게 도달한 결론은 **마침내 이스라엘의 하나님이 그분이 약속하신 대로 그분의 백성을 구하시고 세상 가운데 자신의 주권을 세우기 위해 친히 오셨다**는 것이었다. 말하자면 예수님은 새 성전이었다. 그분은 하늘과 땅이 만나는 장소였다. 그분이 바로 참되신 하나님이 가난하고 궁핍한 자를 구하고 죄를 용서해 주기 위해 권능과 사랑 가운데서 오셨을 때의 모습이었다. 초기 기독교의 좋은 소식이 하나님에 대한 좋은 소식이었던 이유는 **그것이 예수님에 대한 소식이었기 때문이다.**

바로 이것이 이 책 내내 우리가 말해 온 이야기 안에 숨어 있는 진리다. 철학자들이 일반적인 이방 신들에 대한 묵은 신화를 거부했던 것은 옳다. 그러나 그들이 그 신화 대신 선택한 것들은 그 자체로 흥미롭기는 하지만 완전한 답은 되지 못했다. 예수님에 대한 메시지가 세상에 가져온 소식은 참 하나님이 **계시고**, 그분이 만유의 창조주시며, 그리고 악을 뿌리째 뽑고 새 창조의 프로젝트를 시작하시겠다는 그분의 오래된 약속을 마침내 이루셨다는 것이다.

이런 메시지는 두 가지 면에서 강력한 힘을 발휘했다. 첫째, 그것은

지적인 확신을 주었다. 일단 사람들이 이 엄청난 주장(첫째는 유대인들이 옳았다는 것, 둘째는 하나님이 예수님을 죽은 자들 가운데서 일으키셨다는 것)을 처음 접했을 때의 충격에서 벗어나고 나면, 사실 이 모든 것이 이치에 맞는다는 것 역시 깨닫기 시작한다. 둘째, 그것은 **영적인 능력**, 즉 삶을 변화시키고 몸을 치유하며 원수들을 화해시키고 모든 사람이 가족으로 환영받는 새로운 종류의 삶을 창조하고 유지하는 능력을 발휘했다. 고린도 교회에 쓴 편지에서 바울은 그들 가운데 사역을 시작하던 때를 돌아보면서, 그때 자신은 그들의 믿음이 사람의 지혜가 아닌 하나님의 능력에 달려 있게 하고자 했다고 말한다. 바울은 자신의 메시지가 그들의 세계 안에서 받아들여지고 자랑스럽게 말할 수 있는 것이 되게 하기 위해 그 메시지를 그들의 똑똑한 범주에 끼워 맞추지 않았다. 대신 그는 좋은 소식의 능력, 즉 치유하고 삶을 변화시키는 좋은 소식 자체의 능력이 역사할 수 있게 했다. 동시에 좋은 소식의 메시지에 대한 지적 확신을 위해 노력할 때, 좋은 소식은 자연스럽게 강력한 힘을 발휘하기 시작한다.

이제 이 모든 것을 가지고 15세기와 16세기로 가 보자. 옛 이방 신들은 다시 대중의 상상력 안에 스며들어 와 있다. 그러나 이제 그들은 기독교적 색채를 덧입고 있다. 사람들은 다시금 그들의 잘못을 벌하기 위해 현세에서 벼락을 내리거나 죽은 뒤에는 지옥에 던져 버릴지도 모르는 신에 대한 두려움 속에서 살았다. 중세 후기에는 모든 이들이 입으로는 당시 주류 종교였던 기독교 신앙을 고백했지만, 그 고백이 대다수 사람들의 삶에 근본적인 차이를 가져오지는 못했던 것 같다. 그런데 두 가지 일이 일어났다. 첫째, 몇몇 저자들이 고대의 이분법적 철학을 다시 꺼내 들었다. 그들은 하나님과 세상 사이에 엄청난 간극이 존재한다고 주장하기도 했고, 세상은 그 자체의 힘 혹은 내부의 동력으로 자체의 길을 가고 있다고 주장했다. 이것은 위험하고 어쩌면 화가 나 있는 하나님에 대한 하나의 철학적 답변이었다. 둘째, 16세기 종교개혁가들은 우리가 성경을 제대로 읽기만 한다면 완전히 다른 그림을 보게 된다고 주장했다. 살아 계신 하나님은 예수님을 통해, 특별히 그분의 죽음을 통해 세상을 구원하는 일을 행하셨다.

철학과 종교개혁. 동일한 문제에 대한 두 개의 답변. 우리는 우리와 먼 곳에 떨어져 있고 죄에 대한 복수심에 불타는 하나님에 대해 어떤 반응을 보여야 할까? 먼저 철학의 답변. 그런 신은 존재하지 않는다. 만약 신이 존재한다고 해도 그분은 우리와 멀리 떨어져 있다. 걱정할 필요 없다. 그다음 종교개혁의 답변. 괜찮다. 왜냐하면 예수님이 우리를 대신해 죽으셨기 때문이다. 우리가 받아야 할 벌을 그분이 이미 받으셨다. 그분을 믿으라. 그리하면 구원을 얻을 것이다.

선도적 종교개혁가들은 무엇보다 성경의 가르침을 중요시했기 때문에 이보다 훨씬 더 멀리 나갔다. 그들은 이방인들이 가지고 있던 복수심에 불타는 신에 대한 그림이 근본적으로 잘못되었다고 보았다. 그들은 구원을 온전히 삼위일체적 시각으로 보아야 한다고 주장했다. 즉 친절하고 온유하며 고통받는 예수님이 사납고 노한 그분의 아버지로부터 우리를 구해 주신 것이 아니라, 순전한 사랑이신 하나님 아버지께서 우리가 빠진 곤경으로부터 우리를 구하기 위해 자신의 아들, 자신의 분신을 내어주신 것이다. 주요 종교개혁가들의 글을 읽으면 누구든 이런 하나님의 사랑과 그것이 가져오는 기쁨과 소망에 놀라지 않을 수 없다.

그럼에도 대중들은 여전히 옛 그림에 집착했다. 나는 오늘날 신에 대한 통속적인 이미지가 여전히 옛 그림을 따르고 있다고 생각한다. 그 결과 하나님의 사랑과 정의에 대한 온전한 성경적 계시를 계속 붙잡는 것은 지적이고 영적인 노력이 수반되는 반면, 성난 하나님과 자비로운 예수님에 대한 옛 언어를 사용하는 것은 상대적으로 아주 쉽다. 나아가 설교자와 교사가 최선을 다해 가르칠 때에도 사람들은 여전히 잘못된 생각을 배운다. 그들은 설교에서 듣는 이런 저런 조각들을 이미 그들이 갖고 있는 생각의 틀에 끼워 맞추려 하고, 따라서 적어도 그들이 듣는 것에서만큼은 옛 이방의 생각이 다시 돌아오게 된다.

나는 바로 이것이 최근 나타난 새로운 무신론의 근본 원인이라고 생각한다. 거기에는 리처드 도킨스(Richard Dawkins)와 같은 전투적인 무신론이나 그와 동급 혹은 좀더 부드러운, 예를 들어 소설가 줄리언 반스(Julian Barnes)같이 보다 아쉬움을 띤 무신론("나는 신을 믿지 않지만 그가 그립다")이 모두 포함된다. 많은 사람들이 기독교의 설교와 서적에서 발췌한 기독교적 메시지의 몇몇 요소들만 가지고 그것이 폭력적인 이방의 신과 별로 다를 게 없다고 결론짓는다. 혹은 심지어 이 책을 읽는 독자들 중에도 마치 우리가 믿어야 하는 것이 한 부족의 신, 1세기 중동 지방에 살았던 특정 민족의 신이라고 생각하는 사람들이 있다. 실제로 최근 나는 이와 같은 문제를 제기하는 편지를 받았다. 이런 문제들을 감안할 때 차라리 철학자들의 신을 선택한 뒤 사실은 그가 사랑의 신이었다는 부가 조항을 덧붙이는 편이 현명한 방안이라고 생각할 수도 있을 것 같다. (이것은 성공하기 힘든 속임수이지만,

사람들이 왜 이런 방법을 시도하고 싶어 하는지는 충분히 이해한다.)

그러나 17세기에 블레즈 파스칼(Blaise Pascal)도 말했듯 누구든 아브라함, 이삭, 야곱의 하나님을 알게 되면, 그 하나님이 철학자들의 신과 아주 다르다는 것을 깨닫는다. 그리고 여기에 덧붙여 누구든 이 참된 하나님이 나사렛의 예수 안에서 그리고 그분을 통해 완전하고 최종적으로 자신을 드러내셨음을 알게 되면, 바로 이것이 진정한 좋은 소식임을 깨닫는다. 그것은 모든 사람을 위한, 심지어 철학자들, 특별히 오랫동안 기독교는 단지 고대 이교주의(중간에 특별히 더 끔찍한 부분이 끼어 있는)에 지나지 않는다는 오해 속에서 힘들게 고생한 철학자들까지 모두 끌어안는 좋은 소식이다.

이런 모든 생각은 오늘날 대중문화 안에서 어지럽게 소용돌이친다. 청소년 시절 교회에 열심히 나가다가 거기서 혹은 그들이 기독교라고 이해했던 것에서 완전히 흥미를 잃어버린 많은 이들이 성인이 되고 나서도 계속 기독교 전통을 거부한다. 나는 이 책이 그런 사람들이 경험한 모든 문제를 해결해 주리라고는 기대하지 않는다. 혹은 모든 기독교 설교자와 교사들이 앞으로 보다 올바른 기독교적 가르침을 주게 만들 거라고도 생각하지 않는다. 다만 나는 이 책에서 캐리커처는 캐리커처일 뿐이며, 초기 그리스도인들이 예수님 안에서 나타났다고 믿었던 그 하나님이야말로 주권적 사랑으로 우리를 불러 모아 자신의 새 창조 역사에 동참하게 하시는 유일하고 참된 하나님이시라는 것을 충분히 그리고 분명히 보여 주었길 바란다. 더 나아가 그 하나님은 지금도 예수님의 영 안에서 좋은 소식을 통해 세상과 세상 모든 사람들의 마음과 생각 속에서 일하고 계시다는 것을, 그리고 그때나 지금이나 바로 이것이 좋은 소식이라는 것을 충분히 보여 주었길 바란다.

나는 이 하나님을 믿는 것이 쉽다고 말하는 것이 아니다. 그렇지 않다. 언젠가 『내가 원하는 신』(*The God I Want*)이라는 책 제목을 보고 몸서리를 친 적이 있다. 그런 신은 우상이다. 누군가 "여기요! 여기 우리가 믿을 수 있는 하나님이 있어요!"라고 말한다면, 그 사람은 얼마 못 가 자신의 정신 안에 존재하는 틈새에 하나님 개념을 끼워 맞추었음을 스스로 깨달을 것이다. 참된 하나님은, 정말 그런 분이 존재한다면 그 참된 하나님은 세상 안의 대상이 될 수 없다. **우리가 그분**의 세상 안에 있는 대상이다. 마찬가지로 우리는 그분을 우리 생각 속 관념으로 대할 수 없다. 그렇게 치자면 **우리가 그분의** 생각 속에 있는 관념들이다. 바울이 "지금은 여러분이 하나님을 알[았습니다]"라고만 하지 않고 이어 "**하나님께서 여러분을 알아주셨습니다**"(갈 4:9)라고 곧바로 덧붙이는 이유가 바로 그것이다. 요점은 이렇다. 좋은 소식은 우리에게 있는지조차 몰랐던 문을 두드린다. 우리가 아는 빛이라고는 방 안에 켜진 촛불밖에 없을 때, 좋은 소식은 창문의 커튼을 활짝 열어젖힘으로써 우리로서는 존재하는지조차 몰랐던 태양이 떠올라 그 영광스러운 빛이 방 안을 온통 채우는 것을 보게 해 준다. 그것은 마치 처음으로 사랑에 빠진 사람처럼 우리의 마음을 흔들어 놓으며, 전에는 한 번도 상상하지 못했던 기쁨과 성취감을 우리 안에 일깨운다.

좋은 소식에 대해 해야 할 이야기는 이보다 훨씬 더 많다. 이 책은 시작에 불과하다. 그러나 핵심은 이것이다. 그리스도인들이 전하는 좋은 소식은 정말로 좋은 소식이라는 것이다. 일단 그것을 이해하고 그것에 사로잡히고 나면, 그것은 우리가 들을 수 있는 최고의 소식이 된다. 그 소식에 주의를 기울일 때, 곧 과거의 소식(예수님 안에서 일어난 일)과 미래의 소식(궁극적인 새 창조)으로 눈을 돌리는 동시에 현재의 소식(지금 세상에서 일어나는 하나님 나라의 도전과 당신 자신의 삶의 변화)을 발견하기 시작할 때, 우리는 세상을 다른 눈으로 보게 될 것이다. 하나님을 다른 눈으로 보게 될 것이다. 이웃을 다른 눈으로 보게 될 것이다. 당신 자신을 다른 눈으로 보게 될 것이다. 바로 이것이 오늘과 내일을 위한 좋은 소식이 우리에게 주는 도전이다.

좋은 소식을
기도하다

예수님은 사람들에게 좋은 소식을 전하시면서 그들에게 기도를 가르치셨다. 물론 이 기도에는 '좋은 소식'을 의미하는 '복음'이라는 단어가 구체적으로 나오지 않는다. 그러나 이 기도는 우리로 하여금 좋은 소식 안으로 들어가게 해 준다. 좋은 소식이 **우리 안으로** 들어올 수 있게 해 준다는 표현이 더 적절할지도 모르겠다. 나는 앞서 우리의 부르심이 단지 좋은 소식을 믿기 위한 것만이 아니라고 했다. 우리는 좋은 소식의 사람들이 되라는 부르심을 받았다. 그리고 그것은 우리의 노력으로 되지 않는다. 그것은 오직 기도를 통해서만 가능하다. 만약 예수님 자신이 궁극적인 좋은 소식의 사람이셨다면, 그분이 자신을 따르던 사람들에게 주신 이 기도야말로 가장 훌륭한 시작점일 것이다.

그러나 여기서 우리는 혼란에 빠진다. 이른바 주님의 기도(마 6:9-13)라고 하는 이 기도는 유명하다. 성인이 되어 더 이상 교회에 나가지 않는 사람들도 어릴 때 배운 이 기도만큼은 기억한다. 그런데 주님의 기도를 자세히 살펴보니 이상한 점이 보이기 시작한다. 사실 이상한 점은 아주 많다. 대부분의 사람들이 좋은 소식을 보는 시각을 기도로 옮긴다면, 예수님이 가르쳐 주신 이 기도와는 많이 다를 것 같다. 아마도 그 기도는 다음과 같을 것이다.

오 하나님, 저의 죄를 용서해 주시고 저를 영원히 천국으로 데려가 주세요. (그리고 바로 지금 제가 죄를 그만 지을 수 있게 도와주세요.)

오 하나님, 저에게 어떻게 살아야 할지 보여 주셔서 감사합니다. 제가 그것을 행할 수 있도록 도와주세요.

오 하나님, 제 가족을 먹일 수 있는 양식을 허락해 주세요.

오 하나님, 당신의 세상이 너무도 절실히 필요로 하는 정의를 이루어 주세요.

오 하나님, 애니와 벤과 캐롤린과 데이비드와 엘리노어와 프랭크(이상 알파벳순)를 고쳐 주세요.

이 기도에서 그 자체로 잘못된 것은 아무것도 없다. 용서, 윤리적 비전, 용기, 먹을 것, 정의, 병의 치유를 위한 기도는 모두 훌륭하다. 그러나 주님의 기도가 이런 내용을 모두 포함할지언정 그 시작은 이런 내용이 아니다.

나는 주님의 기도가 핵심 주제를 쭉 나열해 놓은 목록이 아니라고 생각한다. 그것은 우선순위에 따른 목록이다. 그런데 우리들 대부분은 기도의 뒷부분에서 시작하며, 아예 앞쪽으로는 돌아오지 않을 때도 많다. 좋은 소식을 배우고 좋은 소식의 사람이 되는 한 가지 방법은 예수님이 가르쳐 주신 순서대로 이 기도를 하는 법을 배우는 것이다.

그것은 생각보다 훨씬 힘들다.

이런 식으로 생각해 보자. 마치 아주 멋지고 호화로운 대저택에 들어가는 것처럼, 주님의 기도는 우리에게 그 안으로 들어와 편하게 머물라고 초대한다. 그러나 우리 대부분은 이 건물의 잘못된 입구로 들어가는 것 같다.

멋진 집에 초대를 받았다고 상상해 보라. 대문에서 집까지 이어진 긴 진입로를 따라 운전을 해서 들어왔다. 그런데 당신은 집 앞에 주차를 한 뒤 방향감각을 잃어버렸고, 결국 뒷문으로 들어가게 되었다. 조심스럽게 안으로 들어온 당신은 주변을 둘러본다. 집의 가장 바깥쪽에 딸려 있는 작은 주방이 보이고, 거기에는 준비 중인 음식들과 쓰레기통이 여러 개 놓여 있다. 눈에 보이는 음식이 허기를 느끼게 하지만, 당신이 기대했던 곳은 아니다. 천천히 당신은 만찬을 위한 음식 준비가 거의 끝나 가고 있는 진짜 주방으로 들어간다. 이곳도 좋기는 하지만, 당신은 이것이 집에 들어오는 바른 방향이 아님을 알고 있다. 그래서 집안 이곳저곳을 살펴보다가 마침내 본관 현관을 발견한다. 이제야 당신은 집 전체의 구조를 볼 수 있다. 드디어 당신은 정문에 이르고 거기서 당신을 초대한 집주인이 등을 돌리고 서 있는 것을 본다. 그는 당신을 찾고 있다. 당신이 인사를 건네자 그는 당신이 뒤쪽에서 나타난 것에 잠깐 당황해하지만 금세 당신이 도착한 것을 기뻐한다. 이제 모두 자리에 앉아 교제를 즐길 수 있다. 훌륭한 만찬도 곧 시작될 것이다.

물론 설사 창문을 깨고 들어왔을지라도 일단 집에 들어왔으면 됐다. 그러나 무단침입자가 아닌 환영받는 손님으로 왔다면, 실제 그 집이 어떻게 돌아가는지 그리고 처음부터 정문을 통해 제대로 들어왔다면 모든 게 어떻게 보였을지 가늠해 보는 것은 충분히 가치 있는 일이다.

그러나 지금은 일단 우리가 서 있는 곳, 즉 주님의 기도 뒤편에서 시작해 보자. 말했듯 우리 대부분은 뒷문을 통해 들어오기 때문이다. 따라서 우리는 기도의 뒤에서부터 앞으로 진행해 갈 것이다. (일반적으로 주님의 기도 가장 끝에 나오는 "나라와 권세와 영광은 영원히 아버지의 것입니다"는 초기 그리스도인들이 나중에 덧붙인 것이므로 여기서는 예수님이 가르쳐 주신 부분만 다루기로 한다.)

우리 대부분, 그리고 기도하는 사람들 대부분은 가장 분명한 기도로 시작한다.

도와주세요!

우리를 커다란 시험에 들지 않게 하시고,
악에서 구하여 주십시오.

군인들의 옛 속담에 "여우 굴에 무신론자는 없다"는 말이 있다. 여우 굴은 전쟁터에서 위험한 지점에 파 놓은 참호를 지칭하는 군대 속어다. 이 속담이 사실일 수도 있고 아닐 수도 있지만, 그러나 보통 때라면 기도하지 않을 사람도 큰 어려움을 당하면 어떤 식으로든 기도하게 되는 것은 분명한 사실이다. 그리고 배 안에서 폭풍우를 만난 예수님의 제자들처럼, 우리 대부분은 그런 상황에서 기도란 무엇이며 어떤 형식을 따라야 하는지를 놓고 느긋하게 묵상할 여유가 없다. 우리가 할 수 있는 전부는 그저 "도와주세요!" 하고 절박하게 외치는 것뿐이다.

만약 약간의 여유가 있다면, "뭔가 안 좋은 일이 기다리고 있다면, 그것으로부터 저를 구해 주세요!" 혹은 "나쁜 일이 일어나려고 하면, 제발 막아 주세요!"라고 기도할 수도 있을 것이다. 혹은 좀더 형식을 갖춘 기도를 하고자 하면, "우리를 악에서 구하여 주십시오!"라고 말할 수도 있을 것이다.

바로 이것이 주님의 기도에 뒷문으로 들어간다고 말할 때 내가 의미하던 바다. 물론 이것도 괜찮다. 일단 들어왔으니 됐다. 그러나 이제는 정문 쪽으로 나가야 하지 않을까? 그리고 만약 우리가 처음부터 제대로 시작했으면 어땠을지 알 수 있다면 더 좋지 않을까?

만약 기도의 '도와주세요' 단계에 있는 사람에게 좋은 소식이 무엇이냐고 묻는다면, 아마도 그는 "내게 관심 있는 유일한 좋은 소식은 이 혼란에서 벗어나는 것뿐이에요!"라고 답할 것이다. 이 자체로 잘못된 것은 전혀 없다. 많은 사람들이 거기에서 시작한다. 다만 거기서 멈추면 안 된다.

우리가 일반적으로 기도하는 두 번째 내용 역시 기본적으로 도와달라고 소리 지르는 것과 다름없지만, 이번에는 좀더 초점이 좁혀져 있다. 그것은 사람들이 힘들고 스트레스를 받는 상황에서 종종 하는 기도다. "도대체 저한테 왜 이러시는 겁니까?"

우리가 하나님께 이렇게 말하는 것은 대략 이런 경우들이다. 영하

10도에 자동차 키가 문에 박힌 채 부러져 버렸다. 더군다나 여기는 전혀 모르는 동네다. 다 수리되었다고 생각한 지붕이 다시 새기 시작한다. 이번 주만 벌써 세 번째다. 아이가 혹은 부모님이 나를 완전히 미치게 만드는 일을 저질렀다. 분노조절 상담 중인 직장동료가 오늘 다시 한번 조절능력을 상실해 버렸다. 적어도 이런 경우에 사람들은 이 두 번째 기도를 한다. 여기에는 어떤 식으로든 하나님께 책임이 있다는, 혹은 이 일들은 일종의 시험이며 지금 그들은 낙제 위기에 처했다는 생각이 서려 있다.

이런 기도의 보다 성숙한 형태가 "우리를 시험에 들지 않게 하시고"일 것이다. 다른 말로 하면 "내가 이런 시험을 당하지 않게 해 주세요!"다. **시험**(temptation, 유혹)이라는 단어는 우리에게 그릇된 일을 하게 만드는 내부적 혹은 외부적 압력을 연상시킨다. 성경적으로 설명하자면 이는 일종의 테스트로서, 어떤 기계에 사용될 철근이 그 기계의 압력을 견딜 수 있는지 확인해 보는 것처럼 우리를 일정한 스트레스 아래 놓아 두는 것을 말한다. 다른 종류의 테스트도 많다. 인내심 테스트, 용기 테스트, 믿음·소망·사랑 테스트 등.

"우리를 시험에 들지 않게 하시고" 혹은 오늘날 몇몇 성경이 번역하듯 "우리를 시험의 때로 데려가지 마시고"라고 기도하는 것은 훨씬 차분하게 들린다. 충분히 괜찮다. 소리를 지르며 기도하는 순간이 오기 전에 미리 이렇게 기도하는 것이 해로울 것은 없다. 그러나 본질적으로 그 둘은 같다. "어떻게 나한테, 어떻게 이러실 수 있어요? 도대체 무얼 증명하시려는 거지요? 제가 왜 이런 일을 겪어야 합니까? **제발 저를 산산조각 낼 것 같은 이 압박감 아래 그냥 내버려 두지 말아 주세요!**"

'도와주세요' 단계에 있는 사람들과 마찬가지로 이 단계의 기도를 하는 사람들이 찾고 있는 좋은 소식은 하나다. 그들을 누르는 압박감이 사라지는 것, 혹은 어쩌면 처음부터 그런 일이 생기지 않는 것이다. 이것만으로도 그들에겐 좋은 소식이 되기에 충분하다. 그것은 한숨을 돌릴 수 있는 시간적 여유를 주기 때문이다. 재정비를 하고 균형과 사기를 회복할 수 있는 기회. 물론 이것이 나쁘지는 않다. 비유를 다시 이어 가자면, 이런 것들은 그 훌륭한 저택에서 아주 중요한 방이다.

그러나 "도와주세요!"가, 아니면 이 기도에 대한 하나님의 응답이 좋은 소식의 전부가 될 수는 없다. 어떤 식으로 상상력을 동원하더라도 그렇게 될 수는 없다.

많은 그리스도인들은 여기서 그다음의 중요한 간구를 향해 한 걸음 더 거꾸로 움직인다.

우리를 용서해 주세요
———

우리가 우리에게 빚진 것을 용서하여 준 것같이
우리가 빚진 것을 용서하여 주시고,

일반적으로는 "우리가 우리에게 죄 지은 사람을 용서하여 준 것같이 우리 죄를 용서하여 주시고"다. 사실 많은 그리스도인들이 이 부분의 전반부를 쉽게 잊어버린다. 부분적으로는 그것이 정말 하기 힘든 일이기 때문이고, 부분적으로는 우리 편에서 지켜야 할 도덕적 약속을 기도에 포함시키는 것 자체가 아주 특별한 일이기 때문이다. (마태복음 18장에 나오듯 이런 내용은 예수님 자신의 가르침에도 들어 있다.)

많은 그리스도인들에게는 단순히 이것이 좋은 소식이다. 우리는 죄인이지만 하나님이 우리의 죄를 담당하심으로써 이제 우리는 용서받을 수 있다. 종종 이것은 **현재의 영성**과 **미래의 소망**으로 연결된다. 내 죄가 용서되었다면, 이제 나는 하나님과 화평하게 되었으며 그분의 임재를 누릴 수 있다. 내 죄가 용서되었다면, 이제 나는 지옥에 가지 않을 것이다. 다시 한 번 말하지만 많은 그리스도인들에게는 **단순히 이 자체가 좋은 소식이다**. 그러나 이것은 교리 그 이상도 이하도 아니다.

맞다. 물론 이 역시 좋은 소식의 일부다. 맞다. 주님의 기도는 다른 곳과 마찬가지로 여기서도 예수님의 보다 넓은 범위의 사역을 예리하게 반영한다. 특별히 이 지점에서 기도는 예수님이 사역 기간에 많은 사람들에게 죄 용서를 베푸셨던 것, 또한 무엇보다 마지막에 "자신의 생명을 많은 이들의 대속물로 주셨던 것"을 반영한다. 이 모든 것은 엄청나게 중요하다. 누구든 죄 용서에 대해 잊어버린 채 복음을 이해했다고 생각한다면, 그 사람은 복음을 잘못 이해한 것이다.

그러나 죄 용서만으로는 완전한 주님의 기도가 될 수 없다. 게다가 이는 기도의 전반부에 속하지도 않았다. 죄 용서 자체로는 완전한 좋은 소식이 아니기 때문이다. 중요한 부분이기는 하지만 전부는 아니다. **심지어 가장 핵심도 아니다**. 분명 그 저택에는 이것을 위한 방이 있지만, 우리는 여전히 부엌에서 집 안쪽으로 들어가는 길을 찾는 중이다. 아직은 현관 근처에도 가지 못했다.

주님의 기도를 뒤에서부터 시작하는 많은 그리스도인들은 어려움에서 구해지기를, 현재의 시험에서 벗어날 수 있기를, 그리고 용서받기 위해 기도할 뿐만 아니라 온갖 다른 것들도 구할 필요가 있음을 깨닫는다.

일용할 양식

지금 우리에게 필요한 양식을 오늘 내려 주시고.

전통적으로는 "오늘 우리에게 필요한 양식을 내려 주시고"다. 여기서 양식은 그 자체로 중요한 요소다. 매일 제대로 먹지 못한다면 다른 일들도 일어나기를 기대할 수 없다. 그러나 여기서 양식은 우리에게 필요한 다른 모든 것을 상징한다. "오 주님, 제게 벤츠 한 대만 사 주실래요?"와 같은 풍자적인 이야기는 잊어버리자. 필요한 것을 구하는 일은 부적절한 행동이 아니다. 그것은 아이들이 부모에게 하는 자연스러운 일이다. 그리고 정확하게 바로 그것이 하나님이 우리와 맺기 원하시는 관계다.

좋은 소식의 이런 측면 역시 예수님의 사역에 견고하게 뿌리내려 있다. 뒷문으로 저택에 들어온 비유를 이어 가자면, 이 기도는 만찬을 위한 방쯤 될 것이다. 뒷문으로 들어왔을지라도 만찬이 준비된 이 방에서 우리는 진심으로 환영받는 손님이다. 예수님도 굶주린 사람들을 먹이셨다. 그것은 그 자체로 좋은 소식의 한 부분이었으며, 모든 사람들이 필요로 하는 것을 받게 될 장차 올 그 나라의 살아 움직이는 상징이었다. 이쯤에서 점점 명확하게 보이기 시작하는 것이 있기를 바란다. 예수님이 좋은 소식에 대해 **말씀하신** 것은 그 말씀에 실체를 부여하기 위해 그분이 **행하신** 일들과 모든 면에서 연결된다. 진리에 대한 그분의 가르침이 진짜고, 그분이 행하신 일은 그것을 위한 일종의 시각자료였다는 의미가 아니다. 이것은 그분이 가르치신 위대한 진리란 다름 아닌 창조세계를 새롭게 하고 회복시키기 위해 돌아오고 계신 창조주 하나님에 관한 것이었다는 의미다. 창조주 하나님이 창조세계를 새롭게 하고 회복시키신다! 바로 **이것이** 위대한 일이었다. **이것이** 진짜였다.

예수님이 굶주린 이들을 먹이신 일은 그분이 함께하신 잔치, 즉 마침내 하나님 나라가 오고 있으며 그것이 시작되는 자리에 자신들이 함께한다는 생각에 신나고 들떠 있던 온갖 종류의 사람들이 함께 먹고 마시며 즐기던 저녁식사와 잔치에 긴밀하게 연결된다. 우리가 알듯 이러한 식사들은 결국 우리가 '최후의 만찬'이라 부르는 마지막 식사로 이어진다. 이 역시 축하의 자리였지만 아주 다른 종류의 축하였다. 예수님은 이것이 하나님 나라의 만찬임을 분명히 하셨던 만큼 그 나라는 오직 자신의 죽음을 통해서만 온다는 것 역시 분명히 하셨다. 어떤 방식으로든 "우리에게 필요한 양식을 내려 주시고"는 예수님이 여러 차례 말씀하신 이러한 더 큰 실재를 지시한다. 즉 그분의 삶과 죽음은 사람들로 하여금 새 창조의 사람들로 살 수 있게 해 줄 변화를 일으키는 식량이 될 것이다.

이렇듯 일용할 양식을 위한 이 기도를 예수님의 공생애 및 그분의 죽음과 부활이라는 문맥 안에서 진지하게 받아들일 때, 이 기도는 더 이상 단지 '우리에게 지금 당장 필요한 것을 주세요'를 의미할 수 없다. 물론 그런 부분도 포함되겠지만, 이 기도를 더 큰 문맥 안에서 이해하는 것은 그것이 단순히 이기적이거나 실용적인 기도에 그치는 것을 막아 준다. 더 나아가 그것은 지금 당장 우리에게 필요한 것(그리고 우리가 우리에게 지금 당장 필요하다고 *생각하는* 것 역시!)을 그분의 죽음과 부활, 그리고 그분이 펼치신 하나님 나라의 전체 계획 안에서 볼 수 있어야 한다고 가르쳐 준다.

이는 좋은 소식의 이러한 한 측면을 강조하기 위해 그것의 다른 측면들을 간과해서는 안 된다는 의미이기도 하다. 이제 곧 우리는 하나님 나라의 보다 큰 사안들을 살펴볼 것이다. 그런데 일단 여기서 짚고 넘어가야 할 게 있다. 하나님이 사람들의 물리적 필요를 만족시켜 주기를 기뻐하신다는 것을 강조할 때, 그 밖의 다른 요소는 완전히 배제하려는 사람들이 있다는 것이다. 그들은 좋은 소식이 배고픈 사람들을 먹이는 것, 또 노숙자들에게 집을 제공하거나 사회적 약자를 배려하는 일을 의미한다면 "좋아요! 한번 해 봅시다!"라고 말한다. 그러나 암묵적으로는 "죄 용서라든지 유혹이라든지 하는 경건한 이야기로 우리를 괴롭히지는 마세요"라고 말하고 있을 것이다. 어떤 이들에게 이것은 제약에서 자유로워지는 길일 수도 있다. "영성 같은 주제는 신경 쓰지 말고 그냥 실제적인 일을 합시다." 그러나 주님의 기도 전체는 이런 태도를 거부한다. 기도의 각 내용은 다른 내용들을 필요로 한다. 좋은 소식의 각 부분은 다른 부분들을 필요로 한다. 우리는 집 안을 통과해 정문까지 가는 여정을 다 마치기 전에 만찬을 위한 이 방에 마냥 머무를 수는 없다. 정문은 원래 우리가 시작했어야 하는 출발점이다.

8. 좋은 소식을 기도하다

지금까지 우리는 뒤에서 앞으로 거슬러 오면서 도움을 위해, 한계점까지 시험을 받지 않기 위해, 용서를 위해, 양식을 위해 기도했다. 이것도 괜찮다. 사람들이 너무 자주 이 훌륭한 저택을 뒷문을 통해 들어오기는 하지만, 이 모든 것 역시 분명 중요하기 때문이다. 이제 다음으로 어떤 일이 일어날까? 부엌과 만찬을 위한 방을 통과해 드디어 현관에 다다를 때 무슨 일이 일어날까?

지금 여기

당신의 나라가 오게 하여 주시며,
당신의 뜻이 하늘에서와 같이 땅에서도
이루어지게 하여 주십시오.

전통적인 이 기도는 예수님이 행하고 말씀하신 모든 것, 그냥 예수님의 **존재**에 대한 모든 것과 너무도 잘 어우러지기 때문에 단지 이 기도를 반복하는 것만으로도 그분의 뜻 전체를 요약할 수 있는 것처럼 보인다. "아버지의 나라가 오게 하소서! 아버지의 뜻이 하늘에서와 같이 땅에서도 이루어지게 하소서!" 그리고 조금이라도 눈치가 있는 사람이라면, 이제 막 중요한 모퉁이를 돌았음을 감지할 것이다. 뒤에서부터 기도를 거슬러 오면서 우리는 지금까지 우리 자신의 필요에 초점을 맞추고 있었다. 그런데 이제 고개를 들어 더 큰 계획을 바라보고 있다. **이제 하나님이 왕이 되실 시간이다. 지금 여기에서.** 마침내 우리는 현관에 도착했고 처음으로 저택의 주인을 살짝 보았다.

맞다. 하나님 나라의 주제는 예수님 시대의 사람들에게도 종종 그들 자신의 필요에 관한 것으로 이해되었다. 우리가 이미 살펴보았듯 예수님 시대의 많은 유대인들이 하나님이 왕이 되시는 것에 대해 말할 때, 그것은 로마로부터의 사회적·정치적 해방 및 유대인 독립 자치주 수립, 그리고 모든 하나님 백성의 평화와 번영을 의미했다. 어떤 이들은 이방 민족들이 이 놀랍고 특별한 하나님에 대해 알게 되기를 기대하기도 했다. 사실 성경의 어떤 예언들은 이 마지막 요소를 아주 중요시한다. 따라서 예수님 시대의 많은 유대인들은 "우리에게 일용할 양식을 주시고"(우리는 평화와 번영을 원합니다)에서부터 "우리 죄를 용서하여 주시고"(우리에게 이런 어려움을 가져오게 한 우리의 허물을 제발 지워 주십시오), "한계점까지 우리를 시험하지 마시고"(만약 계속 이런 상태가 지속된다면 우리 모두는 망할 겁니다), "도와주세요!"(우리는 지금 정말 엉망입니다. 제발 뭔가 해 보세요!)까지 주님의 기도를 그들 식으로 이해하고 있었다. 사람들이 하나님 나라에 대해 말하는 것을 들었을 때 그들은 다양한 방식으로 그것을 이해했으며, 그 이해는 주로 주님의 기도 후반부와 관련되었다. 우리 역시 조심하지 않으면 종종 그와 똑같이 하게 된다.

하나님 나라는 분명 이 모든 사안들과 관련이 있다. 그러나 예수님이 하나님 나라를 선포하신 방식, 그리고 그분이 그것을 **행동으로 실천하고 설명하신** 방식은 사람들로 하여금 그들 자신의 관심사, 그들이 모든 일이 이루어져야 한다고 생각했던 방식 너머로 눈을 들어야 함을 보여 주었다. 그 이유 때문에 그분의 좋은 소식은 사람들이 기대하고 바랐던 것인 동시에 바라지 않았던 것이기도 했다. 이것은 우리에게도 마찬가지다. 바로 그것이 예수님이 자신을 따르던 이들에게 만약 자신과 계속 함께 가기를 원한다면 각자의 십자가를 지고 따라야 하며, 또 목숨을 잃을 각오가 된 사람이라야 목숨을 구할 수 있다고 말씀하신 이유다.

예수님이 하나님 나라를 보여 주셨던 방식처럼, 그리고 그분이 그 나라를 위해 살고 죽으셨던 것처럼, 하나님 나라의 도전은 살아 계신 하나님이 왕이 되실 때 그분이 자신의 백성과 세상을 위해 갖고 계신 계획이 우리의 모든 소망과 소원과 바람을 완전히 다른 차원으로 바꾸어 놓는다는 것을 보라는 것이다.

이 메시지를 들은 사람들은 이렇게 반응할 위험이 있다. "그것 봐! 내 생각이 맞았지! 결국은 먹을 것과 자유에 관한 게 아니잖아. 모든 건 다 영적인 거였어. 이런 것들은 지금 여기에서 내게 아무 도움도 주지 못해." 이것은 아주 심각한 오해이며, 그 이유는 기도의 가장 중요한 구절이 잘 설명해 준다. "당신의 나라가 오게 하여 주시며, 당신의 뜻이 **하늘에서와 같이 땅에서도** 이루어지게 하여 주십시오."

나는 얼마나 많은 그리스도인들이 이 기도를 하고 또 하면서 "하늘에서와 같이 땅에서도" 이 구절의 평범한 의미를 무시해 버리는지를 보고 놀란다. "하늘에서와 같이 하늘에서도"(즉 하나님이 우리를 마침내 하늘로 데려가시기를, 혹은 지금 여기에서 우리에게 하늘의 영적인 경험을 할 수 있게 해 주시기를 구하는 기도)가 아니라 "하늘에서와 같이 땅에서도"다. 신약성경의 전체 메시지, 곧 예수님의 사역과 메시지, 그분의 삶과 죽음 그리고 부활에 관한 핵심 요점은 **하늘과 땅이 하나가 되는 것이**

지 그 둘을 분리하는 것이 아님은 아무리 강조해도 지나치지 않다.

이것을 이런 식으로 생각해 보자. 하나님은 하늘과 땅을 상호보완적으로 만드셨다. 신약성경의 여러 저자들도 주장하듯, 마지막에 이르러 궁극적인 새 창조세계가 완성될 때 하늘과 땅이 하나가 되는 것은 하나님의 확고한 의지다. **예수님이 행하고 계셨던 것의 모든 핵심은 땅과 하늘을 하나로 모으는 일이 바로 지금 그분의 사역 안에서 시작되었다는 것이다.** 물론 그 둘을 하나로 모으는 일은 땅이 안고 있던 심각한 혼란으로 인해 아주 큰 값을 치러야 했다. 그래서 십자가와 부활이 필요했던 것이다. 그리고 이야기의 핵심, 사복음서가 그것을 들려주는 방식은 하늘과 땅이 하나가 되는 바로 그 일이 정확하게 이 천지개벽 같은 두 사건을 통해 결정적으로 시작되었음을 보여 준다.

이것은 신나는 일처럼 들릴 수 있으며 실제로도 신나는 일이다. 그러나 동시에 심오한 도전을 주기도 한다. 핵심은 이것이다. 이 책에서 우리가 한 것처럼 주님의 기도를 뒤에서부터 접근한다면, 적어도 암묵적으로는 하나님 나라를 그저 우리가 바라는 것들이 이루어지는 것으로 축소시켜 버리는 실수를 범하기 쉽다. 그것은 하나님을 우상으로, 우리가 다루기 쉬운 꼭두각시 인형으로 바꾸는 것이다. **예수님의 좋은 소식 중심에 있는 주님의 기도의 핵심은 모든 것을 정반대로 보는 것이다.**

그러나 적어도 '도와주세요'에서 '용서해 주세요'로, 다시 '먹을 것을 주세요'의 순서를 따라 기도의 출발점인 '하나님 나라'까지 거슬러 올라가기만 한다면, 우리의 우선순위를 바르게 조정할 수 있는 기회는 얼마든 있다. 그 나라를 위해 아예 기도하지 않는 것보다는, 일단 그 나라를 위한 기도를 시작하고 그다음 하나님께서 우리 안에서 그 의미를 제대로 가다듬으실 수 있게 해 드리는 편이 훨씬 낫다. 그러나 더 나은 것은 하나님, 우리가 예수님 안에서 보게 되는 그 하나님을 향해 우리의 시선을 돌리는 것이며, 우리의 극성스럽고 야단스러운 '나 좀 보세요' 식의 기도를 잠재우고 하나님께 초점을 맞추는 것이다. 하나님이 왕이 되신다면, 그것은 정말 어떤 모습일까? 뒷문을 통해 저택을 가로질러 들어온 우리는 겸연쩍은 얼굴을 하고서라도 드디어 그 주인을 만날 시간이 되었다.

일단 이 질문을 다루게 되면, 특히 성경 이야기 전체를 배경으로 삼고 예수님께 초점을 맞춘 채 이 질문을 다루게 될 때, 우리는 마침내 좋은 소식이 정말 무엇인지에 대한 보다 완전한 이해에 다다르게 된다. 좋은 소식은 **살아 계신 하나님이 이미 완성된 예수님의 사역을 통해 그분의 나라를 하늘에서와 같이 땅에서도 이루고 계시며, 온갖 종류의 사람들을 불러 그 나라의 유익을 누리도록 할 뿐 아니라 그 나라를 궁극적으로 완성해 가는 일에 동참하게 하신다는 것이다.** 좋은 소식을 완전하게 붙드는 것, 혹은 좋은 소식에 의해 붙들리는 것이란 그것에 의해 우리의 안과 밖이 완전히 뒤집히는 것을 뜻한다. 그리하여 우리의 자기중심적인 기도(도움과 구조와 용서와 양식을 구하는 기도)가 하나님 나라가 하나님의 방법으로 이루어지기를 구하는 하나님 중심의 기도로 바뀌는 것을 뜻한다. 우리의 비유를 잠시 거꾸로 바꿔 보자. 그것은 당신의 집이었고, 당신이 하나님을 초대한 것이다. 그런데 초대를 하고 보니, 하나님은 의자 끝에 살짝 걸치고 앉아 바닥에 음식 부스러기를 흘리지 않고 먹으려고 노력하는 그저 예의 바른 손님이 아니었음을 알게 된다. 하나님이 집에 들어오실 때, 그는 그곳의 진짜 주인으로 오신다. 그는 가구 배치부터 바꾸기 시작하실지 모른다.

원래 그림으로 돌아가자. 우리는 하나님의 집에 초대되었는데 실수로 뒷문을 통해 들어왔다. 지금 우리는 현관까지 와 있다. 여기서 용기를 내 아버지의 나라가 하늘에서와 같이 땅에서도 이루어지기를 구하는 주님의 기도에서 한 걸음 더 앞쪽으로 나아가기로 결정한다면, 우리는 이제 마침내 정문으로 나가 그곳에서 오랫동안 우리를 기다리던 집 주인을 만날 준비가 되었다. 이것은 기도의 첫 번째 간구가 무엇을 의미했는지를 이해하는 지점으로 우리를 데려간다.

당신의 이름이 존귀와 영광을 받으시기를!

———

당신의 이름이 거룩히 여김을 받게 하여 주시며.

이 기도는 하나님 중심적일 수밖에 없다. 그리고 바로 그것이 우리가 이 기도를 어렵다고 느끼는 이유라는 것에는 의심할 여지가 없다. 이 기도는 궁극적으로 예배 행위다. 이 기도는 기도 전체의 분위기를 결정한다. 사실 이 기도는 좋은 소식의 가장 핵심이기도 하다. **하나님의 이름이 거룩하고 존귀하게 여겨지고 영광을 받는 것이다.** "이름이 거룩히 여김을 받으시오며."

때로 일반적인 대화에서 '**거룩하게 여겨지다**'(hallowed)라는 단어는 단순히 '존경받는' 혹은 심지어 '역사적인'이라는 의미로 쓰인다 [예를 들어 대학을 '신성한 (학문의) 전당'(hallowed halls)이라고 거창하게 부를 때처럼]. 하나님의 이름을 거룩하게 여기는 것에는 분명 존경심도 포함된다. 그러나 좋은 소식은 하나님이 단순히 우리가 그 이름을 존경해야 할(물론 그것도 우리가 당연히 해야 할 일이지만) 분이 아니라는 것이다. 하나님은 아버지이시며, 놀랄 만큼 관대한 창조주이시고, 온 민족을 다스리는 가장 현명한 통치자요 인도자시다. 그분은 예수님의 아버지시다. 그분은 약속을 하고 그것을 지키시는 하나님이시다. 천사들의 주시다. 성실함과 사랑 그 자체시며, 하늘과 땅을 영광스러운 혼인으로 하나가 되게 하시고자 하는 분이다.

요한계시록의 위대한 환상에서 하늘과 땅의 모든 피조물은 하나님을 예배하고 경외하며 그분의 선하심과 능력과 사랑을 경축한다. 인간에게 주어진 도전은 그러한 모든 피조물의 찬양을 하나로 모아 그것을 분명한 언어로 표현하고, 나아가 **왜** 하나님이 찬양받기에 합당하신지를 점점 더 완전하게 발견해 가면서 그것을 온전히 고백하는 데 있다. 주님의 기도를 여는 이 첫 번째 간구는 바로 그 일을 하고 있다. 모든 그리스도인의 완전한 기도의 시작점은 **예배**다. 이것은 반대로도 표현할 수 있는데, 곧 예배(이 단어는 누군가 혹은 무언가의, 이 경우에는 하나님의 '가치를 경축하는 것'을 의미한다)를 배우는 것은 그리스도인이 되는 법을 배우는 것이다.

따라서 이 기도는 좋은 소식의 정점을 경축한다. 좋은 소식은 우선적으로 우리가 필요할 때 도움을 받는 것(물론 이것도 포함되지만), 우리가 무거운 압박감에 시달릴 때 거기서 해방되는 것(물론 이것도 따라오지만), 용서(물론 우리에게는 이것 역시 필요하고, 우리가 사람들을 용서할 때 우리 역시 용서받겠지만), 여행을 위한 양식(이것도 물론 제공된다)에 관한 것이 아니다. 심지어 좋은 소식은 우선적으로 하나님 나라가 임하고 하나님의 뜻이 하늘에서와 같이 땅에서도 이루어지는 것에 관한 것도 아니다. 물론 이것이 좋은 소식의 핵심이라는 점에는 변화가 없다. **좋은 소식은 우선적으로, 자비롭고 사랑이신 하나님이 예수님의 삶과 죽음 그리고 부활에서 가장 완전하게 영광 받으셨고, 영광 받고 계시며, 영광 받으시리라는 것이다.** 이것이 예수님이 자신이 고통받고 죽어야 할 때가 왔다는 사실에 직면하셨을 때 '아버지여 나를 구원하여 이때를 면하게 하여 주십시오'(이것은 '한계점까지 우리를 시험하지 말아 주세요'와 비슷하게 들린다)라고 기도해야 할지 잠깐 망설인 이유다. 그분은 그렇게 기도하지 않으셨다. 대신 그분은 결국 "아버지, 아버지의 이름을 영광스럽게 드러내십시오!"라고 기도하셨다(요 12:27-28). 아버지는 그렇게 하셨다.

요한복음의 주된 핵심 중의 하나는 예수님의 전체 사역, 특히 그분의 죽음이 하나님의 영광을 드러내기 위해 사용되었다는 것이다. 우리는 좋은 소식에 대한 고대의 예언들이 정확하게 이 점에 초점을 맞추고 있었음을 기억한다. 하나님의 백성에게 좋은 소식을 전하는 전령은 "주님의 영광이 나타날 것이니, 모든 사람이 그것을 함께 볼 것이다"라고 말했다(사 40:5). 이런 간구로 시작하는 주님의 기도 전체의 주 목적은 예수님의 추종자들로 하여금 이렇듯 예수님의 행함을 통해 드러난 하나님의 영광을 경축하고, 하나님의 이름이 갖는 의미를 더욱 완전히 알아 갈 수 있게 하기 위함이다. 고대 성경에서 이스라엘의 하나님을 가리키는 히브리어 고유명사는 야웨(YHWH)인데, 번역이 까다로운 이 단어에는 '나는 있다'(I AM), '나는 나다'(I AM WHO I AM), '나는 내가 되려는 나일 것이다'(I WILL BE WHO I WILL BE)라는 뜻이 포함되어 있다(출 3:13-15을 보라). 그분은 주권자이시며, 영광스럽고 자비로운 창조주시다. 그분은 모든 기쁨과 빛, 사랑스럽고 생기가 넘치며 자유를 가져오는 모든 것의 근원이시다. 바로 이것이 궁극적인 좋은 소식이다. 이 하나님이 우리와 함께하시기 위해, 그분의 이름과 그분의 본성을 경축하기 위해, 모든 것을 새롭게 하시기 위해 오셨다.

그리고 이제 우리는 기도를 시작하는 첫 마디로 나아갈 준비가 되었다.

하늘 아버지

하늘에 계신 우리 아버지…

마침내 우리는 저택의 주인을 만난다. 그는 우리가 실수로 뒷문으로 들어온 것을 개의치 않는다. 그는 그저 우리가 지금 여기 있음을 기뻐하며 우리를 따뜻하게 환영한다. 그리고 우리가 그를 아버지라고 부를 때(어떤 사람들은 합당한 이유로 이것을 아주 어려워하기도 한다), 그것은 단지 예수님이 가르치고자 하신 어떤 영원한 진리를 반영하는 행동이 아니다. 예수님은 아직 준비되지 않은 놀란 세상 안으로 침입한 새로운 실재를 선포하셨다. 이스라엘이 과거에 때로 아버지라 불렀던 유일하고 참되신 하나님이 정말 계시며, 이 아버지는 예수님 자신 안에서 그리고 예수님을 통해 모든 사람을 위한 실재가 될 수 있으며, 될 것이다. "그러나 그를 맞아들인 사람들, 곧 그 이름을 믿는 사람들에게는 하나님의 자녀가 되는 특권을 주셨다"라고 요한은 쓴다. 유대인 사이에 희미하게, 비유대인 사이에서는 아주 드물게 알려져 있던 하나님이 아버지시라는 생각은 새로운 방식으로 폭발적으로 세상에 들어왔다. 바로 예수님 자신이 그것을 현실로 만드신 것이다. 바로 이것이 좋은 소식이다.

또 다른 문제가 있다. 한 세기쯤 전, 어떤 지도자들은 기독교 메시지를 "하나님의 부성애와 인간의 형제애"로 요약하고자 했다. 거창한 이 문장이 오늘날 공허하게 들리는 이유는(심지어 그것의 성차별적 표현을 바꾸었을 때조차도) 부분적으로 이 구절을 슬로건으로 내세운 이들 중 일부가 제1차 세계대전에서 가장 열의를 보인 이들이었기 때문일 것이다. 그 전쟁을 통해 모든 인간이 형제요 자매라는 생각은 큰 손상을 입었고, 여전히 이런 생각에 힘을 싣고자 애쓰는 사람들이 있음에도 불구하고 대부분은 한번 손을 데어 본 어린아이처럼 뜨거운 불 근처에는 다시 가고 싶어 하지 않는다.

문제는 정확히 그런 지도자들이 예수님의 독특한 **선포**, 좋은 **소식**을 훌륭하게 들리는 **이상**(ideal)으로 바꾸었다는 것이다. 그들이 정말 원하는 것은 예수님이 역사의 중심축이 되는 것이 아니었다. 그들이 원한 것은 도덕적인 모범 혹은 영원한 진리를 가르치는 위대한 스승이었지 역사의 전환점은 아니었던 것이다.

그러나 그들처럼 모든 것을 따로 떼 놓으려 해서는 안 된다. 예수님은 원칙적으로 시간과 장소에 상관없이 누구든 말할 수 있는 영원한 진리를 가르치셨던 것이 아니다. 그분은 어떤 이상을 품고서 "우리가 이것을 이룰 수 있는지 한번 봅시다!"라고 말씀하셨던 것이 아니다. 그분은 준비되지 않은 놀란 세상에 침입해 들어온 새로운 실재를 선포하셨다. 그리고 이 기도에서 그분은 자신의 추종자들을 향해 이 새로운 실재를 직접 경험하고 그 실재를 그들 자신의 것으로 만들라고 초대하셨다.

좋은 소식의 사람 되기

그렇다면 우리가 이 기도를 바른 순서로 기도하기 시작할 때 어떤 일이 일어날까? **우리는 좋은 소식의 사람들이 된다.** 사실 우리가 기도하는 모든 순간마다 우리는 좋은 소식의 사람들이 되어 가고 있다. 기도는 우리가 유일하고 참되신 하나님과 그분의 세상 사이에 서는 행위이며, 이 하나님의 사랑과 이 세상의 생명 특히 이 세상의 고통이 어떤 식으로든 함께 만나는 자리가 되기 때문이다. 그런 일은 대가를 요구할 수도 있다. 이에 대해 영적으로 보다 깊은 의미를 살펴볼 수도 있겠지만, 그 주제는 다음 기회로 미루겠다.

그러나 좋은 소식의 사람이 되는 것은 특별히 **이** 기도를 할 때, 그리고 그것의 역동성이 우리가 기도하는 방식과 살아가는 방식에 동시에 작용할 때 가장 분명하게 드러난다. 우리는 자신을 속여서는 안 된다. 이 기도는 단지 잡다한 요청사항을 열거해 놓은 것과는 다르다.

많은 사람들이 실제로 택하는 영적 성장의 경로를 따라 주님의 기도를 역방향으로 가면서 보았듯, 이 기도에는 기가 막힌 연속성이 있다. 이제 몸을 거꾸로 돌려 기도의 올바른 순서를 따라가다 보면, 각 간구는 그다음 간구의 문맥을 제공한다는 것을 알게 된다. 우리가 하나님을 아버지로 부를 때, 다음 구절에서 그분의 이름이 거룩히 여겨지기를 구하는 기도는 더 이상 큰 소리로 으르렁거리며 우리를 괴롭히기 좋아하는 신이 벌벌 떠는 우리 앞에서 거드름을 피우는 그림과는 상관이 없어진다. 이와 같이 우리가 정말 하나님 나라가 하늘에서와 같이 땅에도 임하기를 기도할 때, 우리는 먹을 것을 위해, 용서를 위해, 그리고 도움을 위해 기도하면서도 그것이 이기적이거나 단순히 실용적인 간구로 전락할 수 있는 위험을 제거할 수 있다. (우리의 진심 어린 필요와 소망과 바람을 하나님께 고하는 것은 아무 문제가 아니다. 오히려 우리는 지속적으로 그렇게 하도록 격려받는다. 우리가 하나님 나라를 우리의 혼란스럽고 그릇된 바람대로 우리 입맛에 맞출 수 있다고 생각하는 것이 잘못이다.)

이 기도를 하는 것, 나아가 이 기도를 바른 순서로 하는 것은 우리로 하여금 좋은 소식을 **알고 믿을** 뿐 아니라 우리 자신이 그 일부가 되게 한다. 이것은 이 모든 이야기에서 하나님은 처음부터 **자신의 형상을 세상에 비추어 내는** 존재로 인간을 만드셨음을 일깨워 주는 지점으로 우리를 데려간다. 하나님은 인간을 **통해** 그분의 세상을 다스리기를 바라신다. 하나님은 인간을 **통해** 자신의 사랑과 지혜를 그리고 세상이 품어야 할 목적을 이 세상에 가져오길 바라신다. 좋은 소식의 토대는 궁극의 인간, 진정한 하나님의 형상을 담고 계신 예수님을 통해 살아 계신 하나님이 이것을 단번에 그리고 영원히 이루셨다는 사실이다. 그 일은 완성되었다. 다시 할 필요가 없다. 세상은 예수님 때문에 다른 곳이 되었다.

그러나 사람들이 이것을 믿고 그 믿음 때문에 그들의 삶이 **변화되었음을** 발견할 때, 이제는 그들 역시 세상에 하나님의 형상을 담아내는 일을 함께 감당하도록 부름받는다. 그들은 변화된 사람이고, 그렇기에 또한 세상을 변화시키는 사람이 될 수 있다. 그들은 치유받은 사람이고, 그렇기에 또한 하나님은 그들을 통해 세상을 치유하실 것이다. 그들은 하나님과의 관계가 바로잡혔고(의롭다 여김을 받았고), 그렇기에 또한 세상을 위해 사람들을 바로잡을 수 있다(정의). 그들은 예수님의 좋은 소식으로 삶이 변화된 사람이기에 또한 세상을 위한 좋은 소식의 사람이 될 수 있다. 이것이 예수님이 의에 목마른 사람들, 자비로운 사람들, 온유한 사람들, 화평을 이루는 사람들에게 주시는 하나님의 복을 그들에게 전하신 이유다. 그리고 그것은 마치 하나님 나라의 구인광고 요건과도 같은 긴 목록으로 시작하는 산상수훈이 곧이어 이 기도에 초점을 맞추는 이유이기도 하다. 그것은 우리를 하나님 앞에 순전히 겸손하게 만들며, 하나님을 그분의 세상에 드러내는 순전한 인간이 되게 하는 기도, 바로 주님의 기도였다.

그것이 기도가 하는 일이며, 좋은 소식을 소개하는 이 책을 마무리하며 기도에 초점을 맞추는 것이 중요했던 이유다. 모든 기도에서 우리의 한쪽 팔은 사랑의 하나님을 향해, 다른 한쪽 팔은 도움이 필요한 세상을 향해 뻗는다. 실제로든 마음으로든 우리가 그런 자리에 설 때, 우리는 우리 자신의 기도, 우리의 소망과 필요와 갈망과 두려움이 어떤 식으로든 그 안에 함께 담긴다는 것을 알게 된다. 하나님을 아버지로 부르는 기도는 이 모든 것을 포함하면서도 또한 그 이상을 의미한다. 하나님의 이름이 거룩히 여김을 받기를 구하는 기도는 이 모든 것을 포함하면서도, 예수님의 기도가 그랬던 것처럼 하나님이 보시기에 선한 일을 행하실 수 있는 문을 또한 열어 놓는다. 우리를 통해서든 우리를 통하지 않고서든 혹은 우리 안에서든 말이다. 하나님 나라가 하늘에서와 같이 땅에도 임하기를 구하는 기도는 예수님 자신의 생애를 위한 기도**였던 동시에**(이 기도는 그분의 죽음과 부활에서 영광스럽게 응답되었다), 우리 자신의 삶을 위한 기도**이기도 하다**(이 기도는 요한계시록 21장과 22장에 나오는 최후의 "새 하늘과 새 땅" 그리고 로마서 8장의 "해방된 창조세계"에서 더욱 영광스럽게 응답될 것이다). 그리고 일단 우리가 하나님의 아버지 되심, 그분의 이름 그리고 그분의 나라에 대한 바른 시각을 갖게 되면, 다른 모든 것은 자연스럽게 따라온다. 우리에게 늘 필요하거나 우리가 기도하기 원하는 다른 것들, 즉 우리 자신과 세상을 위한 양식, 용서, 견디기 힘든 압박감에서 놓이는 것, 도움을 구하는 기도가 들어갈 공간은 충분하다.

그렇다면 이 기도는 예수님이 세상을 다른 곳이 되게 하셨으며, 그분의 삶과 죽음과 부활이 영원히 좋은 소식임을 볼 수 있게 해 주는 것에 그치지 않는다. 그것은 우리 역시 우리 시대 각자 다른 환경에서 좋은 소식의 사람들로, 좋은 소식에 붙들렸을 뿐 아니라 그 좋은 소식을 통해 온 세상에 사랑과 자비를 가져오는 사람들로 살 수 있게 도와준다. 그리고 그런 삶은 언제나 기도와 함께 시작된다. 일단 기도를 시작하면, 그것은 거기서 끝나지 않고 종종 자신의 기도에 대한 응답으로서 '이것 혹은 저것을 해 봐야겠어'라는 실제적인 행동으로 이어진다. 그것은 당연한 일이다. 기도는 하나님의 사랑을 그분의 세상에 담아내야 할 인간의 더 큰 소명의 일부이기 때문이다. 그러나 만약 이 모든 것을 기도와 함께, 더 나아가 주님의 기도와 동일한 방식으로 형성된 기도와 함께 시작하지 않는다면, 그것은 단지 우리 자신이 중요하다고 생각하는 것들을 먼저 내세운 뒤 소급해서 하나님께 그것을 인정받기를 바라는 식이 되기 쉽다. 그러나 하나님은 그것을 인정하실 수도 있고 인정하지 않으실 수도 있다. 하나님은 많은 부분을 우리와 공유하시지만, 여전히 하나님 나라의 모든 일, 좋은 소식을 위한 모든 사역은 하나님의 것이다. 우리는 매일 그 사실을 상기해야 한다. 그리고 그렇게 하는 가장 좋은 방법은 좋은 소식의 기도, 즉 예수님이 우리에게 가르쳐 주신 기도를 하는 것이다.

모든 그리스도인의 기도, 그리고 무엇보다 주님의 기도는 우리가 어떤 문을 통해 들어왔는지와 상관없이 하나님의 집에서 충분히 편안히 거할 수 있게 해 준다. 그러나 우리는 단순히 쉼과 충전을 위해 이 집에 들어온 것이 아니다. 우리는 하나님의 계획과 목적을 배우고 나누기 위해 들어왔다. 기도는 이 두 가지를 동시에 할 수 있는 방법이다. 오직 기도가 중심에 있을 때에만 하나님 나라의 일은 앞으로 나아갈 수 있다. 좋은 소식이 우리를 붙들 때, 우리는 그것이 우리를 새롭게 빚어 가는 것을 배워야 한다. 기도에서 우리는 우리 스스로가 좋은 소식이 되는 법을 배운다.

감사의 글

이 책의 원고를 여러 번 읽고 내게 다양하고 유익한 비평을 아끼지 않았던 친구들과 출판사 관계자들에게 다시 한 번 깊은 감사의 말을 전한다. SPCK의 사이먼 킹스턴과 필립 로우는 늘 그렇듯 지혜로운 조언과 충고를 해 주었고, 하퍼원의 미키 모들린은 이 책의 기획 초기 단계에서부터 중간의 여러 실수와 시험의 단계를 거쳐 현재의 모습으로 완성되기까지 전체 출판 계획을 조율해 주었다. 물론 남아 있는 어떤 실수도 그 책임은 내게 있다. 격려와 조언과 기도로 함께해 준 전 세계의 많은 친구들에게도 감사를 전한다. 특히 위스콘신의 데이빗과 캐런 시머스, 서리의 가이와 케이티 토마스는 새로운 방향의 사역을 시작하는 출발점에 서 있다. 감사한 마음으로 이 책을 그들에게 바친다.

성경 찾아보기

구약성경
창세기
1장 152

출애굽기
3:13-15 244

시편
96편 161, 169
96:11-13 142

이사야
11장 161, 169, 173
11:1-10 142
11:6 203
11:9 121, 203
13장 161
40장 56
40:5 243

52장 56

에스겔
37장 154

신약성경
마태복음
6:9-13 225
6:10 18
12:28 63
18장 232
28:18 120

마가복음
10:45 71

누가복음
13장 163-164
22:53 210

23:43 86
24:21 78

요한복음
10:10 99
12:27-28 243
13:1 206
18:36 143-144

로마서
1:3-4 114
1:16 51
1:16-17 115
4장 112
5:1-11 111
5:8 206
8장 113, 143, 169, 249
8:1 75
8:3 75

8:21 146	4:9 221	1:18 152
8:31-39 111		
	에베소서	데살로니가전서
고린도전서	1:10 143	1:5 51
1:16 143		1:9-10 35
1:21-25 48	빌립보서	
1:23 33	3:10-11 181	디모데전서
1:23-24 184	3:12 181	2:7 38
1:25 184	3:15 181	
15장 143, 153, 169, 172	3:18-19 181	요한일서
15:3-6 42	3:20 144, 145	3:16 206
15:17 153	3:20-21 181	4:10 206
15:25, 28 46	3:21 145	4:19 206
15:28 203	4:1, 4 181	
		요한계시록
갈라디아서	골로새서	11:15 183
2:20 74, 206	1:16 143	21-22장 139, 169, 249

주제 찾아보기

16세기 종교개혁가 118, 121, 218
18세기 계몽주의: 계몽주의 시대의 과학적 발견들 121, 132, 164; 계몽주의가 남긴 합리적 명제의 유산 124; 계몽주의에서 나온 이신론 철학 193-194; 계몽주의의 초자연적 세계에 대한 인식 121-122; 낭만주의 대 합리주의 122-127; 역사의 결정적 전환점으로 인식되어 온 계몽주의 131
2001년 9월 11일 162

ㄱ

감리교 운동 192
고난: 고통과 고난을 설명하지 않으시는 예수님 202-203; 병들고 고통받는 자들을 치유하시는 예수님 208-210; 우디 앨런의 낙제생 하나님과 고난 194, 202
고대 기념물: 박물관에서 이루어지는 재구성 106-107; 발굴된 파편들의 의미가 어떻게 달라지는지 107-108
고트(하나님) 189
과학적 발견: 18세기 계몽주의와 과학적 발견의 홍수 121, 164; 과학적 발견은 이분법적 우주를 증명할 수 없음 165-167; 새로운 시대를 열었지만 역사의 결정적 전환점은 아님 131; 역사와 과학적 발견의 유사성 94-95
교리 164
교회(기독교): 교회 안에 좋은 소식의 일이 이루어지는 것의 중요성 177; 현대 교회에 끼친 합리주의와 낭만주의의 영향 123-127; "예수님이 내가 받을 벌을 대신 받으셨습니다"에 대한 교회의 왜곡된 가르침 103-118; 좋은 소식과 교회의 좋은 충고 구별하기 15-18, 33, 34, 38, 41, 66, 72, 77, 186

구약성경: 구약성경의 새 창조에 대한 믿음 139-143, 200-202; 구약의 성취인 예수님의 죽음과 부활 55-56; 기독교의 좋은 소식의 배경 이야기 39-47; 이사야서에 나오는 좋은 소식의 핵심 71. 또한 '성경'을 보라.

그레이, 존(John Gray) 168-169

그리스도인: 로마 황제의 초기 그리스도인 박해 173; 아가페의 능력에 대한 초기 그리스도인들의 믿음 71; 좋은 소식의 사람들 되기 246-250; 좋은 소식의 우선권을 바르게 세우는 주님의 기도 225-250; 초기 그리스도인들이 세상의 종말을 믿었다는 대중적 신화 159-160

기도: 기도를 통해 좋은 소식의 사람 되기 246-250; 우리를 하나님의 집 안으로 데려감 250; 하나님의 사랑을 세상에 가져오는 소명의 일부 249-250. 또한 '주님의 기도'를 보라.

기독교: 가장 초기의 기독교는 좋은 소식의 형태로 제시되었음 12-14; 기독교를 좋은 소식으로 설명하는 것의 문제 17-19; 기독교의 본질은 좋은 소식 13; 유대교의 기름부음받은 메시아가 기독교의 배경 이야기 39-47; 하나님을 복수심에 불타는 신으로 보는 시각에 대한 기독교의 대답 217-218. 또한 '초기 기독교'를 보라.

기독교 복음: 바울에게 기독교 복음은 희생 제사보다는 대관식에 가까움 112-114; 복음 안에 있는 아가페의 능력 71, 72-76; 복음의 권위 아래에서 이해되어야 할 공적 예배 구성에 대한 바울의 메시지 46-47; 복음의 원래 정의는 좋은 소식 12, 225; 세상을 변화시키는 하나님 88-89; 언약을 기독교 복음의 핵심으로 다룬 바울 112-114; 좋은 충고와 좋은 소식 구별하기 15-18; 초기의 기독교 복음으로 돌아가 하나님에 대한 세 가지 측면의 비전 되찾기 57-58. 또한 '기독교의 좋은 소식'을 보라.

기독교의 좋은 소식: 과거의 좋은 소식과 미래의 좋은 소식 사이에서 바른 균형 잡기 181-186; 기독교의 가장 초기 형태는 좋은 소식 12-13; 당신을 위한 좋은 소식 179-181; 모든 사람의 부활과 회복 148; 바르게 이해된 이성은 좋은 소식의 친구 125; 바울의 좋은 소식이 받았던 복합적 반응 47-55; 보다 완전한 전체 이야기 안에서 부활 다시 이해하기 85-89; 복음 전파에서 바울의 역할 22-23, 31-32, 35; 새 창조세계에서 부활의 몸으로 살게 될 우리의 미래 146-148; 세상이 다른 곳이 되었고 다른 방식으로 존재하게 되었다는 주장 32, 33; 악에 대한 하나님의 진노와 모든 것을 바로잡으시겠다는 확고한 의지 110-111; 예수님 시대의 사람들은 좋은 소식을 매력적이

면서도 동시에 이해하기 힘든 것으로 받아들임 96-100; 예수님과 살아 계신 하나님에 대한 바울의 메시지 35-36, 40-47, 211; 이스라엘의 하나님에 대한 좋은 소식 56-58; 이스라엘의 하나님은 좋은 소식의 하나님 215-216; 좋은 소식과 모든 선한 것 173-174; 좋은 소식과 예수님 16-17, 35-38, 216; 좋은 소식과 주님의 기도 225-250; 좋은 소식은 기독교의 본질 13; 좋은 소식을 전해야 하는 사도의 임무 32, 34; 좋은 소식의 '능력과 지혜' 53-54; 좋은 소식의 강조점은 일어난 일 33-34; 좋은 소식의 배경 이야기 39-47, 63; 좋은 소식의 절정인 십자가 죽음 73-74; 좋은 소식의 중심에 있는 하나님에 대한 바른 그림 102-103; 좋은 소식의 함축 의미 14-15; 좋은 소식의 핵심 요소인 용서 208-209; 좋은 소식이 갖고 있는 지적인 확신과 영적인 능력 216-218; 좋은 충고와 좋은 소식은 다르다 15-18, 32, 36-38, 77-78; 창조세계의 구출과 회복을 의미하는 좋은 소식 73-74, 80, 88-89, 139-148, 174; 하나님 나라 64-71, 101-103; 하나님 나라를 위해 일하는 것과 관련된 다섯 가지 과제 175-178; 하나님 사랑의 결정적 계시 206. 또한 '기독교 복음' '왜곡된 기독교' '좋은 소식'을 보라.

기독교 좋은 소식의 과제: 개인과 교회와 세상 안에서 좋은 소식이 일할 수 있게 해야 함 177-178; 그리스도인들이 부정적인 태도로 사회에서 뒤로 물러나 있으려 하는 위험 177; 부활하신 예수님과 새 창조세계는 실제적인 변화의 능력이 있음 175-176; 실제적이고 영속적인 변화는 값을 치러야 함 175-176; 실제적이고 영속적인 변화는 언제나 산발적으로 일어남 175-178

ㄴ

나사렛의 예수: 굶주린 사람들을 먹이심 233-236; 마음을 사로잡는 역사적 인물 61; 메시아의 대관식이라 할 수 있는 부활 152-156; 메시아의 임재를 끌어안는 것에 대한 바울의 언급 180-181; 바울이 사용한 왕권 언어에 대한 반감 101-102; 병자 치유는 새 창조의 역사 208-209; 빈 무덤과 부활에 대한 초기의 이야기들 81-85; 성전에서 돈 바꿔 주던 사람들의 상을 엎으심 67-68; 세상에 창조적 사랑과 소망을 가져옴 74, 202-211; 세상을 이미 통치하는 메시아 172; 승천 86; 알베르트 슈바이처의 예수 이미지 74; 역사 안의 실재 27, 95; 예수님 이야기의 복잡성 195-196; 예수님에 관한 바울의 좋은 소식에 대한 상반된 반응 47-55; 예수

님을 지칭할 때 바울이 사용한 언어 56-57; 예수님을 통해 알게 된 살아 계신 하나님에 대한 바울의 메시지 35-36, 40-47; 예수님의 개인적이고 실제적인 임재 53-54; 예수님의 삶과 죽음과 부활로 하나님께 영광을 돌림 243; 유대인 동족을 향한 경고 163-164; 좋은 소식은 예수님의 죽음과 부활에 관한 것 16, 35-38, 216; 하나님 나라에 대한 예수님과 유대인들의 상충되는 비전 66-71, 100-103, 209-211, 236-241; 하나님의 아들 56. 또한 '메시아' '부활'을 보라.
나치즘 160
낙원 86
낭만주의 125-127
『내가 원하는 신』 221
누가복음: 누가복음에 기록된 승천 86; 누가복음이 말하는 좋은 소식 103-104. 또한 '복음서'를 보라.

ㄷ

다윈, 찰스(Charles Darwin) 165, 166
단테(Dante) 206
데리다, 자크(Jacques Derrida) 170
데살로니가: 데살로니가에 왕의 소식을 전하는 로마의 전령관 37; 바울의 선교 32, 35
도킨스, 리처드(Richard Dawkins) 219

ㄹ

러시아 공산주의 160
럭비 월드컵 이야기 19-22
로마제국: 로마에 대한 반역과 연결된 하나님에 대한 반역 65-67; 로마의 시민권 144-145; 로마의 여러 신들 190, 215; 로마제국에서 황제에 관한 소식을 지칭했던 복음 54; 로마제국의 왕권 모델 100; 로마제국의 초기 그리스도인 박해 173; 악티움 전투 133; 예루살렘 멸망(서기 70년) 95; 옥타비아누스의 내전 승리에 관한 좋은 소식 22-28, 36, 46, 133, 140; 자신의 좋은 소식에 대한 로마의 반응을 언급한 바울의 편지 33; 하나님이 유대 민족을 로마로부터 해방시킬 것에 대한 유대인의 믿음 236-238
루소, 장자크(Jean-Jacques Rousseau) 119
루이스(C. S. Lewis) 53, 87, 102
루터, 마르틴(Martin Luther) 121
르네상스 철학자 192
리오타르, 장 프랑수아(Jean-François Lyotard) 170

ㅁ

마가복음 103-104. 또한 '복음서'를 보라.
마그나 카르타 130
마르쿠스 안토니우스(Mark Antony) 23-27, 46, 133
마르크스, 카를(Karl Marx) 160, 197

『마지막 전투』 102
마태복음: 마태복음에 기록된 승천 86; 마태복음이 말하는 좋은 소식 103-104. 또한 '복음서'를 보라.
막달라 마리아 84
만델라, 넬슨(Nelson Mandela) 61, 199-200
메시아: 메시아가 이미 통치하고 계심에 대해 말하는 바울 172; 메시아에 대한 고대 유대교와 성경의 배경 이야기 39-44; 메시아의 개인적이고 실제적인 임재 53-54; 메시아의 임재 안에서 살아가는 것에 대한 바울의 언급 181; 메시아의 죽음과 부활에 대한 기독교의 좋은 소식 43-44; 메시아이신 예수님의 대관식을 완성한 부활 152-156; 십자가에 달린 메시아에 대해 바울의 메시지가 받은 복합적인 반응 47-50; 악에 대한 새로운 왕의 승리 74-75; 약속된 왕과 메시아에 대한 바울의 언급 114. 또한 '나사렛의 예수'를 보라.
모세 61, 64, 210

ㅂ

바울: 로마제국에서 메시지를 전하는 것 22-23; 바울의 메시지에 대한 유대인의 복합적인 반응 47-55; 예수님을 지칭할 때 바울이 사용한 언어 73-74, 111-115; 유대주의에서 벗어난 것처럼 보였던 바울의 스캔들 39-40; 좋은 소식의 "능력과 지혜"에 관한 바울의 생각 53-54; 좋은 소식의 전파에서 바울의 역할 22, 31-32, 35; 형벌적인 동시에 대속적 의미의 예수님의 죽음에 대해 말하는 바울 75-76

바울의 좋은 소식 메시지: 고린도와 바울의 좋은 소식 42; 기독교의 좋은 소식 31-32, 34; 메시아가 이미 통치하고 계심에 관한 언급 172; 바울의 메시지가 받았던 복합적인 반응 47-55; 복음의 권위 아래 공 예배를 구성하는 문제 46-47; 복음의 모든 것은 언약에 대한 것 113; 새 창조로 이어지는 언약 73-74, 112-118; 예수님과 살아 계신 하나님에 대한 바울의 좋은 소식 35-36, 40-47, 211; 예수님의 부활에 대한 메시지 35-36, 42-47; 유대주의에서 벗어난 것처럼 보였던 바울의 메시지 39-43; 좋은 소식의 배경 이야기 39-47; 희생 제사보다는 대관식에 가까운 복음 메시지 112-116

바울의 편지들: 고린도 교인들에게 보낸 편지 46, 84, 153, 203; 데살로니가 교인들에게 보낸 편지 32, 35; 바울의 좋은 소식 메시지에 대한 로마제국의 반응 34; 약속된 왕으로서의 메시아에 대하여 114; 천국의 시민에 대하여 143-145; 통치권을 세우고 계신 예수님에 대하여 114-116;

하나님의 궁극적 계획에 대하여 142
반스, 줄리언(Julian Barnes) 219
베드로 82
복수심에 불타는 하나님: 사랑 없는 복수심에 불타는 하나님이 허락하는 고통 194, 202, 202-203, 208-210; 이 문제에 대한 종교개혁가들의 답변 217-219; 철학자들의 분노 217-218. 또한 '이스라엘의 하나님' '하나님(살아 계신 하나님)'을 보라.
복음서: 기독교에 대한 대중적 관점과 좋은 소식에 대한 복음서의 왜곡 103-118; 복음서에 나오는 부활 이야기 81-85, 85-87; 복음서에 제시된 좋은 소식 195-196; 복음서와 경쟁하는 합리주의와 낭만주의의 복음 124-127; 복음서의 신뢰성 93-100; 복음서의 좋은 소식과 현대 문화의 충돌 127-134; 새로운 창조가 시작되었음을 알림 145-147; 예수님과 악의 전투 74-75. 또한 '신약성경'을 보라.
부활: 고대의 성경적 약속의 성취 55; 모든 사람의 구출과 변화 179-181; 모든 사람이 회복과 부활의 일부로 참여하게 된다는 좋은 소식 148; 부활과 긴밀하게 연결된 창조주와 심판자로서의 하나님에 대한 그리스도인의 믿음 80-81; 부활과 하나님의 영광 243; 부활과 환생 비교 79; 부활에 대한 바울의 좋은 소식이 받았던 복합적 반응 47-55; 부활에 대한 유대인의 믿음 79-81; 부활에서 십자가의 중요성 84-85; 부활을 통해 하나님이 세상의 주도권을 잡으심 88; 부활이 갖는 새로운 육체적 존재의 의미 78-79; 상징적인 포로생활에서의 귀환 14; 새로운 세상의 시작 151-156; 새로운 창조세계에서 살게 될 우리의 존재에 대한 좋은 소식 146-148; 새롭고 통합된 삶의 방식을 시작함 173; 세상에 대한 이해를 위한 새로운 기준 95-96; 예수님과 그분의 부활에 대한 바울의 메시지 35-36, 42-47; 예수님의 죽음과 부활을 통해 공식 출범한 하나님 나라 76; "예수님이 내가 받을 벌을 대신 받으셨습니다"의 부활에 대한 왜곡 103-118, 124; 인간 역사의 진정한 전환점 131; 좋은 소식은 예수님의 죽음과 부활에 대한 것 16, 42-47, 216; 진정한 좋은 소식으로서 부활 이야기 다시 이해하기 85-89. 또한 '나사렛 예수'를 보라.
부활 이야기: 복음서에 나오는 부활 이야기 81-85, 85-87; 복음서의 이야기는 여인들을 포함함 83-84; 초기 그리스도인 81-85

ㅅ

사도 야고보 70-71
사도 요한 70-71

사랑(아가페) 71, 72-76, 111-115. 또한 '하나님의 사랑'을 보라.
산상수훈 66
새 창조: 모든 인간의 구출과 변화 179-181; 본래의 창조세계와 새로운 창조세계의 창조주, 심판자, 사랑하는 분이신 하나님 200-211; 새 창조세계에서 부활한 존재로서 사는 것에 대한 좋은 소식 146-148; 새 창조의 도래를 선포하는 복음서 145-146; 새 창조의 일부인 우리가 세상을 바로잡기 바라시는 하나님의 바람 148-151; 새롭게 된 창조세계인 하나님 나라를 경축하는 예수님 142-148; 신약성경에 나오는 하나님의 최종적인 새 창조 계획에 대한 소망 142-148; 예수님의 병자 치유는 새 창조의 역사 208-210; 창조세계를 새롭게 하는 좋은 소식의 사람들 되기 246-250; 창조세계의 구출과 변화를 의미하는 좋은 소식 80, 142, 174. 또한 '세상' '창조'을 보라.
서구 세계: 18세기 서구 계몽주의 121-127, 131; 서구 민주주의 131; 서구의 이원론적 세계관 119-127, 138, 161-163, 165-167, 193-194, 204; 서구의 합리주의와 낭만주의 123-127; 이신론의 유산 193-195; 인간 역사의 위대한 전환점으로 여겨지는 서구 세계 131; 좋은 소식과 경쟁하는 서구의 모더니티 127-134. 또한 '세상' '철학'을 보라.
성경: 고대 약속의 성취인 예수님의 죽음 55; 나를 대신해 죽으신 예수님은 두드러지는 성경적 주제 104-105; 성경적 세계관과 대치하는 이분법적 세계관 122, 138-139, 162, 165-166, 183, 194; 천국에 대해 성경이 말해 주는 것은 별로 없음 139; 우주적 종말의 언어 163. 또한 '구약성경' '신약성경'을 보라.
성서학회 19
세례 요한 70, 71
세상: 세상을 변화시키는 좋은 소식의 사람이 되는 것 246-250; 세상을 다른 눈으로 보라는 도전 221-222; 하나님 나라와 세상을 위해 일하는 것과 관련된 다섯 가지 과제 175-178; 세상의 창조주, 심판자, 사랑하는 분이신 하나님 200-211; 세상을 바로잡으시고자 하는 하나님의 열망 146-148; 세상에 하나님의 형상을 반영하도록 만들어진 인간 247; 세상을 통치하는 하나님의 주권에 참여하는 인간의 소명 186; 하나님 나라가 하늘에서와 같이 땅에서도 이루어지기를 구하는 주님의 기도 236-241; 하나님의 창조에 대한 구약 말씀 140-143, 200-201; 새로운 세상의 시작으로서의 부활 151-156; 세상에 대한 이분법적 관점 119-127, 138, 161-163, 165-167, 193-

194, 204; 하나님이 세상에 대한 자신의 주권을 되찾으시리라는 전통적인 믿음 198-199; 좋은 소식의 일이 개인과 교회, 그리고 세상 안에 이루어지는 것의 중요성 177-178. 또한 '서구 세계' '새 창조' '창조'를 보라.

세상의 종말: 세상의 종말을 말하는 것처럼 들리는 성경의 우주적 재앙에 대한 언어 161-163; 세상의 종말을 열망하게 만든 20세기의 사건들 160; 초기 그리스도인들이 세상의 종말을 믿었다는 것은 신화 159-160. 또한 '재림'을 보라.

소망: 1세기 유대인들의 소망 161-162; 새 창조와 소망에 대한 신약성경의 표현 142-148; 새로운 출애굽을 향한 유대인들의 소망 68-71; 세상에 대한 하나님의 궁극적인 주권의 비전이 주는 소망 198-199; 세상에 창조적 사랑과 소망을 가져오시는 예수님 202-210; 용서와 소망 구하기 208, 231-232

슈바이처, 알베르트(Albert Schweitzer) 74

승천 86

신약성경: 낙원에 대한 신약성경의 언급 86; 데살로니가 교인들에 보낸 바울의 편지 32, 35; 베드로를 천사로 착각한 사도행전의 이야기 82; 복음서에 나오는 부활 이야기 81-85; 부활과 새로운 세상의 시작 151-156;

새 창조가 시작되었음을 알림 145-146; 새 창조세계에 대한 하나님의 최종 계획을 향한 소망 142-148; 신약성경에 나오는 우주적 종말의 언어 162-164; 예수님과 악의 전투에 관한 복음서 74-75; 우리가 세상을 바로잡기 바라시는 하나님의 열망에 관한 신약성경의 메시지 148-151. 또한 '복음서' '성경'을 보라.

'십자가의 수치' 논쟁 117-118

십자가형: 수치스러운 죽음으로 여겨졌던 십자가 48-49; 십자가에 못 박혀 죽은 메시아에 대한 반응들 49-50; 십자가에서 악이 패함 173; 십자가의 죽음과 더불어 부활이 갖는 중요성 84; 예수님이 가져오신 좋은 소식의 최절정 74, 87-89; 오용되는 '십자가의 수치' 117-118. 또한 '예수님의 죽음'을 보라.

ㅇ

아가페(사랑) 71, 72-76, 111-115

아담과 하와 152

아브라함 56, 62, 112, 154, 213

아우구스투스(로마 황제) 24, 25, 27, 34, 46, 133, 140

악: 십자가에서 악이 패함 173; 악에 대한 하나님의 진노 111-112; 예수님과 악의 싸움에 대한 복음서의 기록 74-75; 악 위로 돌아간 예수님의 사형 선고 75-76

악티움 해전 133
안티파스 27
앨런, 우디(Woody Allen) 194, 202
야곱 56, 220
언약: '하나님의 언약'을 보라.
에덴동산 152
엘로힘(하나님) 189
여우 굴에 무신론자는 없다 228
영국: 입헌군주제 100; 잉글랜드의 럭비 월드컵 우승 이야기 19-22; 전투적 무신론 운동 191-193
영국의 무신론 운동 192-193, 219
예레미야 161
예루살렘 멸망 95, 161-162
예루살렘 성전 213-214
예배: 공 예배의 권위에 대한 바울의 메시지 46-47; 주님의 기도와 예배 241-242
예수님의 가르침: 매력적이면서도 이해하기 힘듦 99-100; 비유를 통한 가르침 66-67; 산상수훈 66-67; 예수님의 가르침과 역사적 진실 27, 95; 예수님의 가르침과 좋은 소식 12-13, 27, 33-34, 74; 예수님의 가르침이 갖는 놀라운 성격 61-63; 출애굽은 어떻게 예수님의 가르침을 형성했나 61-63
예수님의 죽음: 고대 성경적 약속의 성취로서의 예수님의 죽음 56; 예수님의 사형 선고는 악과 죄 위로 돌아감 75-76; 수치스럽고 잔인했던 예수님의 죽음의 숨은 의미 205; '십자가의 수치' 반응 117-118; 악의 패배 173; 예수님의 죽음과 부활로 공식 출범한 하나님 나라 76; 예수님의 죽음을 통해 하나님께 영광을 돌림 243-244; 예수님의 죽음이 갖는 의미를 왜곡시킨 기독교에 대한 대중적 시각 103-118; "예수님이 내가 받을 벌을 대신 받으셨습니다" 해석 103-118, 124; 온 창조세계의 회복과 변화를 위한 예수님의 죽음 73-74, 80, 88, 112-118, 139-148, 174; 인간 역사의 진정한 전환점 132; 좋은 소식은 예수님의 죽음과 부활에 대한 것 16, 42-47, 216; 죽음에 앞서 체포당함 210. 또한 '십자가형'을 보라.
"예수님이 내가 받을 벌을 대신 받으셨습니다"의 문제: 문제의 왜곡 104-118, 124; 박물관의 고대 기념물 재구성과의 비교 106-108; 예수님의 죽음에 대한 성경 본문 104-105; 이 문제를 바로잡으려던 16세기 종교개혁가들의 시도 119-121, 191-192, 217-219; 이런 '단편적인' 이해는 하나님의 진노와 죄 문제의 해결이라는 이야기에 꼭 들어맞음 108-111
옥타비아누스(황제 아우구스투스) 23-27, 36, 46, 133, 140
왕권: 예수님 시대의 왕권 모델 100-102; 예수님의 왕권에 대한 시각을 거부함 66-71, 101-103; 현대적

왕권 형태로서의 영국 입법군주제 100. 또한 '하나님 나라'를 보라.
왕으로부터 받은 사도의 임무 32
왕이 위임한 임무 32, 34
왜곡된 기독교: "예수님이 내가 받을 벌을 대신 받으셨습니다"의 문제 103-116; 기독교 왜곡과 이원론적 세계관의 문제 119-127, 138, 194-195, 203-204; 기독교 왜곡에 기여한 18세기 계몽주의 121-127, 131-132; 기독교 왜곡에 기여한 현대적 관점 127-133; 성경적 기독교보다는 이교주의에 가까운 왜곡 115-116; 왜곡된 기독교 뒷받침에 사용된 '십자가의 수치' 논거 117-118; 왜곡된 기독교를 바로잡으려는 16세기 종교개혁가들의 노력 119-121, 191-192, 217-218; 합리주의와 낭만주의가 부추긴 왜곡 123-127. 또한 '기독교의 좋은 소식'을 보라.
요한복음: 요한복음이 말하는 좋은 소식 103-104; '하나님의 자녀'가 되는 특권 245. 또한 '복음서'를 보라.
용서: 좋은 소식의 핵심 요소 208; 주님의 기도 중 용서를 위한 기도 231-232
『우리 본성의 선한 천사』 168
웨스트민스터 사원 53
윌킨슨, 조니(Jonny Wilkinson) 20-22
유대교: 고대 유대인들의 하나님에 대한 전통적 믿음 196-198; 기독교 배경 이야기가 된 유대교의 기름부음 받은 메시아 전통 39-47; 부활에 대한 유대교의 전통적 믿음 79-81; 유대교에서 벗어난 것처럼 보인 바울의 스캔들 39-44; 이스라엘의 하나님과 고대 유대인의 신앙 39, 40-41; 출애굽 전통 62-65. 또한 '유대 민족'을 보라.
유대 민족: 1세기의 소망들 160-161; 고대 유대인들의 하나님에 대한 전통적인 믿음 196-198; 로마제국으로부터의 해방에 대한 염원 236-237; 부활에 대한 그들의 전통적인 믿음 79-80; 상충하던 예수님과 유대 민족의 비전 66-71, 100-103, 209-211, 236-241; 유대 민족의 소명을 상기시키는 산상수훈 66-67; 이스라엘의 하나님은 유대 민족에게 어떻게 자신을 드러내셨나 212-215; 출애굽에 대한 믿음 62-65; 하나님이 왕이 되신다는 믿음의 전통 64-68; 하나님이 유대 민족을 형성하셨다는 믿음 62. 또한 '유대주의' '이스라엘의 하나님'을 보라.
율리우스 카이사르(Julius Caesar) 22-25, 56, 57, 100
이교주의: 복수심에 불타는 하나님은 이교주의가 갖고 있던 신 이미지 217-218; 이교주의의 다양한 신들 190, 215; 이스라엘과 맺으신 하나님의 언약에 대한 무시 116
이방인과 바울의 메시지에 대한 복합적

인 반응 47-55
이분법적 우주의 문제: 과학적 발견은 이분법적 우주를 증명할 수 없음 165-167; 성경의 이미지를 이해하지 못하게 방해하는 이이분법 우주관 119-127, 161-163; 이분법적 세계관을 심화시키는 합리주의와 낭만주의 123-127; 이분법적 우주관 안에서 바라본 재림과 천국에 대한 이론들 138; 이분법적 우주관 형성에서 18세기 계몽주의의 역할 124-127, 192-195; 이분법적 우주관에 반쯤 발을 담근 이신론 현상 193-195; 이분법적 우주관의 역사적 발전 119-123; 진보에 대한 세속적 이상의 원천인 이분법적 우주관 165-166; 초자연적 세계에 대한 인식 121-123; 하나님과 세상의 분리 204-205; "하늘에서와 같이 땅에서도"에 대한 왜곡된 해석 120-121

이사야: 이사야서에 나오는 하늘(천국)의 비전 140-141; 이사야서에 사용된 상징적 언어 161-162; 좋은 소식의 핵심 71

이삭 56, 220

이스라엘: '유대 민족'을 보라.

이스라엘의 하나님: 구약에 나오는 새 창조의 비전 140-143, 200-201; 로마에 대한 유대인의 반역은 하나님에 대한 반역의 한 증세 65-67; 복수심에 불타는 하나님에 대한 철학과 종교개혁의 각기 다른 답변 217-218; 언어에 따라 다양한 하나님 이름 189-190; 유대인의 삶과 생각에서 늘 중심이었던 하나님 62; 이스라엘의 하나님, 좋은 소식의 하나님 215-216; 이스라엘의 하나님에 관한 기독교의 좋은 소식 56-58; 이스라엘의 하나님에 대한 고대 유대인들의 믿음 196-199; 이스라엘의 하나님에 대한 바울의 메시지와 스캔들 39-40; 이스라엘의 하나님이 온 세상을 통치하실 것에 대한 전통적인 믿음 198-199; 초기 기독교 복음의 하나님에 대한 세 측면의 비전 다시 붙들기 58; 하나님은 자신의 백성에게 스스로를 어떻게 드러내셨나 213-215; 하나님을 향한 유대인의 핵심적인 믿음 40-41; 하나님의 창조 의도를 거스른 인간의 반역 149. 또한 '복수심에 불타는 하나님' '유대 민족' '하나님'을 보라.

이신론 철학 193-194

인간의 역사: 18세기 계몽주의의 역사 121-127, 132; 20세기의 기이한 사건들 166-168; 과학적 발견과 역사의 유사성 94-96; 역사의 진보에 대한 강력한 믿음 164-171; 예수님의 죽음은 인간 역사의 진정한 전환점 132; 인간 역사의 위대한 전환점으로 여겨지는 현대 세계 131

일용할 양식 233-236

잉글랜드의 럭비 월드컵 우승 이야기 19-22

ㅈ
재림: 재림에 대한 초기 그리스도인들의 믿음에 대한 신화 159-160; 재림이 가져올 완성 상상하기 172-173. 또한 '세상의 종말'을 보라.
제1차 세계대전 245
제넨스, 찰스(Charles Jennens) 182
제퍼슨, 토머스(Thomas Jefferson) 119
좋은 소식: 로마 내전의 좋은 소식에 대한 헤롯 대왕의 시각 26, 27; 복음의 원래 정의는 좋은 소식 12; 신약성경의 저자들이 좋은 소식을 말할 때 의미한 것 16; 잉글랜드의 럭비 월드컵 우승 이야기 19-22; 좋은 소식과 스포츠 대회 비유 22; 좋은 소식에 대한 반응과 관련한 세 가지 시나리오 11-12, 13-14; 좋은 소식이 일하는 방식의 예로 로마제국의 내전 22-28, 36, 46, 133, 140. 또한 '기독교의 좋은 소식'을 보라.
좋은 소식 시나리오: 새로운 광물자원 발견과 모든 사람들이 직업을 갖게 될 것이라는 좋은 소식 12; 시나리오들이 갖고 있는 공통 특징들 14-15; 지역 축구팀의 승리에 관한 좋은 소식 11-12; 질병 치유책 발견과 관련된 좋은 소식 11
좋은 소식의 사람들 246-250

좋은 소식의 특징: 기독교의 좋은 소식 역시 소식으로서의 동일한 특징을 가짐 33-34; 로마제국 내전의 좋은 소식이 갖는 특징들 26-27, 36; 좋은 소식과 삶의 변화 13, 26-27; 좋은 소식이 가져오는 기다림의 중간 시기 14, 26-27; 좋은 소식이 상정하는 보다 큰 문맥 13, 26-27
죄: "예수님이 내가 받을 벌을 대신 받으셨습니다"의 왜곡된 가르침 103-118, 124; 예수님이 받은 사형 선고가 죄 위로 돌려짐 75-76; 죄 사함 208, 231-232; 하나님의 창조를 거스르는 반역 149-150
주님의 기도: 도움 구하기 228-231; 뒷문으로 들어가기 226-228, 229, 240-241; 용서 구하기 231-233; "우리를 시험에 들지 않게 하시고" 230; 일용할 양식 233-236; 좋은 소식을 위한 우선순위 목록 225-228; 주님의 기도를 이해하고 삶으로 사는 것과 좋은 소식의 사람이 되는 것 246-250; 주님의 기도와 예배 241-242; 지금 여기에 임한 하나님 나라 236-241; 하나님의 이름에 영광과 존귀를 241-244; 하나님의 집으로 들어가게 해 줌 250; 하늘에 계신 우리 아버지 244-246. 또한 '기도'를 보라.
진보: 과학적 발견들 94-95, 121, 132, 164, 165; 모더니스트의 진보에 대한

꿈을 거부하는 포스트모더니즘 운동 170; 역사는 스스로의 힘으로 앞으로 나간다는 믿음 164-171; 진보에 대한 세속적 이상의 원천인 이원론적 우주관 166; 진보에 대한 철학적이고 대중적인 논쟁 168-171

ㅊ

창조: 구약성경에 나오는 새 창조의 비전 139-143, 200-201; 예수님의 죽음은 모든 것의 회복과 변화를 의미함 113; 창조세계의 창조주, 심판자, 사랑하는 분이신 하나님 200-211; 창조는 사랑에 내재된 능력 205-206; 창조주의 뜻을 거스른 인간의 반역 149; 하나님의 사랑에 대한 바울의 강조 73-74, 112-116. 또한 '새 창조' '세상' '하나님 나라'를 보라.

천국(하늘): 기독교 복음의 궁극적 비전은 천국이 아닌 회복된 창조세계 139-140; 이스라엘의 고대 성경이 말하는 하늘에 거하시는 하나님 213-214; 천국에 대한 이분법적 우주관 138-139; 하늘에 계신 우리 아버지에 대한 주님의 기도 244-246; 하늘에서와 같이 땅에서도 하나님 나라가 이루어지기를 구하는 주님의 기도 236-241; 하늘의 시민에 대한 빌립보서 말씀 144-145

천국의 시민 143-144

철학: 18세기 합리주의 122-127; 르네상스 192; 복수심에 불타는 하나님에 대한 철학의 답변 218; 신의 본성에 대한 철학의 논쟁 190-195; 이스라엘의 하나님과 철학자들의 하나님의 차이 248-249; 진보의 속성 168-171. 또한 '서구 세계'를 보라.

초기 그리스도인: 로마 황제의 박해 172; 많은 신들의 세계에서 사는 것 190; 아가페의 능력에 대한 초기 그리스도인들의 믿음 71, 72-76; 초기 그리스도인들이 세상의 종말을 믿었다는 대중적 신화 159-160. 또한 '기독교'를 보라.

초자연적 세계 121-123

최후의 만찬 234

출애굽: 출애굽은 어떻게 예수님을 형성했나 62-63; 새 출애굽을 향한 유대인들의 소망 68-71; 정치적 혁명으로서의 출애굽 64-65

ㅋ

칼뱅(John Calvin) 121

클레오파트라(Cleopatra) 23

ㅍ

파스칼, 블레즈(Blaise Pascal) 220

포스트모더니즘 170

푸코, 미셸(Michel Foucault) 170

프랑스혁명 129

핑커, 스티븐(Stephen Pinker) 168-169

ㅎ

하나님(살아 계신 하나님): 그리스도인의 부활에 대한 믿음은 하나님의 창조와 심판에 긴밀히 묶여 있음 74, 80, 88-89, 112-116, 140-148, 174; 기독교 영성과 하나님의 임재에 대한 인식 179-180; 세상을 다스리는 하나님의 통치에 참여하는 인간의 소명 185-186; 악에 대한 하나님의 진노와 모든 것을 바로잡겠다는 확고한 의지 111; 예수님의 부활을 통해 하나님이 세상의 주도권을 잡으심 88-89; "예수님이 내가 받을 벌을 대신 받으셨습니다"가 가져오는 하나님에 대한 왜곡된 가르침 103-121, 123-124, 191-192, 218-219 우디 앨런의 낙제생 하나님 194, 202; 우리와 하나님의 개인적 관계의 중요성 72-73; 좋은 소식의 중심에 있는 하나님 103; 참되신 하나님을 인정하고 인식하는 것 211-222; 창조주, 심판자, 사랑하는 분이신 하나님 200-211; 하나님과 이신론 철학 192-194; 하나님에 대한 철학적이고 현대적인 논쟁 190-195; 하나님을 다른 눈으로 바라보기 222; 언어에 따라 다양한 하나님 이름 189-190; 하나님의 이름에 존귀와 영광을 돌리는 주님의 기도 241-244; 하늘에 계신 우리 아버지 244-246; 하늘에서와 같이 땅에서도 이루어질 하나님의 통치에 관한 좋은 소식 64-71, 101-102. 또한 '복수심에 불타는 하나님' '이스라엘의 하나님'을 보라.

하나님 나라: 예수님의 죽음과 부활에 의해 공식 출범한 하나님 나라 76; 우리가 하나님 나라를 위해 일해야 할 필요성 174-176; 유대인의 비전과 상충했던 하나님 나라에 대한 예수님의 비전 66-71, 100-103, 209-211, 236-241; 인간 제국과 하나님 나라의 충돌 72-76; 지금 여기에 임하는 하나님 나라에 대한 주님의 기도 236-241; 하나님 나라, 곧 새로 워진 창조세계를 경축하신 예수님 143-148; 하나님 나라가 현재에 주는 도전 221-222; 하나님 나라를 위해 일하는 것과 관련된 다섯 가지 과제 175-178; 하나님 나라에 관한 예수님의 좋은 소식 64-71, 101-102; 하나님 나라와 다른 종류의 왕권 71; 하나님이 왕이 되신다는 유대인의 생각 64-65; 하나님 나라의 능력은 아가페 71, 72-76, 112-116; "하늘에서와 같이 땅에서도"의 왜곡된 해석 120, 140. 또한 '왕권' '창조'를 보라.

하나님의 사랑: 기도는 하나님의 사랑을 세상에 가져오게 하는 소명의 일부분 250; 세상에 창조적인 소망과 하나님의 사랑을 가져오신 예수님 74, 202-211; 좋은 소식은 하나

사랑의 결정적 계시 206; 창조와 하나님의 사랑에 대한 바울의 강조 74, 112-116; 하나님 사랑의 능력 71, 72-76
하나님의 아들 56
하나님의 언약: 복음을 하나님의 언약에 대한 것으로 본 바울의 시각 112-114; 하나님의 언약에 기초한 새 창조에 관한 바울의 논증 74, 113-115; 하나님의 언약에 대한 왜곡 116
"하늘에서와 같이 땅에서도" 119-120, 176
합리주의: 바르게 이해된 이성은 기독교 신앙의 친구 125; 사람들의 관심을 좋은 소식에서 멀어지게 함 126-127; 이분법적 세계관에 기여 122-127; 합리적인 명제의 유산 123-124

헤겔(G. W. F. Hegel) 160
헤롯 대왕 26-27, 36, 70, 100
헨델, 게오르크 프리드리히(George Frideric Handel) 182
헨델의 "메시아" 182
현대 세계: 인간 역사의 위대한 전환점 131; 진정한 좋은 소식과 상충하는 현대 세계의 복음 127-134; 하나님에 대한 현대의 철학적 논쟁 190-195; 현대 세계의 놀라운 발전 128-129; 현대의 계몽주의(18세기) 121-127, 131; 현대의 서구 민주주의 130; 현대의 이신론 철학 192-194; 현대의 자유와 평등 슬로건 129-131
환생 79
희생 제사 114-115

옮긴이 백지윤은 이화여대 의류직물학과를 졸업하고, 서울대 미술대학원에서 미술이론을, 리젠트 칼리지에서 기독교 문화학을 공부했다. 현재 밴쿠버에서 살면서, 다차원적이고 통합적인 하나님 나라 이해, 종말론적 긴장, 창조와 재창조, 인간의 의미, 그리고 이 모든 주제에 대해 문화와 예술이 갖는 관계 등에 관심을 가지고 번역 일을 하고 있다. 옮긴 책으로는 『손에 잡히는 바울』『알라』『모든 사람을 위한 신약의 기도』『십자가와 부활을 사는 일상 영웅』『땅에서 부르는 하늘의 노래, 시편』(이상 IVP) 등이 있다.

이것이 복음이다

초판 발행_ 2017년 2월 9일
초판 10쇄_ 2024년 12월 20일

지은이_ 톰 라이트
옮긴이_ 백지윤
펴낸이_ 정모세

펴낸곳_ 한국기독학생회출판부
등록번호_ 제2001-000198호(1978.6.1)
주소_ 04031 서울 마포구 동교로 156-10
대표 전화_ (02)337-2257 팩스_ (02)337-2258
영업 전화_ (02)338-2282 팩스_ 080-915-1515
홈페이지_ http://www.ivp.co.kr 이메일_ ivp@ivp.co.kr
ISBN 978-89-328-1473-5

ⓒ 한국기독학생회출판부 2017

책값은 뒤표지에 있습니다.
무단 전재와 복제를 금합니다.